출산 전 100일부터 출산 후 100일까지
임신 출산 육아 고민해결서

처음엄마 멘붕 탈출법

| 일러두기 |
이 책에 실린 정보의 일부는 개정판 1쇄 발행일인 2020년 5월 기준 최신 정보로 업데이트하였습니다.

출산 전 100일부터 출산 후 100일까지
임신 출산 육아 고민해결서

처음엄마 멘붕 탈출법

김혜경, 박현주

SOULHOUSE

선배맘 추천사

폭풍 검색 시간에
잠 좀 더 잘 수 있게 도와주는
고마운 책

늦은 나이에 출산을 하다 보니 친구들은 기억이 안 난다고 하고, 딱히 물어볼 데도 없어 무슨 일만 생기면 휴대폰으로 폭풍 검색을 했습니다. 아기를 안고도, 아기가 잘 때도 휴대폰만 들여다볼 수밖에 없었어요. 그런데 검색하는 글마다 다른 내용의 정보를 주니 판단하기도 어렵고, 믿고 따라해봤다 실패한 적도 많았지요. 이렇게 '일목요연하게 궁금한 점을 알려주는 책이 있었다면 폭풍 검색 시간에 잠 좀 더 잘 수 있었겠다'는 생각이 드네요. 선배맘들의 현실적인 팁들이 있어 여러 정보 중에 필요한 정보를 선택하는 데 훨씬 도움이 되는 것 같아요.

— 서원이 엄마 김혜진

임신과 출산 전후, 교육심리학을 전공하면서도 알지 못했던 실질적인 육아 지식이 절실하던 그때, 선배엄마들의 경험에서 우러나온 한마디는 마른 땅의 단비같이 아주 소중했습니다. 이제 그러한 지혜와 지식을 한데 모은 책이 나온다고 하니, 아이를 기르는 것이 무엇보다 어려운 일인 처음엄마들에게 도움을 줄 것을 의심치 않습니다. 특히 선배맘 꿀팁이 Doctor's advice와 함께 실려 있어 더 정확하게 확인하며 적용할 수 있어서 신뢰할 수 있습니다. 오늘도 육아로 지친 처음엄마들에게 조금이라도 쉴 수 있는 시간과 힘을 건네줄 수 있는 소중한 책이 될 것이라 믿습니다.
- 놀이치료사이자 두 아이의 엄마 고려옥

각 시기별로 필요한 내용이 알차게 들어있고, 조금 먼저 임신과 출산을 경험한 같은 엄마의 눈으로 보고 느낀 점이 담겨 있어 좋았습니다. '임신과 출산, 육아'라는 더없이 소중한 경험을 사랑방에 모여 속닥속닥 나누어 주는 친정 언니 같은 느낌의 책'이랄까요. 진부하지만 '엄마에 의한, 엄마를 위한, 엄마와 아이에 대한 책'이라는 표현도 떠올랐답니다.
- 준희 준서 엄마 이수민

이 책을 읽고 나니 이런 책이 진작 있었더라면 '눈 아프게 휴대폰으로 검색하지 않아도 되었을 거고, 바쁜 친구들에게 일일이 물어보지 않아도 되었을 텐데'라는 아쉬움이 들었어요. 임신하고부터 육아를 하면서까지 모든 소소한 궁금증을 해결해주는 책이라 지금 아기를 낳고 기르는 엄마들에게는 꼭 필요한 책이 될 거라고 생각해요.
- 쌍둥이 엄마 이혜진

정말 궁금했던 정보와 내용이 알기 쉽게 정리되어 있어요. 주제별로 찾기 쉽게 구성되어 있어서 급할 때 바로 참고할 수 있겠더라고요. 읽는 내내 그동안 몰랐던 새로운 정보를 알게 되어서 좋았고, 선배맘이 알려주는 정보가 현실적이라서 좋았답니다.
- 세 아이의 엄마 주진형

프롤로그

아기를 임신하고 기르면서
멘붕에 빠진 처음엄마들을 위하여

"왜 아무도 제게 임신 출산이 이런 거란 걸 얘기 안 해줬을까요?"
기나긴 진통을 겪다가 결국 제왕절개를 위해 분만대에 오른 제가 담당 산부인과 선생님께 했던 질문이에요. 서른아홉이란 늦은 나이에 첫 임신 출산을 겪으며 《3540 임신출산》이란 책을 쓰기도 했고, 오랜 기간 육아지 기자로 활동하며 두 아이를 낳아 기르기도 했지만 나름 전문가라고 부를만한 우리들도 어쩔 수 없는 '처음엄마'였습니다.

힘든 진통 끝에 만난 아기는 생각만큼 사랑스럽지 않았고, 임신 출산 육아와 관련된 백과사전 급의 해박한 지식이 있었지만, 막상 아기가 울며 보챌 때는 당장 무엇을 해야 할지 몰라 쩔쩔맸지요. 울어대는 아기를 안고 차라리 내가 울고 싶은 멘붕의 시간이 시작되었습니다. 출산 후 퉁퉁 부은 몸으로 새로 닥친 질문들에 대한 답을 찾으려 휴대폰을 뒤지느라 손가락과 손목, 팔꿈치 등 안 아픈 데가 없었어요. 생각해보면 눈 맞춰주고 안아주기만 하면 좋아하던, 다시는 오지 않을 아기와의 첫 시간을 걱정만 하다 보낸 것 같아 너무나 아쉽답니다.

이 책은 저희처럼 시행착오를 하지 않도록, 자기 몸도 힘든데 아기까지 돌봐야 하는 처음엄마를 행복하게 하려고 만들었어요. 아기를 키워본 선배맘들의 설문조사를 통해 임신과 출산, 아기의 신생아 시절에 가장 궁금했던 질문을 모으고, 전문가의 이론과 선배맘들의 경험을 토대로 명쾌한 답을 제시했지요. 무엇보다 아기를 키워본 선배맘의 입장에서 처음엄마가 맞이할 멘붕의 순간들을 해결해드리기 위해 글을 썼어요. 아기에게 유두혼동이 왔지만 '유두혼동'이라는 말을 몰라서 검색을 못 했던 처음엄마의 마음을 떠올리면서요.

어떤 책은 엄마의 실수를 부족함이라 꼬집으며 '초보' 혹은 '아마추어'라고 말합니다. 하지만 엄마는 기술이 필요한 '초보'라기보다는 이해와 공감, 사랑이 필요한 '처음'일 뿐이에요. 이 책에서는 엄마의 실수가 부족함이나 서투름에서 온다기보다는 아기에게 더 잘 해주기 위한 마음에서 비롯되었음을 공감하고 싶었어요. 그리고 실수한 엄마의 등을 토닥여주고 싶었지요. 밤에 우는 아기에게 젖을 먹이며 죄책감을 느끼는 엄마에게 '밤중 수유 하지 마세요'가 아니라 '밤중 수유 하기 힘들지요? 이렇게 하면 엄마도 아기도 더 편할 거예요'라고 말해주고 싶었답니다.

'출산 전 100일부터 출산 후 100일'이라는 가장 힘든 시기에, 이 책이 따뜻한 위로의 말과 친절한 조언을 건네주는 친구나 언니가 되었으면 해요. 이 책의 신뢰성을 높여주신 황인철 선생님과 생생한 경험을 전수하여 현실감 넘치는 책이 될 수 있도록 도와주신 선배맘들께 진심을 담아 감사의 인사를 전합니다.

선배맘 김혜경, 박현주

목차

선배맘 추천사 폭풍 검색 시간에 잠 좀 더 잘 수 있게 도와주는 고마운 책 004
프롤로그 아기를 임신하고 기르면서 멘붕에 빠진 처음엄마들을 위하여 006

1장 숨쉬기도 힘들다! 임신 후기 멘붕 탈출법

선배맘 메시지 – 만약 내가 다시 임신한다면? 016 / 임신 후기 체크포인트 018 / 출산 가방 싸는 법 020 /
산모용품 선택 노하우 022 / 임신 후기 몸의 변화 024 / 임신 후기 강추 아이템 5 025

Q1 임신선을 예방하는 방법이 있을까요? 026
Q2 임신 후기, 살이 너무 쪄서 고민인데 지금처럼 먹어도 될까요? 027
Q3 임신 중에 먹지 말라고 하는 음식들, 정말 먹으면 안 되나요? 028
Q4 임신 중에 먹는 음식에 따라 아기가 아토피에 걸린다고요? 029
Q5 임신 후기, 어떤 영양제를 먹는 게 좋나요? 030
Q6 임신 중에 염색이나 파마, 화장, 목욕을 해도 괜찮을까요? 031
Q7 허리가 너무 아픈데 좋은 방법이 없을까요? 032
Q8 감기에 걸렸는데 감기약을 먹어도 될까요? 033
Q9 소화가 잘 안 되서 힘들어요. 소화제를 먹어도 될까요? 034
Q10 시도 때도 없이 가려워 죽겠어요. 임신소양증, 답이 없나요? 035
Q11 임신했을 땐 파스를 붙이거나 안약을 넣는 것도 안 되나요? 036
Q12 잇몸이 붓고 피가 나는데 치과 치료를 받아도 될까요? 037
Q13 손발이 붓고 저려서 힘든데 어떻게 하면 좋아질까요? 038
Q14 부종이 심하면 임신중독증일 수도 있다고요? 어떻게 알죠? 039
Q15 임신·출산·육아박람회, 잘 활용하는 팁 좀 알려주세요 040
Q16 5대 산모교실? 강좌 듣는 방법과 팁 좀 알려주세요 041
Q17 산후조리원, 산후도우미, 친정엄마? 무엇이 최선일까요? 042
Q18 산후조리원은 어디에 비중을 두고 골라야 할까요? 044
Q19 산후도우미는 복불복? 좋은 분을 만날 방법은 없을까요? 045

Q20 모자동실? 1인실? 다인실? 어떤 병실을 선택해야 하나요? 047
Q21 출산예정일 두 달 전, 분만법에 대해 궁금해요 048
Q22 분만 과정에 대해 미리 알아두는 게 좋다고요? 050
Q23 출산호흡법을 꼭 연습해야 하나요? 생각도 안 난다던데? 051
Q24 아기가 거꾸로 있대요. 물구나무서면 돌아올까요? 052
Q25 조산기로 병원에 입원하면 어떤 치료를 받게 되나요? 053
Q26 진통이 너무 걱정돼요. 출산 시 진통 줄이는 방법이 있을까요? 054
Q27 분비물이 많이 나오는데 어느 정도까지 괜찮은 건가요? 055
Q28 갑자기 아기가 나오면 어쩌죠? 언제 병원에 가야 하나요? 056
Q29 배 뭉침? 가진통? 진진통? 어떻게 구별하나요? 057
Q30 예정일이 지나면 자연 분만을 할 수 없나요? 058
Q31 출산 굴욕 3종 세트, 꼭 해야 하나요? 059

한눈에 보는 자연 분만 과정 060

2장 도대체 뭘 사야 하지? 육아용품구매 멘붕 탈출법

선배맘 메시지 – 만약 내가 다시 육아용품을 산다면? 064 /
유모차 선택법 066 / 카시트 선택법 068 / 아기 띠 선택법 070 / 신생아케어 강추 육아템 5 071

Q1 바운서는 언제까지 쓰나요? 꼭 필요한가요? 072
Q2 기능성 속싸개, 과연 효과가 있나요? 073
Q3 아기 옷, 몇 벌 정도 준비해둬야 하나요? 074
Q4 아기 세탁기가 필요할까요? 세제는 무엇을 사야 할까요? 075
Q5 침대? 바닥? 신생아는 어디서 재워야 하나요? 076
Q6 아기용 침구 세트를 준비해야 하지 않을까요? 077
Q7 신생아 전용 욕조, 꼭 사야 할까요? 078
Q8 유해성분 전혀 없는 물티슈, 어디 없나요? 079
Q9 로션, 오일, 크림…, 어떤 제품을 골라야 하나요? 080
Q10 젖병, 소독기…, 수유용품은 무엇을 준비해둬야 하나요? 081
Q11 수유 쿠션, 꼭 필요할까요? 082
Q12 종이 기저귀, 대체 어떤 제품에 정착해야 할까요? 083
Q13 천 기저귀, 어떻게 해야 편하게 사용할 수 있을까요? 084

009

3장 내 몸이 내 몸이 아니야! 산후조리 멘붕 탈출법

선배맘 메시지 – 만약 내가 다시 산후조리를 한다면? 088 / **출산 후 100일 체크포인트** 090 /
출산 후 몸의 변화 092 / **산후조리 강추 아이템 5** 093

Q1 너무 아픈 훗배앓이, 좋은 방법은 없나요? 094
Q2 오로, 언제까지 나오나요? 095
Q3 산후 부기, 모두 살이 되나요? 코끼리 다리가 두려워요 096
Q4 호박즙이 부기 빼는 데 도움이 되나요? 097
Q5 젖몸살 때문에 정말 울고 싶어요. 도와주세요! 098
Q6 온종일 아기를 안고, 업고 있으니 손목과 허리가 남아나질 않아요 099
Q7 산후요통에 도수치료가 정말 효과가 좋나요? 100
Q8 손목이 시리고 아파요. 벌써 산후풍이 온 걸까요? 101
Q9 제왕절개 산후조리, 무엇이 다른가요? 102
Q10 제왕절개 흉터 관리, 어떻게 해야 할까요? 103
Q11 목욕탕, 찜질방엔 언제 갈 수 있나요? 104
Q12 산후우울증일까요? 이유 없이 우울하고 눈물이 나요 105
Q13 미역국, 도대체 언제까지 먹어야 해요? 106
Q14 모유 수유 중 매운 걸 먹으면 아기가 빨간 똥을 싸나요? 107
Q15 산모보약, 도움이 될까요? 108
Q16 머리카락은 대체 언제까지 빠질까요? 109
Q17 출산 후 휴대폰 많이 보면 안 되겠죠? 110
Q18 출산 후 생리는 언제부터 하나요? 111
Q19 운동이나 다이어트는 언제부터 할 수 있나요? 112

4장 엄마도 처음, 아기도 처음! 신생아케어 멘붕 탈출법

선배맘 메시지 – 만약 내가 다시 신생아를 돌본다면? 116 / **신생아케어 100일 체크포인트** 118 /
신생아의 생김새 120 / **신생아의 발달** 121 / **신생아 목욕법** 122 / **속싸개 싸는 법** 124 /
아기 마사지법 126 / **기저귀 가는 방법** 127 / **정부 지원 챙겨 받기** 128 / **출산 선물 아이템 5** 129 /
신생아케어 강추 아이템 10 130 / **처음엄마 필수 앱** 132

Q1 목욕만 하면 아기가 우는데 어떻게 목욕을 시키죠? 134
Q2 배꼽이 볼록 튀어나왔는데 괜찮을까요? 135
Q3 아기 손톱, 언제부터 깎아주나요? 136
Q4 노란 눈곱이 많이 끼는데 병원에 가야 할까요? 137
Q5 신생아 여드름, 치료 안 해도 괜찮을까요? 138
Q6 아기 머리에 비듬이 있어요! 139
Q7 태열에 좋다는 건 다 했는데도 안 없어져요 140
Q8 냄새 안 나게 기저귀 버리는 법은 없나요? 141
Q9 코똥 누면 장염인 건가요? 142
Q10 신생아 변비, 어떻게 해줘야 해요? 143
Q11 기저귀 발진이 심한데 어떡하죠? 144
Q12 아기가 울면 바로 달래줘야 하나요? 145
Q13 아기가 자지러지게 우는데 왜 그러는 걸까요? 146
Q14 왜 앉아서 달래면 울고, 일어나서 달래면 그칠까요? 147
Q15 신생아와의 외출, 어떻게 해야 하죠? 148
Q16 신생아 황달로 입원하라는데 아기는 괜찮은 걸까요? 149
Q17 이른둥이 돌보는 법이 궁금해요 150

Q18 신생아 몽고반점, 언제 없어지나요? 151
Q19 배냇머리 밀면 머리숱이 많아지나요? 152
Q20 아기 코가 꽉 막혔는데 어떻게 해야 할까요? 153
Q21 콧물이 나고 기침을 하는데 병원에 가야 할까요? 154
Q22 백일 전 아기는 열나면 무조건 병원으로 가야 하나요? 155
Q23 예방접종, 꼭 맞혀야 하나요? 156
Q24 하루에 여러 가지 예방접종을 해도 괜찮나요? 157
Q25 선택접종도 다 해야 하나요? 158
Q26 에어컨이나 공기청정기 등을 사용해도 괜찮나요? 160
Q27 옹알이에 어떻게 반응하는 게 좋을까요? 161
Q28 깨어있는 시간이 많아졌는데 어떻게 놀아줘야 하죠? 162
Q29 아기 아빠와 육아를 함께하려면 어떤 방법이 좋을까요? 164
Q30 언제쯤 눈맞춤하고 엄마 아빠를 알아보나요? 165
Q31 아기 사진 잘 찍고 잘 보관하는 방법이 있을까요? 166

011

Q32 스튜디오 촬영 때 알아두어야 할 점이 있을까요? 167
Q33 백일잔치, 간단하면서도 정성껏 치르고 싶어요 168

5장 수유가 이렇게 힘든 거였나요? 모유 수유 멘붕 탈출법

선배맘 메시지 – 만약 내가 다시 모유 수유를 한다면? 172 /
모유 수유 잘하는 법 174 / 모유 수유와 분유 수유의 장단점 177 / 분유 수유 잘하는 법 178 /
모유 수유 강추 아이템 5 180 / 분유 수유 강추 아이템 5 181

Q1 오늘 첫 수유인데 젖이 잘 안 나와요. 어떻게 해야 하죠? 182
Q2 수유콜이 올 때마다 아기가 자고 있는데 어떡하죠? 183
Q3 수유 간격을 꼭 맞춰야 할까요? 원할 때마다 주면 안 되나요? 184
Q4 젖만 물리면 잠드는데 깨워서라도 먹여야 하나요? 185
Q5 트림을 꼭 시켜야 하나요? 186
Q6 모유 양이 충분한지 어떻게 알 수 있나요? 187
Q7 모유 양을 늘리려면 어떻게 해야 할까요? 188
Q8 유두혼동이 온 것 같은데 어떻게 하죠? 189
Q9 딸꾹질, 어떻게 해야 멈추나요? 190
Q10 유두가 아파서 수유 시간이 무서워요 191
Q11 유두보호기는 어떻게 골라야 하죠? 192
Q12 유축기로 유축을 해도 젖이 느는 게 맞나요? 193
Q13 유축기는 어떤 제품을 골라야 하나요? 194
Q14 열이 나고 몸이 쑤시는데 이게 바로 유선염인가요? 195
Q15 물은 언제부터 먹일 수 있나요? 196
Q16 모유에 환경호르몬이 들어 있다는 게 사실인가요? 197
Q17 가슴 성형 후에도 모유 수유를 할 수 있나요? 198
Q18 아기가 자꾸 토하는데 괜찮은지 알고 싶어요 199
Q19 분유 수유를 하려는데 어떤 젖병을 사야 할까요? 200
Q20 분유는 어떤 제품을 고르는 게 좋을까요? 201
Q21 국내 분유와 수입 분유의 차이점이 있나요? 202
Q22 엄마도 아기도 스트레스 없이 단유하는 법이 있을까요? 203
Q23 모유 수유 중에 복직을 해야 하면 어떤 준비가 필요할까요? 204

6장 제발 잠 좀 자자! 수면 교육 멘붕 탈출법

선배맘 메시지 – 만약 내가 수면 교육을 다시 한다면? 208 /
수면 교육 성공팁 210 / 수면 교육 준비법 211 / 효과적인 수면 교육법 212 /
아기 수면의 특징 214 / 수면 교육 강추 아이템 5 215

Q1 잠을 못 자서 미치겠어요. 언제쯤 푹 잘 수 있을까요? 216
Q2 수면 교육, 정말 울려서라도 해야 할까요? 217
Q3 아기가 울 때 얼마나 그냥 두어도 될까요? 218
Q4 수면 교육하면서 많이 울리면 성격이 나빠지지 않을까요? 219
Q5 밤잠은 잘 자는데 낮잠은 왜 이렇게 잠투정이 심할까요? 220
Q6 잠투정 심한 아이, 어떻게 재우나요? 221
Q7 바닥에 눕는 걸 거부해요! 등 센서 없애는 방법은 없나요? 222
Q8 노리개 젖꼭지, 물려도 될까요? 223
Q9 원래 아기들은 자고 일어나면 자지러지게 우나요? 224
Q10 잘 때만 잘 먹는 아기, 원할 때 먹이면 안 되나요? 225
Q11 첫째와 둘째를 함께 잘 재우는 방법이 있을까요? 226
Q12 갑자기 안 자고 안 먹는데 급성장기일까요? 227
Q13 모유 수유를 하면 더 자주 깨는데, 밤에만 분유를 먹여도 될까요? 228
Q14 배가 고파서 우는 건지 졸려서 우는 건지 어떻게 아나요? 229
Q15 수면 교육을 안 하고 잘 재우는 방법은 없을까요? 230
Q16 언제부터 다른 방에서 재워도 될까요? 231

{ chapter 1 }

숨쉬기도 힘들다!
임신 후기 멘붕 탈출법

낮에는 부른 배를 받치고 다니느라, 밤에는 똑바로 눕기도, 옆으로 드러눕기도 힘들어 내 몸 하나 건사하기 힘든 임신 후기. 아이를 맞이할 준비를 하느라 몸과 마음은 바쁜데, 출산에 대해 두려움이 서서히 현실이 되는 시기이죠. 숨쉬기도 힘든 임신 후기, 멘붕에 빠진 임신부를 구출해 내는 상황별 솔루션을 소개합니다.

만약 내가 다시 임신한다면?

 배 속에 있을 때가 가장 편할 때? 맞습니다!

출산 뒤에 가장 마음에 와닿던 말이 "배 속에 있을 때가 가장 편할 때다."라는 말이었어요. 갓난애가 온종일 울면서 엄마를 찾아대니, 앉아서 밥을 차려 먹기는커녕, 화장실에 가는 것조차 맘 편히 할 수 없었거든요. 외출이라도 한 번 하려면 기저귀에 젖병에 딸랑이에 아기 띠까지, 챙겨야 할 짐이 너무 많아 주저앉고 싶어졌죠. 게다가 젖 먹이기가 얼마나 어려웠던지…. 애가 계속 배고프다고 울어댈 때는 그냥 배 속에 애를 다시 넣고 싶다는 생각도 했다니까요. 그러니 임신부일 때 마음껏 먹고, 가고 싶은 데 가고, 즐기고 싶은 것을 실컷 즐기세요.

 분만 과정에 대해서도 알아두세요

임신 초기에는 입덧 때문에, 중기에는 몸을 조심하느라, 후기에는 출산 준비하느라, 정작 출산 순간까지도 분만 과정에 대해서는 잘 몰랐어요. 당연히 자연 분만을 하리라 생각했었지만 유도 분만을 해야 했을 때, 유도 분만이 어떻게 이루어지는지도 몰랐지요. 자연 분만이라고 해도 기본적인 출산 과정은 알아두어야 해요. 분명 책에 모두 나와 있는 정보더라도 꼼꼼히 읽고 생각해두지 않으면 막상 출산의 순간에는 아프고 정신이 없어서 멘붕이 찾아와요. 지금 어떤 순서로 분만이 진행되고 있는지 알고 있다면 좀 더 마음 편하게 분만의 과정들을 맞이하게 될 거예요.

chapter 1

🙂 모유 수유와 수면 교육을 미리 공부해두세요

다시 임신 중일 때로 돌아간다면 모유 수유와 수면 교육을 미리 공부해두고 싶어요. 아기들은 배가 고프거나 졸리거나 뭔가 불편할 때마다 울음을 터뜨리는데, 내 몸이 제대로 회복되지 않은 상태에서 아기가 매시간 울며 보채다 보니 급한 마음에 휴대폰을 부여잡고 인터넷만 뒤질뿐 제대로 알아보기가 불가능했어요. 아기가 젖을 잘 못 빨 때는 젖을 깊게 물려야 한다거나, 수면 교육을 하려면 아기가 낮에 깨어있는 시간을 늘려야 한다든가 하는 이론들을 알아두었다면 한결 편했을 것 같아요. 임신 중에는 상대적으로 시간이 많은 편이니 미리 공부해두세요.

🙂 출산 전에 미리 아기 맞을 준비를 해두세요

아기를 낳고 집에 돌아오면 그때부터 전쟁이 시작돼요. 집을 정리한다거나 무언가를 생각할 여유가 전혀 없지요. 게다가 아기를 키우다보면 아기용품이 기하급수적으로 늘어나니, 출산 전에 미리 집을 잘 정리하고 아기용품 둘 공간을 확보해야 해요. 아기방에 둘 가구는 미리 사서 냄새를 빼 놓고, 침구나 옷은 미리 세탁해 놓고, 기저귀, 물티슈 등 아기 물건을 쓰기 쉽게 정리해두면 집으로 돌아왔을 때 한결 편하게 아기를 돌볼 수 있어요. 또, 가족들과 미리 아기 이름을 생각해두는 게 좋아요. 태어나고 한 달 안에 출생 신고를 해야 하는데, 미리 생각해두지 않으면 급하게 짓느라 난감하거든요.

임신 후기 체크포인트

출산 전 100일, 놓치지 않고 챙겨야 할 것들을 하나씩 점검해보세요. 이때는 아기를 맞을 준비와 함께 몸 관리에도 신경 써야 하는 시기예요. 체중이 천천히 늘도록 먹는 것을 조절하고 적당히 몸을 움직이면 튼 살과 요통 등 임신으로 오는 여러 가지 불편함과 통증을 줄일 수 있어요. 또한 언제 아기가 나올지 모르니, 출산과 관련된 준비를 차근차근 해나가면서 마지막 여유를 즐기세요.

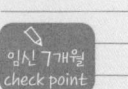

- □ 체중 관리하기
- □ 출산 비용 준비하기
- □ 조산 징후 주의하기
- □ 산후조리 방법 정하기

[임신 7개월 체크포인트]

□ 체중 관리하기 : 체중을 기록하면서 일주일에 500g 이상, 1개월에 2kg 이상 체중이 늘지 않도록 관리하기

□ 출산 비용 준비하기 : 입원실이나 검사 비용에 따라 차이가 크므로 출산할 병원에서 어느 정도 비용이 드는지 알아보고, 출산 비용 마련해두기

□ 조산 징후 주의하기 : 이슬이 비치거나 양수가 나오는 등 조산 징후가 나타나면 바로 병원으로 가기

□ 산후조리 방법 정하기 : 출산 후 산후조리를 얼마나, 어떻게 할지 미리 생각하고, 산후조리원에 갈 경우 어디로 갈 건지 정해두기

- □ 입원 준비 시작하기
- □ 아기 맞이할 준비하기
- □ 아기 이름 생각해두기
- □ 회사 업무 인수인계 준비하기

> ✱ 출산 비용
>
> 검사 비용, 입원비, 식비, 분만비 등을 합친 비용. 무통 분만 등 처방에 따라 차이가 크며, 보험 혜택이 적용되지 않는 상급 입원실을 쓸 경우 비용이 많이 추가된다.
>
> 개인병원 – 자연 분만(25~35만 원), 제왕절개(50~70만 원)
> 산부인과 전문병원 – 자연 분만(30~50만 원), 제왕절개(80~100만 원)
> 종합병원 – 자연 분만(50~60만 원), 제왕절개(130~150만 원)

- □ 분만 정보 알아두기
- □ 분만 과정 알아두기
- □ 분만 병원 정하기
- □ 호흡법 연습하기
- □ 집 비울 준비하기

- □ 마지막까지 체중 관리하기
- □ 느긋하게 출산 기다리기
- □ 출산 징후 기다리기

[임신 8개월 체크포인트]

□ 입원 준비 시작하기 : 미리 사두어야 하는 산모용품을 사고, 출산 가방 챙겨두기

☐ 아기 맞이할 준비하기 : 필요한 아기용품을 구매하고, 아기 옷이나 기저귀 등은 미리 세탁하기. 퇴원 후 아기와 함께 지낼 공간 꾸며두기
☐ 아기 이름 생각해두기 : 출산 후 바로 출생 신고를 해야 하므로 미리 집안 식구들과 상의하며 아기 이름 생각해두기
☐ 회사 업무 인수인계 준비하기 : 출산에 대비해 현재 맡은 업무의 진행 상황, 연락처 등을 누구나 알아볼 수 있게 정리해두기

[임신 9개월 체크포인트]
☐ 분만 정보 알아두기 : 분만에 대해 궁금한 것들을 의사 선생님께 확인하고, 진통실, 분만실 등을 둘러보면서 막연한 두려움 극복하기. 다른 사람의 출산 경험 들어보기
☐ 분만 과정 알아두기 : '병원 도착 – 입원 – 진통실(분만대기실) – 분만실 – 아기 탄생'의 과정에 대해 미리 알아두기
☐ 분만 병원 정하기 : 분만 방법에 따라 병원을 옮겨야 한다면 미리 준비하기
☐ 호흡법 연습하기 : 호흡은 통증을 완화하고, 긴장을 풀어주며, 엄마와 아기에게 충분한 산소를 공급해주므로 틈틈이 연습해두기
☐ 집 비울 준비하기 : 집 비울 동안 필요한 사항을 남편에게 알려주기. 의류와 생활용품의 위치, 가전제품 사용방법 등을 알려주고 출산 가방을 싸두고 가져올 수 있도록 일러두기

[임신 10개월 체크포인트]
☐ 마지막까지 체중 관리하기 : 임신 10개월이 되면 태아는 이제 당장 태어나도 좋을 만큼 성장해서 체중이 거의 늘지 않으므로 엄마의 체중도 늘지 않도록 관리하기. 몸에 좋은 영양분을 섭취하고 채소를 많이 먹어 배변 활동 촉진하기
☐ 느긋하게 출산 기다리기 : 하루 30분 정도 산책을 하면서 불면증을 해소하고 출산에 대한 두려움이나 스트레스 줄이기. 다만 산책 도중 아플 수도 있으니 지갑과 휴대전화는 항상 휴대하기
☐ 출산 징후 기다리기 : 진통, 파수(양수가 나오는 것) 등의 출산 징후가 오면 바로 남편이나 가족에게 연락한 후 병원으로 가기

Doctor's Advice
병원을 옮기려면 될 수 있는 대로 막달 검사 전인 36주 전에 옮기는 것이 좋습니다. 옮길 경우 진단서와 소견서, 그리고 그동안 시행한 각종 검사를 복사해서 가져가세요.

Doctor's Advice
정상적인 임신 주 수의 상한치인 42주를 넘긴 임신을 과숙임신이라고 합니다. 임신 42주가 지나면 사망률이 증가하므로 출산예정일에서 1주일 정도를 기다려도 자연 진통이 오지 않을 시에는 유도 분만을 시행합니다.

선배맘 꿀팁
'산모 · 신생아 건강관리 서비스' 신청은 출산예정일 40일 전부터 할 수 있으니 보건소나 복지로 사이트에서 신청하세요.

선배맘이 싸주는 똑똑한 출산 가방

선배맘 꿀팁

병원에서 신을 개인용 슬리퍼도 준비해 가세요. 병원에서 공용으로 쓰는 것은 잘 맞지 않을 수도 있고, 위생적이지도 않거든요. 내 것을 준비해 가면 편하고 깨끗해서 좋더라고요.

임신 후기에는 아기가 언제 태어날지 모르므로 임신 8개월이 되면 미리 입원 준비를 해둬야 해요. 입원 기간은 큰 문제가 없다면 자연 분만은 3일, 제왕절개는 1주일 미만이에요.

출산 가방은 큰 가방 하나에 모두 담기보다는 입원 중에 엄마에게 필요한 용품을 담은 출산 가방, 퇴원 후에 필요한 아기용 가방, 퇴원 후에 바로 산후조리원에 갈 경우 산후조리원용 가방, 이렇게 세 개의 가방을 따로 준비해두는 것이 좋아요. 보호자가 알아서 척척 가방을 꾸릴 수 있다면 좋겠지만 너무 큰 기대는 금물이잖아요? 그러니 아래 준비물을 보고 꼼꼼히 챙겨두세요.

{엄마를 위한 출산 가방에 꼭 챙길 용품}

관련 서류 출산 후에는 출생 신고 등을 위해 자질구레한 서류 작업을 해야 하고 보험을 청구하거나 손도장·발도장 등을 신청하기도 하므로 신분증, 산모수첩, 태아보험증서, 건강보험증, 진찰권과 필기도구를 준비해요. 서류는 보호자가 대신 쓰는 경우도 많으니 찾기 쉽게 따로 분리해두세요.

입원 중에 입을 옷과 속옷 출산 후에도 배가 바로 들어가진 않으므로, 임신 후기에 사용했던 임부용 속옷과 함께 입원복 안에 껴입을 얇은 긴팔 내복, 입원복 위에 걸쳐 입을 겉옷과 수면양말을 챙기세요. 퇴원할 때는 입원할 때 입었던 옷을 입으면 돼요. 출산 몇 시간 뒤부터 초유 먹이기를 시도하기 시작하므로, 수유용 브래지어도 준비해두시고요.

산모용품 여러 산모용품, 수유용품 중에 산후 복대와 손목보호대는 미리 사서 챙겨두세요. 또, 내가 함몰유두나 편평유두는 아닌지 미리 점검해보세요.

세면도구 기초 세면도구, 구강청결제와 개인 수건, 머리빗, 머리끈, 거울 등을 챙겨두세요. 제왕절개를 할 경우엔 최소 입원 기간이 5박 6일이므로 손톱깎이와 샤워용품도 챙겨두는 게 좋아요.

개인용품 휴대폰과 충전기는 꼭 챙기시고, 즉석카메라가 있다면 챙겨 가세요. 순간의 추억을 남기는 데 좋으니까요. 물티슈와 손수건도 넉넉히 준비하고, 보호자가 덮을 가벼운 이불을 준비하면 좋아요.

기타 용품 간단한 다과를 먹을 수 있는 일회용 접시나 종이컵, 과도, 포크 등도 챙겨두세요. 꽤 쓰임이 많거든요.

{출산 시 보호자가 챙길 용품}

자연 분만은 짧게는 몇 시간이지만 하루 이상 진통에 시달릴 경우도 있어요. 유도 분만은 더 오랜 시간이 걸리기도 하고요. 그러니 보호자가 분만 과정에 산모의 수분 섭취에 필요한 빨대 컵과 물티슈, 손수건 등을 챙겨서 가지고 계시는 게 좋아요. 보통 진통 중에는 수분 섭취를 아예 금하지만, 진통이 길어지거나 수술의 가능성이 작을 경우엔 상황에 따라 약간의 물은 허용하거든요.

선배맘 꿀팁
출산병원에서 분만선물로 배냇저고리, 속싸개는 입혀서 보내주고 그 외에 물티슈, 기저귀, 분유 등을 주기도 해요. 산후조리원에서도 몇 가지 입소, 퇴소 선물을 주는 경우가 있으니 미리 전화로 확인해보세요.

{아기를 위한 출산 가방에 꼭 챙길 용품}

입원 중에 아기에게 필요한 용품은 대부분 병원에서 지급돼요. 그러니 퇴원할 때 필요한 용품 위주로 작은 가방을 꾸리는 게 좋아요. 아기 옷(배냇저고리), 속싸개, 아기용 담요 또는 겉싸개, 기저귀, 물티슈, 가제수건을 준비하세요. 퇴원 후에 집이나 산후조리원에 갈 때 아기를 안전하게 태울 수 있도록 신생아용 카시트를 미리 차에 장착해두는 것도 잊지 마시고요. 손싸개, 발싸개는 속싸개를 하는 신생아 시기에는 필요 없으니 챙겨가지 않아도 돼요.

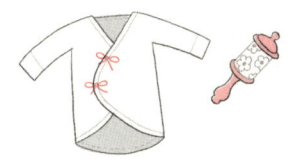

{산후조리원용 출산 가방에 꼭 챙길 용품}

오로 양이 적어지면 산모패드 대신 사용할 오버나이트 생리대, 수면바지, 여분의 속옷과 수면양말들을 더 챙겨두세요. 텀블러와 좋아하는 차 종류, 출산 후 먹을 영양제 등을 챙기고 육아 책과 딸랑이, 모빌, 초점 책 등을 챙겨 가면 아기와 교감할 때 유용하게 사용할 수 있어요.

선배맘 꿀팁
겉싸개는 추운 겨울이 아니라면 굳이 준비할 필요가 없으니 아기용 담요를 준비해두었다가 겉싸개 대신 활용하시길 권해요. 유모차용 보낭을 미리 사서 겉싸개로 활용할 수도 있어요.

선배맘이 알려주는 산모용품 선택 노하우

산부인과병원 앞에는 꼭 산모용품을 파는 매장이 있어요. 그곳에 들리면 왠지 종류별로 하나씩 장만해두어야 할 것 같은 압박감이 들지요. 그러나 자연 분만을 시도하다 제왕절개를 해야 할 수도 있고, 모유 수유에 실패할 수도 있으니 다음 용품들은 상황에 따라 구매하세요. 특히 모유 수유와 관련된 용품은 가짓수가 꽤 많으니, 필요할 때 구매하는 것이 좋아요.

{미리 준비하지 않아도 되는 산모용품}

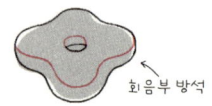
← 회음부 방석

회음부방석 자연 분만 시 회음부절개의 불편함을 덜기 위해 필요한 회음부방석은 산부인과병원이나 조리원에 모두 갖춰져 있어요. 회음부 상처는 보통 일주일 안에 아물기 때문에 퇴원 후 조리원에 가는 경우에는 살 필요가 없어요. 개인용으로 사용하고 싶어서 사더라도 막상 수유 때마다 갖춰진 방석을 치우고 개인 방석을 쓰게 되진 않으니 굳이 사지 않아도 돼요.

{미리 준비하면 좋은 산모용품}

선배맘 꿀팁
산후 복대는 상처에 바람이 통하지 않아 권하지 않는 의사 선생님도 계세요. 그러니 비싼 복대를 장만하기보다는 저렴한 기본 복대를 사는 게 좋아요. 병원 근처 약국이나 의료기기상에서 살 수 있어요.

산후 복대 산후 복대는 병원에서 제왕절개 후 착용하기를 권하는 추세예요. 복대를 하면 앉거나 허리를 세워 걷는 데 도움이 되거든요. 병원에서 미리 준비하라고 말해주거나 수술 후에 병원에서 복대를 준비해주는 경우도 있으니 출산하기로 한 병원에 미리 알아보세요. 수술 직후 착용하는 것이기 때문에 미리 준비하는 것이 좋은데 굳이 비싼 것보다 기본적인 기능이 있는 것으로 준비하면 돼요.

선배맘 꿀팁
압박스타킹은 사이즈 별로 구매할 수 있고, 무릎까지 오는 형태라 그렇게 답답하지 않았어요.

압박스타킹 제왕절개 후 혈전을 예방하고 부기가 덜하도록 도와주기 때문에 미리 준비하라고 권하는 병원이 많아요. 부종이 심해서 아예 신지도 못했다는 산모도 있지만 신고 나서 훨씬 덜 부었다는 산모가 많으니 하나쯤 장만해두세요. 임신 중에는 보험이 적용되어 의료용 압박스타킹을 저렴하게 살 수 있어요.

손목보호대 출산 후에는 관절이 약해진 상태이므로 아기를 안거나 수유할 때 손목을 보호해주는 손목보호대를 사용하는 것이 좋아요. 여러 종류가 있는데 사이즈가 조절되는 기본형으로 구입하세요.

{ 미리 준비하면 좋은 수유용품 }

수유 브래지어 아기를 낳자마자 모유 수유를 시도하려면 입원할 때부터 수유 브래지어를 착용하는 것이 좋아요. 여닫는 방식에 따라 여러 종류의 수유 브래지어가 있는데 산후조리 기간에는 무조건 앞쪽에서 편하게 가슴을 여닫을 수 있는 것으로 고르세요. 수유패드는 모유 양에 따라 필요 없을 수도 있으니 소량만 사두는 게 좋아요.

손목보호대 종류가 너무 많아서 고민하다가 약국에서 사이즈가 조절되는 것을 샀는데 잘 썼어요. 산부인과병원 근처의 약국에는 다양한 종류의 산모용품을 갖추고 있으니 출산 전에 미리 둘러보세요.

{ 나중에 사도 좋은 수유용품 }

수유 쿠션 병원이나 조리원에 갖춰진 제품을 사용하다가 나에게 맞는 형태를 찾아서 구매해도 늦지 않아요. 안고 젖을 먹이는데 익숙해지면 아예 수유 쿠션을 사용하지 않는 경우도 있거든요.

유축기, 모유저장팩, 유두보호크림 모유가 충분히 나오지 않거나 아기가 젖을 잘 빨지 못해서 모유 수유에 실패하는 경우도 꽤 많아요. 유축기는 산후조리원에 있으므로 모유 양을 확인하고 나중에 구입하세요. 만약 모유 양이 많다면 유축기로 초유를 짜서 보관할 모유저장팩이 있어야 하고, 아기가 젖을 잘 못 빨아서 유두에 상처가 생긴다면 유두보호크림이 필요할 수도 있어요. 상황에 따라 필요한 아이템의 경우, 급하게 검색하면 어떤 제품을 사야 할지 판단하기 어려우므로, 출산 전에 미리 어떤 제품을 살지 결정해두고 필요할 때 바로 사세요.

모유 수유를 계획하고 유축기까지 샀는데 분유 수유를 하게 되어 결국 제대로 쓰지 못했어요. 모유 수유는 변수가 많으니 모유 수유와 관련된 용품들은 나중에 필요할 때 사세요.

❶ 미리 준비해두자 - 산후 복대, 압박스타킹, 수유 브래지어, 손목보호대
❷ 나중에 필요할 때 사자 - 유축기, 모유저장팩, 수유 쿠션, 유두보호크림

선배맘이 알려주는 임신 후기 몸의 변화

임신 후기가 되면 중기와는 몸이 확실히 달라져요. 커진 자궁이 위와 폐를 압박해 속이 쓰리고, 자주 체하고, 숨이 차고 울렁거리지요. 배는 하루가 다르게 커져서 제대로 잠을 자기도 어렵고요. 임신 후기 몸의 변화에 대해 알고 있으면 좀 더 현명하게 대처할 수 있어요.

{임신 후기 달라지는 몸의 변화}

변비 자궁이 커져 장이 압박돼 변비가 잘 생기고 단단한 변을 무리해서 내보내다가 치질에 걸리기도 쉬워요. 섬유질을 많이 먹고 좌욕을 자주 하는 게 좋아요.

근육 경련 혈액 순환이 나빠져서 다리가 저리거나 발과 종아리에 쥐가 나기 쉬워요. 장시간 서 있지 않도록 하고 체중 관리를 해요.

호흡 곤란 자궁이 심장과 혈관을 압박하므로 쉽게 숨이 차고 가슴이 두근거리기 쉬워요. 피곤할 때는 바로 쉬어야 해요.

정맥류 정맥 내에 혈액이 고여 혹처럼 부풀어 오르는 정맥류가 종아리와 허벅지에 잘 생겨요. 이럴 땐 무조건 쉬어야 해요.

요통 배가 점점 나와 몸의 중심이 앞으로 쏠리면서 요통이 생기기 쉬워요. 항상 허리를 똑바로 펴고, 복대로 배를 감싸도록 해요. 찜질과 마사지도 효과가 있어요.

요실금 자궁이 커지면서 방광을 압박해 소변이 자주 나오고 요실금이 생기기도 해요. 케겔 운동을 꾸준히 하면 도움이 돼요.

유두분비물 임신 후기에 젖이 나오는 경우가 있어요. 그럴 땐 목욕할 때 유두 끝을 잘 씻고 수건으로 닦아주면 돼요.

빈뇨 태아가 내려와 장과 방광을 압박하므로 소변이 자주 마렵고, 화장실에 다녀와도 소변을 덜 눈 듯 개운치 않아요.

Doctor's Advice

임신 후기부터 꾸준히 가슴마사지를 해주면 출산 후 모유 수유에 도움이 됩니다. 그러나 자궁이 수축할 수 있으므로 조산 가능성이 있는 사람은 마사지를 피하도록 합니다.

Doctor's Advice

임신 시 피부는 트러블이 생기기 쉽습니다. 따라서 가급적 진한 화장을 삼가고 기초화장에 충실하는 것이 좋으며 특히 보습에 신경을 써야 합니다. 자외선 차단제는 반드시 사용해야 하는데 실내에서도 기초적인 자외선 차단제를 바르는 것이 좋습니다. 충분한 물 섭취와 함께 충분한 수면도 피부에 도움이 됩니다.

선배맘이 추천하는 임신 후기 강추 아이템 5

임신 후기가 되면 급속도로 배가 불러와서 잠자는 것, 숨 쉬는 것, 걷는 것, 어느 하나 쉬운 것이 없어요. 임신 후기 생활을 지옥에서 탈출시켜줄 완소 아이템 몇 가지를 추천해요.

천연소화제 TUMS
천연성분인 TUMS는 일종의 제산제로, 임신 중에 걱정 없이 먹기 좋아요. 국내 오프라인 판매처는 없지만 인터넷에서 구매할 수 있어요.

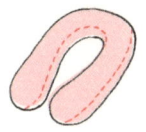

바디필로우
부른 배 때문에 자기 힘들 때 도움이 되는 아이템이에요. 얼마나 쓴다고 사냐고요? 하루를 자도 푹 자야죠! 나중에 수유 쿠션으로 쓸 수도 있으니, 잠자리가 힘들다면 장만해보세요.

임산부 속옷
임신 후기에는 급속도로 배가 나오고 가슴이 커지니 배를 뒤덮는 팬티와 임산부용 브래지어를 구매하는 게 좋아요. 가슴에 너무 꼭 맞는 브래지어는 유선의 발달을 막아 유선염을 일으킬 수 있거든요.

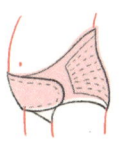

산전 복대
산전 복대는 허리통증을 줄이는 데 효과적이에요. 배 밑과 허리를 받쳐 무거운 배를 지탱해주거든요. 반면 산후 복대는 산후 나온 배를 눌러주고 골반과 허리를 교정해주는 용도예요. 용도에 맞게 산전에는 산전 복대를 이용하는 게 좋아요.

코코넛오일
주로 튼살방지크림을 사는 경우가 많은데, 코코넛오일을 추천하는 분도 많아요. 간지러움을 잡아주고 튼살 생기는 것을 방지해 줄뿐더러 무엇보다 가격이 싸거든요. 코코넛 오일이 피부에 맞지 않는다면 호호바오일도 좋아요.

Doctor's Advice

TUMS가 안전하다고 과량 복용하면 고칼슘혈증이 나타날 수 있습니다. 1정당 200mg의 칼슘이 들어있는데, 임산부의 하루 칼슘 적정섭취량은 700mg~1000mg이므로 권장섭취량을 넘지 않는 선에서 드셔야 합니다.

선배맘 꿀팁

바디필로우는 말랑말랑하고 수유 쿠션은 딱딱해서 두 가지를 모두 샀어요. 겸용으로 쓰고 싶다면 ㄱ자형, ㄴ자형 필로우 중에 단단한 제품으로 사는 게 좋아요.

선배맘 꿀팁

임신출산 겸용 아이템보다는 제각각 시기에 맞는 아이템을 사는 게 저렴하고 좋아요. 특히 산전 복대와 산후 복대는 용도와 생김새가 다르므로, 산전후겸용복대보다는 각각 구매하세요.

Q1 임신선을 예방하는 방법이 있을까요?

선배맘 꿀팁

임신선은 배가 갑자기 나오기 전인 임신 5~6개월부터 꾸준히 관리해야 효과가 있어요. 출산한 후에도 없어지지 않으면 레이저 시술 등을 받는 경우도 있어요.

임신 후기가 되면 급속도로 가슴이 커지고 배가 나오면서 체형이 많이 바뀌어요. 그러면서 배나 가슴, 또는 허벅지와 엉덩이 피부가 얇게 갈라지면서 구불구불한 적갈색 선이 나타나요. 이것을 임신선, 혹은 튼살이라고 부르지요.

임신선이 생기는 이유는 피부구조 때문이에요. 피부는 바깥쪽부터 표피, 진피, 피하조직 순으로 되어 있는데 표피는 신축성이 좋아 늘어나지만 진피나 피하조직은 신축성이 없어 얇게 갈라지면서 패여 구불구불한 선이 생기는 거예요. 정상 피부보다 약간 가라앉아 있어 만지면 울퉁불퉁하게 느껴지기도 하지요.

출산 후에는 점점 옅어지면서 흰색으로 변하지만, 한번 생기면 흔적이 계속 남으므로 예방이 중요해요. 임신 중기부터 틈틈이 살이 찌기 쉬운 배나 가슴, 허벅지와 엉덩이 부위에 오일이나 튼살방지크림을 발라 마사지하면서 피부의 신축성을 좋게 유지하면 임신선이 덜 생겨요. 무엇보다 임신선을 예방하려면 체중 조절이 필요해요. 체중이 조금씩 늘면 피부도 천천히 늘어나 임신선이 덜 생기거든요.

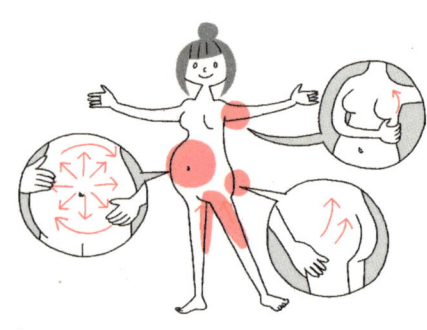

♥ 임신선 예방 마사지

배 배꼽을 중심으로 방사선 방향으로 마사지해요.
시계 방향으로 둥글게 마사지해요.
가슴 아래에서 위로 둥글게 마사지해요.
엉덩이 아래에서 위로 마사지해요.
허벅지 안쪽 부분을 아래에서 위로 마사지해요.

Q2 임신 후기, 살이 너무 쪄서 고민인데 지금처럼 먹어도 될까요?

임신 후기가 되자 살이 너무 쪄서 걱정이지만 배 속의 태아가 영양분을 많이 원하는 것 같아서 안 먹을 수가 없다고요? 과체중인 분들은 이미 몸에 여분의 에너지를 가지고 있으므로 아기를 가졌다고 해서 평소 먹던 것보다 많이 먹을 필요가 전혀 없어요. 반대로 저체중 여성들은 조금 더 많이 먹어야 하고요.

임신 초기에는 입덧으로 몸무게가 조금 증가하지만 후기로 갈수록 빠르게 몸무게가 늘어나요. 쌍둥이인 경우를 제외하고 임신 중에는 태아와 태반, 양수 무게로 최대 5.2kg, 자궁 및 혈액량의 증가, 유방 발육 등으로 4.1kg, 모체의 지방축적으로 3.6kg, 총 10~13kg 정도의 체중이 증가하는 게 정상이에요.

만약 정상 체중 증가보다 체중이 이미 많이 늘었고, 임신 후기에 한 달에 3kg 이상 체중이 늘어난다면 체중 관리는 필수예요. 영양공급이 과해 거대아가 되면 나중에 당뇨를 앓을 위험이 커지거든요. 또한 임신중독증이나 전자간증, 신장 및 심장 이상이 동반되었을 가능성이 있으니 의사와 상담이 필요해요.

선배맘 꿀팁

임신 후기에 가장 좋은 영양 섭취 방법은 하루 세 번 식사를 하고, 식사 중간에 가벼운 간식을 먹는 거라고 해요. 체중을 관리해야 한다면 간식은 생략하는 게 좋겠죠?

Doctor's Advice

임신 후기에는 매주 체중을 재면서 관리해야 합니다. 저체중일 경우 주당 0.45kg, 과체중일 경우엔 주당 0.23kg 증가를 권합니다. 만약 정상 체중 여성이 한 달에 3kg 이상 체중이 늘면 조절이 필요합니다.

♥ 임신 중 권장 체중 증가량

	체중 구분(BMI)	권장 체중 증가량
저체중 산모	19.8kg/m² 이하	12.5~18kg
정상 체중 산모	19.9~26kg/m² 사이	11.5~16kg
과체중 산모	26~29kg/m² 사이	7~11.5kg
비만 산모	29kg/m² 이상	최소 6kg

$$BMI = \frac{임신\ 전\ 체중(kg)}{신장 \times 신장(m)}$$

Q3 임신 중에 먹지 말라고 하는 음식들, 정말 먹으면 안 되나요?

선배맘 꿀팁

임신 중에 라면과 같은 즉석식품을 안 먹는 게 좋다는 건 알지만 가끔 너무 먹고 싶을 때가 있어요. 그럴 땐 첨가물이 덜 들어간 제품으로 골라 먹거나 채소를 많이 넣고 수프를 조금만 넣어서 먹는 등 요령껏 먹었어요. 스트레스를 받는 것보단 나으니까요.

임신 중에는 주의해야 할 음식이 너무 많지요? 모르고 먹었던 다른 선배맘들은 하나같이 별문제 없었다고 하는데, 그냥 먹자니 꺼림칙하고 말이에요. 임신 중에는 몸이 예전과는 많이 달라지는데, 자칫 탈이 나도 약을 함부로 먹을 수 없으므로 조심해서 먹는 게 좋아요. 물론 임신부가 먹는 음식은 아기에게 직접적인 영향을 주기도 하고요.

많은 분이 회를 먹어도 되는지 고민하는데, 참치와 같은 큰 생선을 자주 먹는 게 아니라면 임신 중에 신선한 회를 먹어도 괜찮아요. 그 외의 음식 역시 너무 과하게만 먹지 않는다면 크게 문제가 되지 않고요.

Doctor's Advice

즉석식품, 탄산음료, 씻지 않은 채소, 젓갈과 같이 짠 음식, 참치처럼 수은 함량이 높은 생선, 카페인, 다이옥신이 포함된 식품, 익히지 않은 고기 등은 임신 중에 섭취하지 않는 것이 태아를 위해 좋습니다.

하지만 평소에 자신에게 맞지 않았던 음식들, 예를 들어 밀가루 음식을 먹으면 소화가 잘 안 되었다면, 당연히 임신 중에 안 먹는 게 좋겠죠? 즉석식품이나 맵고 짠 음식은 염분이 높아서 임신성 질병을 유발하거나 부종을 심하게 하므로 먹지 않거나 조금만 드시고, 배가 아플만한 차가운 음식도 삼가는 게 좋아요. 커피나 차에 함유된 카페인은 태아의 성장호르몬 분비를 방해할 수 있으므로, 하루 한 잔 이상은 마시지 않는 게 좋고요.

멘붕탈출법

❶ 자신에게 원래 맞지 않았던 음식은 피하기
❷ 즉석식품, 맵고 짠 음식은 부종이 심해지니 덜 먹기
❸ 카페인은 성장호르몬 분비를 방해하므로 커피나 차는 하루 한 잔 정도만 마시기
❹ 배 아플만한 차가운 음식은 자제하기

Q4. 임신 중에 먹는 음식에 따라 아기가 아토피에 걸린다고요?

임신부가 아토피가 잘 유발되는 음식을 먹는다고 해서 아기에게 알레르기가 생기지는 않아요. 예를 들어 복숭아를 먹었다고 해서 원래 없던 복숭아 알레르기가 생기는 것은 아니에요. 하지만 가족력이 있거나 임신부가 원래 알레르기를 가지고 있다면 그 음식에 대해서는 조심하는 게 좋아요.

아토피성 피부염 발생 원인은 아직 정확히 밝혀지지 않았지만 임신 도중 비타민 B3(나이아신)의 섭취가 부족하면 1세 이하의 자녀에게 아토피성 피부염 발생 위험이 높아진다는 연구결과와 임신 기간에 탄산음료를 자주 먹은 경우 아토피 발병률이 2배 이상 높은 것으로 나타난 연구결과가 있어요. 그러니 반대로 생각해 보면 아기를 위해 임신 중에 비타민을 잘 챙겨 먹고 탄산음료를 피하는 게 좋겠지요.

우리가 일반적으로 알고 있는 몸에 좋은 음식을 골고루 섭취하는 것이 태어날 아기의 알레르기를 예방하는 가장 좋은 방법이에요. 참고로 자연주의 임신과 관련된 자료들을 보면 고열량 음식, 기름진 음식이나 매운 음식이 임신부를 열이 많은 체질로 변하게 할 수 있고, 엄마가 열이 많으면 아기에게 태열이나 아토피가 발생할 수도 있기 때문에 육식, 기름진 음식, 맵고 짠 음식을 되도록 피하라고 권하고 있답니다.

선배맘 꿀팁

칼로리 계산 앱이나 식단 관리 앱을 깔아서 식단 관리를 하니 내가 어떤 음식을 먹고 있는지 알고 관리할 수 있어서 좋았어요.

Doctor's Advice

아토피 피부염을 예방하기 위해 임신 중에 특별히 음식을 조절해야 할 필요는 없습니다. 다만 출산 후 최소 4개월까지는 모유 수유를 하는 것이 아토피 예방에 좋으며 수유 중에는 우유, 달걀, 땅콩, 생선과 같이 알레르기를 유발할 수 있는 음식은 피하도록 합니다.

Doctor's Advice

비타민 B3는 닭고기, 돼지고기, 생선, 콩류, 버섯 등에 많이 들어 있습니다. 비타민 B3와 아토피의 관계는 후속 연구가 필요합니다.

멘붕탈출법

❶ 가족력이 있거나 알레르기가 있는 음식 피하기
❷ 탄산음료와 즉석식품 피하기
❸ 비타민 챙겨 먹기

Q5 임신 후기, 어떤 영양제를 먹는 게 좋나요?

이것저것 챙길 게 많다 보니, 영양제 먹는 것을 자꾸 깜박한다고요? 귀찮더라도 영양제는 잊지 마세요. 임신 후기가 되면 음식을 통해 섭취하는 것만으로는 부족한 영양소가 많아요. 건강하고 똑똑한 아기를 만나려면 철분제, 종합비타민제, 오메가3, 이 세 가지는 알람을 맞춰두고 반드시 챙겨 드세요.

♥ 임신 후기에 꼭 섭취해야 할 영양제

철분 보충제 임신 중기에서 후기가 되면 철분이 평상시의 2배가 필요해요. 음식물 섭취만으로는 공급이 어려우므로 매일 철분제를 복용하여 철을 보충해야 하지요. 만약 이때 철을 추가로 섭취하지 않아 철결핍성 빈혈이 생기면 태아가 저체중이 되거나, 조산 위험이 증가한답니다.
임신부 권장 섭취량 : 하루 30mg 이상

비타민 D 칼슘과 인의 조절에 중요한 역할을 하며 면역 기능, 대사 기능을 높여주지요. 비타민 D가 부족할 경우 태아 골 형성, 출생 시 체중에 영향을 미치고 임신 시 대표적 합병증인 임신성 당뇨병이나 임신성 고혈압 발병률이 높아진다는 연구결과가 있어요. 대부분의 여성이 비타민 D가 많이 부족한 상황인데, 임신부의 경우 일반 권장량보다 많이 섭취해야 하므로, 비타민 D가 강화된 종합비타민제를 먹는 게 좋아요.
임신부 권장 섭취량 : 비타민 D 하루 1000~2000IU

오메가3 우리 몸을 이루는 세포막의 주요 성분으로, 체내에서 생산되지 않으므로 반드시 음식이나 영양제로 먹어야 해요. 오메가3를 적게 섭취하면 임신중독증에 걸릴 확률이 매우 높아지고, 조산과 산후우울증, 모유의 질에도 영향을 준다고 해요. 임신 중 오메가3를 적절하게 섭취하면 태아의 시력과 기억력 발달에 도움을 주고, 알레르기 질환을 줄여준답니다.
임신부 권장 섭취량 : DHA 기준 하루 300mg~500mg

선배맘 꿀팁
생선 비린내가 역하고 중금속 걱정 때문에 오메가3를 도저히 못 먹겠다면 미세조류에서 DHA를 추출하여 만든 식물성 오메가3를 섭취하세요. 일명 임산부용 오메가3라고 하는데 가격이 동물성보다 비싸지만 먹기 편해요.

Doctor's Advice
건강한 산모라면 우유, 치즈, 멸치, 아몬드 등으로부터 칼슘 섭취가 이뤄지므로 따로 칼슘제를 먹을 필요는 없습니다. 단, 음식 섭취가 부족하고, 저칼슘군에서는 칼슘제를 먹는 것이 추후 임신성 고혈압 조절에 도움이 됩니다. 칼슘은 비타민의 흡수를 저해하므로, 비타민과는 시간 차이를 두고 드셔야 합니다.

Doctor's Advice
엽산은 세포분열과 성장에 필요한 영양소로 임신 초기에 꼭 챙겨 먹어야 합니다. 엽산이 부족하면 태아의 신경발달에 문제가 생겨 기형아 확률이 높아질 수 있습니다. 단, 임신 중기부터는 따로 드실 필요는 없습니다.

Q6 임신 중에 염색이나 파마, 화장, 목욕을 해도 괜찮을까요?

푸석한 머리와 부은 얼굴이 보기 싫어서 내 몸을 위한 투자를 하고 싶은데 왜 이렇게 못하는 게 많은지…. 안타깝지만 아래의 몇 가지는 당분간 조심하시는 게 좋아요. 건강한 아기를 위해 눈 딱 감고 몇 개월만 참으세요.

♥ 임신 후기에 조심할 것들

파마와 염색 파마약과 염색약에는 여러 가지 화학성분이 들어있는데 태아에게 전달되는 양은 지극히 소량이더라도 영향을 줄 수 있어요. 또 임신 후기에 같은 자세로 2~3시간 이상 앉아있는 것은 배와 허리에 무리가 되기 때문에 되도록 안 하는 게 좋아요. 출산 후에도 모유 수유 때문에 염색이나 파마가 어려우므로, 만약 머리를 하고 싶다면 임신 12주가 지난 임신 중기에 하는 게 좋아요.

화장품 사용 프탈레이트와 레티놀 성분을 특히 조심해야 해요. 샴푸, 비누를 비롯하여 향수, 매니큐어, 자외선차단제 등에 사용하는 프탈레이트(벤조페논-3, 옥시벤존 등)가 임신부에게 과다 노출되면 아기의 지능지수가 또래에 비교해 낮아진다는 연구결과가 있어요. 레티놀 성분은 주름 개선, 즉 안티에이징 화장품에 주로 사용되므로 아이크림이나 고가의 기능성 화장품은 아예 사용을 안 하는 게 좋아요.

탕 목욕 대중목욕탕에 가거나 뜨거운 물에 몸을 담그는 것도 조심해야 해요. 40℃ 이상의 탕에 10분 이상 앉아있으면 체온이 올라가 태아의 신경계에 이상을 가져오거나 유산을 하게 될 수도 있거든요. 또 임신 후기에는 양수가 흐르는 것을 놓칠 수도 있고, 지저분한 물에 들어갔을 경우 질염 등에 걸릴 수 있어요. 꼭 탕 목욕을 하고 싶다면 대중목욕탕이 아닌 집에서 미지근한 물을 받아서 하는 거로 대신하세요. 미끄러지지 않게 조심하는 것, 잊지 마시고요.

선배맘 꿀팁

피부 미백용 화장품의 성분도 안정성이 떨어지니, 아쉽지만 그냥 보습크림을 듬뿍 바르는 거로 대신했어요. 새로 화장품을 살 때는 화해 앱으로 화장품 성분을 미리 확인했고요.

Doctor's Advice

임신 초기의 경우 임신부의 체온이 38.3도 이상 10분 넘게 지속되면 자연 유산이나 태아 기형이 생길 수 있으므로 사우나 찜질방은 삼가해야 합니다. 임신 12주가 지나면 온탕에 5분 정도 몸을 담그는 정도는 괜찮습니다.

Q7 허리가 너무 아픈데 좋은 방법이 없을까요?

Doctor's Advice
임신 후기에는 새로운 운동을 시작하는 것보다는 몸이 개운하다고 느낄 정도의 산책이나 가벼운 체조를 하면서 근력을 기르는 것이 좋습니다. 스트레칭 중에 배가 땅기거나 몸에 무리가 오면 바로 중단합니다.

임신 후기엔 자궁이 점점 커지면서 갈비뼈를 밀어 올려서 흉곽 통증이 생겨요. 또, 몸의 무게 중심이 앞으로 쏠리고 골반 관절을 유연하게 만드는 호르몬이 분비되면서 허리 통증이 심해지지요. 어쩔 수 없이 견뎌내야 하지만 다음 몇 가지 방법을 이용해 통증을 줄여보세요.

♥ 허리 통증을 예방하고 개선하는 방법

- 체중이 급격히 늘지 않도록 주의해요.
- 항상 허리를 똑바로 펴고 산전 복대로 배를 감싸요.
- 찜질과 마사지로 피로를 풀어주어요.
- 굽이 낮은 신발을 신어 허리의 부담을 줄여요.

♥ 허리 통증에 효과적인 체조

갈비뼈 통증에 좋은 체조
양반다리로 앉아 양팔을 들어올려요. 숨을 내쉬며 옆구리가 쭉 펴질 때까지 천천히 한쪽으로 몸을 기울인 후 천천히 원래 자리로 돌아와요. 반대쪽도 같은 방법으로 반복해요.

❶ 바닥에 엎드려 다리를 적당히 벌리고 등을 곧게 펴세요.

❷ 숨을 내쉬며 머리를 아래로 숙여 등을 동그랗게 만들어요.

❸ 숨을 들이쉬며 1번 자세로 돌아간 다음, 숨을 내쉬며 머리를 들어올리고 등을 뒤로 젖혀요.

❹ 숨을 들이쉬며 원래 자세로 돌아가요. 1~4를 반복해요.

Q8 감기에 걸렸는데 감기약을 먹어도 될까요?

아픈데 약도 못 먹는다니, 이렇게 서러울 때가 어디 있을까요? 임신 중에는 면역력이 떨어지기 때문에 독감이나 감기에 걸리기 쉬워요. 감기에 걸리면 평소와 달리 잘 낫지도 않고, 열도 많이 나지요. 임신 전에야 약을 사다 먹으면 그만이지만, 임신 중에는 왠지 약을 먹으면 안 될 것 같아서 끙끙 앓으면서 그냥 버티는 경우가 많아요.

그런데 그러다 증세가 심해지면 아기한테도 좋지 않아요. 열이 심해지면 태아에게 신경 손상을 유발할 수도 있거든요. 그러니 임신 중에 고열이 날 때는 해열제를 먹어서 열을 떨어뜨려야 해요. 단, 어떤 약이든 반드시 의사의 처방을 받아 약을 먹어야 하고, 장기간 복용은 피해야 해요.

최근 진통해열제인 타이레놀을 임신 중 장기복용 시 아이의 ADHD를 유발할 확률이 높다거나 과다복용 시 간 손상을 줄 수 있다는 내용이 발표되면서 논란이 일고 있어요. 하지만 이런 내용은 일부 연구결과일뿐 일반화시킬 수 없고, 장기복용이나 과다복용일 때 문제가 될뿐이라 허용량을 지키면 크게 문제될 것이 없다는 것이 전문가의 의견이에요. 다른 해열제보다는 타이레놀이 비교적 안전하므로 감기나 다른 통증으로 버티기 힘들 때는 의사 선생님과 상의 후 적정량을 복용하는 것이 가장 좋은 방법이에요.

선배맘 꿀팁

감기가 심해졌을 때 병원에 가서 임신부가 맞아도 되는 비타민 수액을 맞았어요. 감기가 한결 빨리 낫더라고요.

Doctor's Advice

간혹 임신 초기에 임신 사실을 알지 못하고 종합감기약을 먹었다가 임신 중절을 선택하는 안타까운 경우가 있습니다. 그러나 아기의 태반은 임신 4개월 무렵에 완성되므로, 임신 사실을 인지하지 못한 초기에 실수로 섭취한 약은 그다지 영향을 끼치지 않습니다.

마더세이프에 대해 알고 계시나요?

임신이나 수유 중에 먹는 약에 대해 궁금한 점이 있다면 한국마더세이프전문상담센터를 이용하세요. 보건복지부와 제일병원이 함께 운영하는 상담센터로 임신 중 약물상담, 모유 수유 중 약물상담, 계획임신을 위한 상담 등을 하고 있어요.
한국마더세이프(1588-7309)
www.mothersafe.or.kr

멘붕탈출법

❶ 따뜻한 차, 비타민 C, 과일 먹으면서 증세 완화하기
❷ 잠을 푹 자고 따뜻한 물 많이 마시기
❸ 그래도 증세가 호전되지 않으면 병원에서 처방받은 약 먹기

Q9 소화가 잘 안 되서 힘들어요. 소화제를 먹어도 될까요?

선배맘 꿀팁

임신부 소화제로 알려진 TUMS 를 먹었는데, 도움이 많이 되었어요. 한살림에서 산 고농축 매실액도 소화하는 데 꼭 필요한 완소아이템이었고요.

Doctor's Advice

장기가 눌리므로 소변은 수시로 보고 싶지만, 내장기관의 움직임이 적으므로 변비에 걸리기 쉽습니다. 변비약을 자주 먹으면 자궁수축을 일으켜 위험할 수 있으므로 평상시 채소 섭취를 늘리고, 변비가 심할 때는 임신부용 변비약을 처방받아 복용하도록 하세요.

배가 너무 커져서 그런지 뭘 먹어도 잘 내려가는 것 같지 않고 더부룩하다고요? 태아가 커지면서 소화 장기가 눌리고 여러 호르몬의 변화로 소화가 잘 안되는 거예요. 소화 기능이 떨어지는 임신 후기에는 과식을 피하고 조금씩 자주 먹는 것이 좋아요. 당연히 기름진 음식, 찬 음식은 피해야겠지요?

소화 불량이 심할 경우 소화제나 위장약을 한두 번 먹는 것은 괜찮지만 증세가 심하면 의사의 처방을 받아 복용해야 해요. 병원에서는 속이 쓰리고 위염이나 역류성 식도염이 있을 때는 알긴산 성분의 라미나지액을 추천해요. 해조류의 끈적거리는 점액 성분을 알긴산이라고 하는데 점막보호 효과가 있어요. 알긴산이 포함된 다른 제품으로는 개비스콘이 있어요.

병원에 갈 정도가 아니라면 임신부 소화제로 알려진 TUMS 나 매실액을 마셔 보세요. 배꼽 위와 가슴 사이를 손으로 살살 문지르거나 손바닥 한가운데를 엄지손가락으로 꾹꾹 누르는 것도 소화에 도움이 됩니다.

♥ 변비에 효과적인 체조

변비가 심할 때는 앉아서 좌우로 허리 비틀기만 해도 효과가 좋아요.

❶ 바닥에 앉아 양 무릎을 모아 세워요. 이때, 손을 뒤로 짚어 몸을 지탱해요.

❷ 숨을 내쉬며 양 무릎을 천천히 한쪽으로 눕히고, 숨을 들이쉬며 원래대로 돌아와요. 반대쪽도 반복해요.

Q10 시도 때도 없이 가려워 죽겠어요. 임신소양증, 답이 없나요?

임신 중기 이후로 미칠 듯이 몸이 가렵다고요? 모든 임신부에게 나타나는 것은 아니지만 임신 후기가 되면 배, 다리, 가슴 등에 가려움증이 심해지는 경우가 많아요. 온몸이 빨갛게 될 정도로 상태가 심하다면 의사의 진단을 받아서 연고를 처방받아 사용하세요. 간혹 임신소양증이 아기에게 전달될까봐 걱정하는 임신부들도 있는데, 임신소양증은 임신 중 호르몬의 변화로 임신부의 몸에 생기는 증상으로, 아기의 피부에는 영향을 주지 않으니 걱정할 필요 없답니다.

Doctor's Advice

임신성 소양증은 일종의 면역질환으로 임신으로 인한 체내 불균형 현상이 일어나면서 발생하는 것입니다. 증상이 가벼우면 생활습관 변화만으로도 좋아지지만 증상이 심하면 항히스타민제와 스테로이드 성분의 연고를 처방하게 됩니다.

♥ 임신소양증에 대처하는 방법

피부 자극 줄이기 속옷과 겉옷을 모두 부드러운 면 재질로 입으세요. 또한 몸에 달라붙는 옷보다는 통풍이 잘되는 여유 있는 옷을 입어 피부에 최대한 자극을 덜 주는 것이 좋아요.

보습 잘하기 땀을 흘리지 않도록 하고 미지근한 물로 샤워한 후 건조해지지 않도록 오일이나 보습크림을 충분히 발라주세요. 가려운 부위에 임신부용 튼살크림이나 알로에 수딩젤을 바르는 것도 도움이 돼요.

음식 가려먹기 동물성 지방, 밀가루 음식, 즉석식품이나 자극적인 음식을 피하면 가려움증을 예방하는데 도움이 돼요.

집 안을 시원하게 하기 집 안이 습하고 무더우면 가려움증이 심해지므로 최대한 집을 시원하게 유지하고 가려운 부위에 얼음팩을 해주세요.

선배맘 꿀팁

임신소양증이 심해서 밤에 잠을 제대로 못 잘 정도였어요. 두드러기가 나고 화상처럼 빨갛게 올라왔는데 참다 참다 병원에서 처방받은 연고를 발랐더니 금방 나아졌어요. 스테로이드 성분이라 꺼려지긴 했지만 잠을 못 자서 스트레스받는 것보다는 나은 것 같아요.

멘붕탈출법

1. 미지근한 물로 샤워하고 보습크림 충분히 바르기
2. 통풍이 잘되는 면 소재 옷만 입기
3. 채소, 과일 등의 신선한 음식 먹기
4. 병원에서 처방받은 안전한 연고 바르기

Q11 임신했을 땐 파스를 붙이거나 안약을 넣는 것도 안 되나요?

임신 중엔 먹는 약뿐만 아니라 바르는 약에 대해서도 민감해지지요? 그런데 피부에 바르거나 붙이는 외용약제도 사용하면 안 되는 걸까요?

임신 중 상처가 났을 때 마데카솔, 후시딘, 소독약, 빨간약(포비돈 요오드) 등은 분말형이든 연고 형태이든 상관없이 모두 사용해도 괜찮아요. 하지만 무슨 약이든 장기간, 광범위한 사용은 좋지 않으니 꼭 필요할 때만 바르도록 하세요.

눈에 문제가 생겨서 안약을 넣어야 하는 경우도 있는데, 적정량을 사용한다면 안약이 몸으로 들어가는 양은 매우 적으므로 전혀 염려할 필요 없어요. 또 비염이나 코막힘 등으로 비강 스프레이를 쓰는 경우도 있는데 이 역시 몸에 거의 흡수되지 않으므로 안심해도 괜찮아요.

그런데 파스는 사용을 주의해야 해요. 소염진통제 케토펜 성분이 태아의 동맥관 폐쇄 등을 일으킬 수 있거든요. 파스를 붙이는 대신 너무 뜨겁지 않은 수건 찜질을 한다거나 마사지로 통증을 완화하는 것이 안전하답니다. 최근에는 멘톨 등의 천연성분으로 된 바르는 천연파스도 많이 이용하는데, 아이스댄서, 수드어웨이 등의 제품은 냄새도 적고 천연성분이라 안심할 수 있어서 평이 좋아요.

선배맘 꿀팁

어깨가 너무 아파서 밀가루파스를 만들어 사용해봤어요. 밀가루와 소금을 7:3으로 넣고 꿀로 농도를 맞춘 다음 통증 부위에 얹어 붕대를 감아두었더니 통증이 많이 줄어들었어요.

선배맘 꿀팁

수드어웨이 수딩엔릴리빙크림이라는 천연재료로 된 천연파스를 이용했는데, 냄새도 독하지 않고 괜찮았어요. 성분이 의심된다면 제품을 약국이나 병원에 가지고 가서 문의한 후 사용하세요.

멘붕탈출법

❶ 손목 통증에는 손목보호대 착용하기
❷ 허리 등 근육 통증에는 찜질팩 사용하기
❸ 천연파스나 밀가루파스 만들어서 쓰기

Q12 잇몸이 붓고 피가 나는데 치과 치료를 받아도 될까요?

임신 중에는 여성호르몬 증가와 혈압의 상승 때문에 이가 시릴뿐더러 칫솔질을 조금만 잘 못해도 잇몸에서 피가 나요. 이렇게 잇몸에 염증이 생겨 붓고 양치질할 때 피가 나는 게 임신 중 치과 질환으로 가장 흔한 치은염의 증세예요. 임신 2~3개월경에 나타나 7~8개월쯤에는 임신부의 70% 정도가 경험하기 때문에 '임신성 치은염'으로 따로 부를 정도랍니다. 흔한 증세라고 그냥 두고 칫솔질을 소홀히 하면 치주염으로 발전하여 출산에 문제를 일으킬 수도 있으므로 하루에 적어도 2회 이상은 부드러운 칫솔로 양치질을 해야 해요.

만약 입에서 심한 냄새가 난다면 산부인과와 치과의 협진을 통해 적절한 치료를 받는 것이 좋아요. 임신 중 잇몸질환을 앓은 임신부가 미숙아나 저체중아를 낳을 확률이 높다는 연구결과도 있으니 무조건 참는 것이 능사가 아니에요.

안정기인 임신 중기에는 충치 치료, 교정, 엑스레이 촬영도 가능하고, 임신 중 복용할 수 있는 항생제와 소염제도 있으니 충분히 치료할 수 있어요. 그러나 임신 후기에는 출산과 관련하여 여러 가지 위험이 있을 수도 있으니 응급처치를 하는 선에서 끝내고, 출산 후에 치료받도록 하세요.

선배맘 꿀팁
부드러운 임신부용 칫솔을 사용했어요. 시원한 느낌은 조금 덜했지만 아프지 않아서 좋았어요.

선배맘 꿀팁
속이 메스꺼워서 치약을 사용하기 어려웠는데 임신부용 치약은 순해서 사용하기 좋았어요. 소금이나 어린이용 치약도 괜찮더라고요.

Doctor's Advice
평소 임신부용 칫솔과 치약 등을 사용하여 양치질에 신경쓰세요. 불소성분 치약, 전동칫솔, 치실, 치간 칫솔 등으로 치아 사이사이를 꼼꼼히 관리하면 잇몸이 붓고 피나는 증상이 훨씬 나아집니다.

멘붕탈출법
① 평소에 부드러운 칫솔로 하루 2회 이상 이 닦기
② 임신 중기라면 치료받기
③ 임신 후기라면 임시 치료로 버티기

Q13 손발이 붓고 저려서 힘든데 어떻게 하면 좋아질까요?

선배맘 꿀팁

의료보험을 적용받아 압박스타킹을 사서 신었어요. 원래 6~7만 원인데 임신부에 한해 의료보험이 적용되기 때문에 1/10 가격에 살 수 있었어요. 족욕도 큰 도움이 되었고요.

선배맘 꿀팁

아몬드는 체내 축적된 노폐물을 제거하여 임신 후기의 부종을 가라앉히는데 효과적이라고 해요. 그래서 틈틈이 먹었더니 확실히 효과가 있었어요.

임신 후기로 갈수록 부종, 특히 다리와 발목의 부종이 심해지지요? 자궁이 커지면서 혈액순환을 방해하는 데다가 체액 속의 물질이 불균형해지기 때문에 나타나는 증세예요. 부종은 임신부의 절반 정도가 경험할 정도로 흔한 증상이고, 푹 쉬고 나면 나아지니까 걱정할 필요는 없어요.

다리 부종은 발가락 오므렸다 펴기 등의 스트레칭이 도움이 돼요. 다리를 쭉 펴고 앉아서 발가락을 오므렸다 펴기를 반복해보세요. 또 피가 잘 통하지 않아 다리에 쥐가 자주 나기도 하는데, 이럴 때는 다리를 쭉 펴고 발끝을 발등 쪽으로 끌어당겨 장딴지의 근육을 펴주면 가라앉을 거예요. 따뜻한 물로 족욕을 하면서 다리를 주물러주면 효과가 더 좋고요.

그러나 몸이 전체적으로 붓고, 정강이나 손목 안쪽을 손가락으로 눌렀을 때 움푹 들어간 살이 원상태로 회복되지 않을 정도라면 임신중독증을 의심해봐야 하므로 의사와 상담이 필요해요.

♥ 다리 부종을 완화해주는 체조

❶ 다리를 쭉 펴고 발가락을 몸쪽으로 당겼다 펴요.

❷ 다리를 쭉 펴고 발끝을 발등 쪽으로 끌어당겨 근육을 펴요.

Q14 부종이 심하면 임신중독증일 수도 있다고요? 어떻게 알죠?

임신중독증이란 임신 중에만 발생하여 출산 후에는 사라지는 일종의 고혈압 증상이에요. 전체 임신부의 5% 정도에서 발병하는데, 주로 임신 20주 이후에 나타나요. 임신중독증에 걸리면 조산 확률이 높아지고 만약 태반조기박리 증상이 오면 심한 경우 산모와 태아의 생명까지 위협받을 수 있어요.

임신중독증은 혈압 측정과 소변검사를 통해 증상 여부를 판단하는데, 만약 이 두 가지 검사에서 임신중독증이 의심된다면 병원에 입원해 세부 검사를 받게 돼요. 임신중독증 진단을 받았다면 식이요법과 적절한 체중 조절을 하면서 증상이 진전되지 않도록 주의하고, 증세가 심하다면 병원에 입원해서 치료를 받아야 해요.

선배맘 꿀팁

임신 후기에 체중 증가가 심해서 임신중독증이 우려되었는데 결국 병원에 입원해서 치료를 받았어요. 임신중독증을 예방하려면 짠 음식을 줄이고 체중을 관리하는 것이 좋아요.

Doctor's Advice

임신중독증은 ① 35세 이상의 고령 임신 ② 쌍둥이 임신 ③ 짠 음식을 좋아하는 경우 ④ 고혈압 가족력이 있는 경우에 걸리기 쉽습니다.

Doctor's Advice

임신중독증이라고 무조건 수술을 해야 하는 것은 아닙니다. 증상이 가볍고 출산예정일이 많이 남아있을 때는 자연 분만도 가능합니다. 하지만 증상이 심하고 출산예정일이 얼마 남지 않았다면 제왕절개를 권합니다. 태반이 제 기능을 하지 못해 산모와 태아 모두 위험하기 때문입니다.

♥ 임신중독증의 신호

체중 증가 대표적인 증상은 비이상적인 체중 증가예요. 임신 7개월 이후 일주일에 1kg 이상이나 한 달에 3kg 이상 몸무게가 증가한다면 임신중독증을 의심해야 해요.

심한 붓기 푹 쉬었는데도 계속 부어있거나 얼굴이나 손이 붓는 경우, 종아리 앞쪽 뼈 옆의 피부가 얇은 부분을 손가락으로 눌러서 자국이 남으면 제대로 된 검진이 필요해요.

두통, 눈의 이상, 단백뇨 두통이 오랫동안 지속하거나 눈이 침침해져도 임신중독증일 수 있어요. 단백뇨가 나타날 수도 있고요.

멘붕탈출법

임신중독증 증상 점검하기(세 가지 이상 해당하면 병원으로 가기)
– 갑작스럽고 급격한 체중 증가 / 복통(명치 또는 오른쪽 윗배 통증) / 새롭게 발생한 두통 / 시력 장애 / 혈압 140/90mmHg 이상 / 소변량 감소 / 부종

Q15 임신·출산·육아박람회, 잘 활용하는 팁 좀 알려주세요

임신·출산·육아박람회, 즉 베이비페어는 마음에 두고 있던 산모용품과 육아용품 등을 실제로 보고 구매할 좋은 기회예요. 할인 혜택에 이벤트 사은품, 화장품 샘플도 두둑이 챙길 수 있으니 힘들더라도 한 번쯤은 가 볼 만해요.

임신 후기에는 아무래도 몸이 무거운 만큼 가까운 곳, 접근성이 좋은 곳에서 열리는 베이비페어를 선택하는 게 좋아요. 사전 등록하면 공짜로 관람할 수 있으니 미리 사전등록 날짜를 확인해두세요. 보통 주말을 끼고 3~4일 내외로 박람회를 하는데 주말보다는 평일, 오후보다는 오픈 시간에 맞춰 가는 게 좋아요. 이벤트 사은품은 선착순으로 주는 경우가 많고, 사람이 없어서 관람하기도 편하니까요.

베이비페어에 가기 전에 미리 어떤 제품을 살 것인지 생각해두고, 인터넷 판매가격은 얼마인지 알아보고 가면 저렴한지 아닌지 알 수 있으니 구매할 때 도움이 돼요.

선배맘 꿀팁

방문 전에 행사 이력과 규모를 살펴보세요. 오래 지속한 행사일수록 알차니까요. 일정 금액 이상을 구매하면 택배로 보내주기도 하니, 부피가 큰 용품을 살 땐 택배가 되는지 꼭 확인하세요.

선배맘 꿀팁

유모차와 카시트는 직접 실물을 보고 사는 게 좋으므로 베이비페어에 가기 전에 미리 원하는 브랜드명 몇 가지와 가격대를 조사해서 갔어요. 아기 옷과 용품들도 많아서 한 번쯤은 가볼 만한 것 같아요.

♥ 규모 있는 임신·출산·육아박람회 리스트

- 미베 – 미래 임신 출산 육아박람회 www.babyexpo.kr
- 맘베 – 맘앤베이비엑스포 www.momnbabyexpo.co.kr
- 베페 – 베이비페어 www.befe.co.kr
- 코베 – 코엑스베이비페어 www.cobe.co.kr

멘붕탈출법

❶ 출산 2~3달 전, 살 것이 정해졌을 때 가기
❷ 사전등록하여 공짜 관람하기
❸ 구매 목록 미리 정해두고 인터넷 판매가격 알아보고 가기

Q16 5대 산모교실? 강좌 듣는 방법과 팁 좀 알려주세요

주변에서 산모교실에 가서 엄청난 사은품을 받아오는 것을 보고 깜짝 놀랐다고요? 산모교실이란 임신부를 대상으로 하는 강의나 공연 등을 말해요. 보통 임신 출산 제품을 만드는 기업이나 산부인과병원, 보건소 등에서 개최하지요. 산모교실의 좋은 점은 산모에게 필요한 정보를 얻을 수 있다는 것과 다양한 사은품을 받을 수 있다는 거예요. 참가만 해도 물티슈, 가제 수건, 스킨케어제품 샘플 등을 받을 수 있고, 유모차, 카시트, 젖병 소독기 등 고가의 육아용품을 경품으로 받을 수도 있거든요. 대신 홍보를 위한 개인 정보를 많이 요구하는 게 단점이에요. 임신부 체조, 태교음악회, 배냇저고리 만들기 등 다양한 주제의 강의가 무료로 열리니 맘카페에서 후기를 읽어보고 자신과 맞는지, 원하는 것을 얻을 수 있는지 알아보고 신청하세요.

산모교실 정보를 알려주는 앱을 이용하면 산모교실에 대한 최신 정보도 얻고 클릭만 하면 신청도 동시에 할 수 있어서 편리해요.

경쟁이 치열해서 신청해도 안 되는 경우도 많으니 미리 여러 곳을 신청하여 참석 확률을 높이세요. 맘카페에서 못 가는 사람들이 올리는 양도 글을 이용하는 것도 방법이에요. 임신 중 한 번만 참가할 수 있는 곳도 있으니 참가 시기도 고려해서 신청하세요.

♥ 5대 산모교실

산모들이 참여해본 후 강좌 내용이나 사은품이 괜찮은 산모교실 다섯 가지를 뽑은 거예요. 지역에 따라 다르기는 하지만 보통 맘스클럽, 매터니티스쿨, 마더파티 산모교실, 아이원맘 임신육아교실, 맘스클래스 산모교실 다섯 가지를 꼽아요. 산모교실에 따라 참여 횟수 제한이 있기도 하고, 지방을 돌며 열리기도 하니 개최일과 장소를 미리 확인하세요.

- 맘스클럽 - 맘스클럽 www.moms-club.co.kr
- 매터니티스쿨 - 중앙 C&C www.maternityschool.co.kr
- 마더파티 - 아가웰 www.motherparty.co.kr
- 아이원맘 임신육아교실 - 아이원씨엠 www.ionecm.com
- 맘스클래스 - 베이비뉴스 class.ibabynews.com

그 외에 가 볼 만한 산모교실

- 일등맘 산모교실(베이비메모리즈)
- 후디스맘 아카데미(일동 후디스)
- 앱솔루트 맘스쿨(매일아이)
- 베비언스 예비맘스쿨(베비언스)
- 맘쏙케어 예비맘클래스(삼성화재)
- 아이맘 프리미엄교실(보령 메디앙스)

Q17 산후조리원, 산후도우미, 친정엄마? 무엇이 최선일까요?

출산 후 산후조리 기간은 짧게는 한 달, 길게는 3~6개월 간이에요. 아기가 태어난 후 1, 2주가 산모도 신생아도 가장 힘든 시기이므로 출산 전에 잘 알아보고 결정해야 해요. 몇 년 전만 해도 산후조리원과 산후도우미 사이에서 고민했다면, 요즘은 산후조리원에서 2주를 보낸 후 집에서 산후도우미나 친정엄마, 정부 지원서비스 등의 도움을 받는 경우가 많아졌어요. 경우의 수가 늘어난 만큼 나에게 가장 좋은 조합은 어떤 것인지 장단점을 고려해서 선택해야 해요. 조리원 시스템이 마음에 들지 않아 조리원에 갔다가 얼마 안 있어 퇴소하고 집에서 산후조리를 하는 경우도 있거든요. 그러니 나의 성향이나 지원군의 상황에 따라 현명하게 선택하도록 하세요.

선배맘 꿀팁

저는 첫째 때문에 집에서 산후조리를 하려고 했다가 젖몸살이 와서 급히 조리원에 들어갔어요. 가슴마사지 덕분에 젖몸살도 나았고, 모유 수유에 대한 정보도 얻고, 식사도 해결되어 좋은 선택이었던 것 같아요.

선배맘 꿀팁

산후조리원을 알아보다가 정부 지원 서비스를 알게 되어 이용했는데 저렴하고 좋았어요. 출산예정일 40일 전부터 출산일로부터 30일까지 신청할 수 있으니 미리 알아보세요.

♥ 대표적인 산후조리 경우의 수

아래의 경우의 수 중에서 내가 선택하기 좋은 몇 가지 유형을 고른 후 장단점을 비교해 보세요.

☐ 퇴원 ⇢ 조리원 ⇢ 산후도우미(입주형, 출퇴근형)
☐ 퇴원 ⇢ 조리원 ⇢ 가사도우미(출퇴근형)
☐ 퇴원 ⇢ 조리원 ⇢ 산후도우미(입주형, 출퇴근형) + 가사도우미(입주형, 출퇴근형)
☐ 퇴원 ⇢ 조리원 ⇢ 친정엄마 혹은 시어머니
☐ 퇴원 ⇢ 조리원 ⇢ 친정엄마 혹은 시어머니 + 가사도우미(입주형, 출퇴근형)
☐ 퇴원 ⇢ 조리원 ⇢ 산모신생아건강관리 지원서비스(정부 지원)
☐ 퇴원 ⇢ 입주형 산후도우미
☐ 퇴원 ⇢ 입주형 가사도우미
☐ 퇴원 ⇢ 산후도우미(입주형) + 가사도우미(출퇴근형)

선배맘 꿀팁

출퇴근형 산후도우미 2주를 신청했는데, 입주형으로 할 걸 그랬다고 후회했어요. 정작 애를 돌볼 때 가장 힘든 게 낮과 밤이 바뀐 아기를 돌보는 거더라고요.

선배맘 Case 1   퇴원 ⟶ 조리원 2주 ⟶ 출퇴근형 산후도우미 2주

가장 기본적인 산후조리 유형이에요. 아직 몸이 회복되지 않은 기간 동안 산후조리원에서 수유에 도움을 받고, 식사도 챙겨 먹을 수 있으니까요. 특히 모유 수유나 젖몸살에 대해 도움받을 수 있고 마사지도 받을 수 있어서 좋았어요.

선배맘 Case 2   퇴원 ⟶ 입주형 산후도우미 4주

산후조리원의 단점이라면 모유 수유에 대해 지나치게 강조한다는 점과 비싼 비용인 것 같아요. 반면 산후도우미는 일단 우리 집에서 할 수 있어서 여러 가지 면에서 편하고 비용도 상대적으로 적게 들었어요. 가족들도 마음대로 드나들 수 있고요. 입주형 산후도우미의 경우 어떤 분을 만나는지가 가장 중요한 것 같아요. 미리 맘카페의 후기를 통해 원하는 분을 만날 수 있어서 다행이었어요.

선배맘 Case 3   퇴원 ⟶ 조리원 2주 ⟶ 친정엄마 2주

낯선 사람과 지내는 것을 불편해하는 성격인지라 퇴원 후 친정엄마가 아기 보는 것을 도와주셨어요. 친정엄마와 산후조리를 하니까 마음도 몸도 편해서 좋았지만 잠도 못 주무시고 피곤하시니까 많이 죄송하더라고요. 이 기간에 출퇴근형 가사도우미의 도움을 함께 받았다면 좋았을 것 같아요.

선배맘 Case 4   퇴원 ⟶ 조리원 3주 ⟶ 가사도우미 4주(주1~2회)

조리원에서 3주 동안 있었어요. 3주 있으면 지겹다는 산모도 많지만 저는 아기가 어느 정도 크고, 제 몸도 충분히 회복된 후에 퇴소할 수 있어서 좋았어요. 마지막 주에는 남편과 잠시 외출도 하고, 집에서 필요한 아기용품도 여유 있게 준비했지요. 집에 돌아온 후에는 가사도우미의 도움을 주 2회, 반나절씩 받았어요. 아기 옷 빨래, 청소, 식사준비 정도만 도와줘도 훨씬 편하더라고요.

Q18 산후조리원은 어디에 비중을 두고 골라야 할까요?

산후조리원은 가격이 비싼 만큼 갔다 와서 돈 아깝다는 생각이 들면 절대 안 되겠죠? 나에게 꼭 맞는 산후조리원은 어떻게 고르면 좋을까요?

보통 조리원은 출산 4~5개월 전부터 알아보는 게 좋아요. 적당한 위치와 가격 선을 정하고 범위 내에 있는 조리원 리스트를 뽑은 후 직접 탐방해보고 결정하세요.

산후조리할 때 가장 힘든 일은 모유 수유이므로 모유 수유 전문가가 있는지, 신생아실의 위생관리가 철저한지, 돌봄 인원은 충분한지 알아봐야 해요. 소아청소년과 선생님의 회진 여부도 매우 중요해요. 궁금한 것들을 물어볼 수 있고, 아기에게 문제가 있다면 바로 발견해서 조치할 수 있거든요.

탐방할 때는 산모 방은 물론 공용 시설도 꼼꼼히 둘러보세요. 식사시간에 방문해 식단을 살펴보는 것도 좋겠지요.

산후조리원은 식사를 방에서 해결하는 곳과 식당에서 함께 먹는 곳이 있어요. 함께 식사하면 육아 정보를 나눌 수도 있고, 산후조리원 동기들과 이후 그룹을 만들어서 함께 만날 수 있는 것이 장점이에요. 낯선 사람과 밥 먹는 걸 싫어한다면 방에서 식사하는 곳을 선택하는 게 좋고요.

선배맘 꿀팁

산후조리원에서는 다양한 프로그램이 진행되는데 사실 이때는 푹 쉬는 게 우선인지라 프로그램 참여는 적당히 하는 것이 좋아요. 산후 마사지에 포인트를 두는 분도 많은데, 출산 직후에는 아직 몸이 회복되지 않은 상태라 마사지를 바로 받는 게 외려 안 좋다는 의견도 많아요.

선배맘 꿀팁

굳이 조리원 동기 때문에 조리원을 선택할 필요는 없어요. 마음 맞는 사람을 만나기도 어렵고, 신생아 때는 아기가 자주 아프고 외출하기도 어렵기 때문에 조리원에서 나온 후 동기들을 만나기가 쉽지 않아요. 5~6개월 이후에 문화센터 등에 다니면서도 친구를 사귈 수 있답니다.

멘붕탈출법

❶ 집과 병원, 남편 직장과의 거리 등을 고려해서 위치 정하기
❷ 전화로 비용, 회진, 첫째와 남편 출입 가능 여부 등 일반적인 정보 알아보기
❸ 조리원 탐방 시 신생아실, 산모 방, 서비스 시설, 식단 확인하기
❹ 출산 후 연락해서 입소날짜 확인하기

Q19 산후도우미는 복불복? 좋은 분을 만날 방법은 없을까요?

산후도우미는 정말 천차만별인 것 같아요. 어떤 엄마는 아기 보기에 식사, 집안일까지 완벽하게 해주는 산후도우미를 만나서 정말 좋았다고 하고, 어떤 엄마는 정말 아무것도 안 해주는 도우미를 만나서 결국 혼자 다 했다고 하더라고요. 교체도 한두 번이지 계속 교체할 수도 없죠.

산후도우미는 겪어봐야 판단할 수 있으므로 내 맘에 쏙 드는 사람을 미리 구하기 어렵지만, 산후도우미에 대해 몇 가지 조건들을 정해 놓으면 적어도 최악의 경우는 피할 수 있을 거예요.

선배맘 꿀팁
저는 경험이 많은 산후도우미를 만나서 모유 수유부터 수면 교육까지 많은 도움을 받았어요. 저희 집에 오신 분은 몇 개월 후까지 예약이 되어있는 분이셨는데, 업체에 가장 경험 많고 좋은 분으로 해달라고 여러 번 요청해서 좋은 분이 오셨던 것 같아요.

💗 도우미 파견업체 알아보기

산후도우미를 선택하려면 우선 도우미 파견업체를 정해야 해요. 믿을만한 곳인지, 이용고객이 많은지 등의 정보는 맘카페의 후기가 정확해요. 인터넷 글은 홍보 글이 많으므로 관리가 잘 되는 맘카페의 솔직한 후기를 꼼꼼히 읽어보는 게 가장 좋은 방법이에요.

몇 군데 업체를 추렸다면 직접 전화를 걸어 이것저것 확인해 보세요. 예를 들어 건강진단서를 보유하고 있고, 신원보증을 할 수 있는지, 산후도우미 교체 요구 시 바로 이뤄지는지 등을 확인해 보세요. 이렇게 몇 가지를 물어보았을 때 대답하는 태도만 보아도 어느 정도 업체의 신뢰도를 가늠할 수 있어요.

선배맘 꿀팁
귀찮더라도 최대한 알아볼 수 있는 만큼 알아보는 것이 좋은 산후도우미를 만나는 방법이에요. 평가가 좋은 업체더라도 막상 내가 만난 산후도우미가 내게 안 맞을 수도 있으므로, 교체할 때 추가 요금이 발생하는지, 교체 조건은 어떠한지 계약 전에 꼼꼼하게 확인해야 해요. 사전에 면접을 볼 수 있는지도요.

💗 산후조리 우선순위 정하기

산후도우미가 오기 전에 우선 내가 중요하다고 생각하는 것을 정하고 말씀드리는 게 좋아요. 1순위 아기 돌보는 방식, 2순위 위생, 3순위 식사, 이런 식으로 순위를 정한 후 가장 중요한 것 한두 가지를 잘 해준다면 나머지 것들은 다른 방식으로 해결하거나 요구사항을 잘 말씀드려요.

정말 중요하게 생각하는 한두 가지를 잘 못하거나 요구사항이 잘 반영되지 않으면 교체를 요구하는 게 좋아요. 산후도우미의 도움을 받는 기간은 보통 2주인데, 시간이 정말 금방 가거든요.

♥ 산후도우미 선정 시 확인할 점

- 산모 돌보기 : 산후마사지 및 가슴마사지, 산후 체조, 식사 준비
- 신생아 돌보기 : 목욕, 수유, 울거나 보챌 때 달래주기
- 그 외 가사 : 산모와 신생아 빨래, 청소, 장보기
- 무료대여품목 : 산후조리용품이나 의료기기 대여해주는지, 모델은 무엇인지
- 추가 비용 : 초산 vs 경산, 집 크기, 가족 수에 따라 조건이 달라질 수 있으므로 비용 추가 사항에 관해 확인하기

산후도우미 업체마다 유축기 대여, 수유 쿠션 대여 등 여러 서비스가 있으니 예약하기 전에 미리 무료대여품목을 확인하세요.

♥ 국가지원 산모 · 신생아 건강관리

신청 조건에 맞는 산모에 한해 산모 · 신생아 건강관리사가 일정 기간 출산가정을 방문하여 산후관리를 도와주는 정부 지원 서비스예요. 산모 · 신생아 건강관리 서비스 이용권을 지급하는데 서비스 총 가격에서 정부지원금을 뺀 차액을 본인부담금으로 부담하면 돼요.

- 복지로 : online.bokjiro.go.kr
- 서비스 기관 검색 : 사회서비스바우처 www.socialservice.or.kr
- 문의 : 관할 보건소, 보건복지부 콜센터(129)

업체에 따라 비용을 더 내면 산후도우미의 등급을 올려서 신청할 수도 있어요. 경력이나 자격증 등의 차이가 있는데, 될 수 있는 대로 경력이 많은 분의 서비스를 받는 게 좋은 것 같아요.

❶ 산후조리 서비스 업체 선정하기
❷ 몇 개 업체를 후보에 올린 후 전화해서 산후조리 내용 확인하기
❸ 산후조리와 관련한 산모의 요청사항을 정확하게 말하기
❹ 산후도우미 비용을 확인하고 결정하여 예약하기
❺ 출산 후 연락해서 날짜 확인하기

Q20 모자동실? 1인실? 다인실? 어떤 병실을 선택해야 하나요?

출산 징후가 느껴져 병원에 가서 입원 절차를 밟을 때면 출산 후 모자동실과 일반병실(1인실, 2인실, 다인실) 중에 어디를 쓸 건지 정하라고 해요.

모자동실은 신생아 침대를 옆에 두고 아기와 함께 있는 방으로, 대부분 1인실이거나 2인실이에요. 아기와 계속 함께 있을 수 있어서 캥거루케어나 모유 수유를 하기 좋아 완모(완전 모유 수유)의 확률을 높여줄 수 있어요. 하지만 기저귀 갈기, 젖 먹이기 등을 계속해야 하므로 산모가 제대로 쉬기 어려워요.

일반병실 중 다인실은 하루 입원비 대부분이 의료보험으로 충당되지만 다른 사람들과 함께 있어야 하므로 소음을 견딜 각오를 해야 해요. 2인실이 쉬기에도 편하고 금액도 적당하지만 2인실이 없는 병원도 있고, 또 인기가 많아 구하기 어려운 경우가 많아요. 1인실은 조용하고, 모자동실과 신생아실 이용이 자유롭다는 장점이 있지만, 하루당 20~50만 원씩 추가 비용을 내야 해서 병원비가 상당하지요.

일반병실에 가면 신생아실에서 아기를 돌보면서 젖을 먹여야 할 때마다 전화가 와요. 아기를 계속 돌보지 않아도 되지만 수유콜이 올 때마다 모유 수유실에 가야 하므로 왔다 갔다 하느라 산후조리가 더 힘들 수도 있어요.

선배맘 꿀팁

출산 전에 꼭 병실과 모유 수유실의 위치를 파악하세요! 만약 병실과 모유 수유실의 거리가 멀다면 차라리 모자동실이 나은 것 같아요. 모자동실을 선택하더라도 몸이 힘들면 아기를 신생아실에 맡길 수 있거든요. 상황에 따라 융통성 있게 신생아실을 이용하는 게 좋아요.

선배맘 꿀팁

병원비에 대한 자세한 내역은 건강보험심사평가원 홈페이지에서 확인할 수 있어요. '비급여진료비정보 - 병원'을 검색하고 원하는 항목을 선택하면 대략의 진료비를 예상해 볼 수 있어요.

♡출산 비용

검사 비용, 입원비, 식비, 분만비 등을 합친 비용. 무통 분만 등 처방에 따라 차이가 크며, 보험 혜택이 적용되지 않는 상급 입원실을 쓸 경우 비용이 많이 추가된다.(18쪽 참고)

멘붕탈출법

❶ 일반병실은 신생아실, 모유 수유실 위치를 확인하고 선택
❷ 모유 수유 성공확률을 높이고 싶다면 모자동실 선택
❸ 모자동실을 하더라도 신생아실에 맡기는 것을 꺼리지 말기

Q21 출산예정일 두 달 전, 분만법이 궁금해요

Doctor's Advice

자연주의 분만에 대한 정보가 알려지면서 최근엔 많은 산모들이 자연주의 분만을 선택하고 있습니다. 그러나 자궁파열의 위험도는 과거나 지금이나 같으니 반드시 자궁파열 시 즉각적인 응급대처가 가능한 병원에서 시행하여야 합니다. 또한 전문의와 충분히 상담하고 꾸준히 교육을 받는 것도 잊지 말아야 합니다.

분만법은 크게 자연 분만과 인공 분만으로 나눌 수 있어요. 예전에는 산모가 자연 분만을 할 수 없는 응급 상황에서만 제왕절개를 했었지만 요즘에는 산모가 자연 분만과 제왕절개 중에서 선택할 수 있어요. 자연 분만이 회복이 빨라 훨씬 편하다는 산모도 있지만, 진통 없이 원하는 때에 낳을 수 있어서 제왕절개가 편하다는 산모도 있어요. 그렇기 때문에 두 가지 모두의 장단점을 알아두고 선택하는 게 좋아요.

♥ 자연 분만

자연 분만은 약물에 의존하지 않고 자연스럽게 낳는 방법으로 분만 후 회복이 빠르고 산욕기 감염, 혈전증 등의 합병증 발생 확률이 낮으며, 마취로 인한 문제가 적다는 것이 장점이에요. 일반적인 자연 분만 외에도 다양한 방법들을 선택할 수 있어요.

자연주의 분만 최대한 자연적으로 낳는 분만법. 속칭 임산부 굴욕(관장, 제모, 회음부 절개)이 없고 금식할 필요도 없어요. 산모가 주가 되는 출산으로 욕조에서 근육을 이완시키거나 짐볼 등을 이용하며 아기가 자연스럽게 나올 때까지 기다려요. 아기를 낳자마자 캥거루케어를 하고, 태맥(탯줄의 맥박)이 줄어들 때까지 기다렸다가 탯줄을 잘라요.

르봐이예 분만 출산 과정에서 받을 수 있는 아기의 스트레스를 최소화하기 위해 분만실 환경을 최대한 엄마 뱃속처럼 만들어주어요. 분만실을 어둡게 해서 시각을 보호하고, 침묵으로 청각을 지키고, 양수와 비슷한 온도의 물속에 아기를 두고, 아기가 자연스럽게 폐호흡에 적응할 수 있도록 분만 5분 뒤에 탯줄을 잘라요.

라마즈 분만 호흡법, 이완법, 연상법을 훈련한 뒤 분만하는 방법. 호흡을 가장 중요하게 여기므로 32주부터 라마즈호흡법을 연습해야 해요. 남편이 함께 교육과정을 이수하면 남편도 출산 과정에 함께 참여할 수

있어요. 가장 행복한 생각을 떠올리는 연상법, 몸과 마음의 긴장을 푸는 이완법 등 세 가지가 모두 병행될 때 효과가 극대화돼요.

수중 분만 양수와 비슷한 온도의 물속에서 분만하는 방법. 자궁 속 양수와 유사한 조건에서 태어나게 해서 아기의 스트레스를 최소화하는 방법이에요. 부력에 의해 진통이 줄어들어 진통제를 놓지 않고, 물속에서는 회음부의 탄력성이 좋아져서 회음부 절개를 하지 않아요. 보통 자연주의 출산 병원에서 할 수 있어요.

브이백(VBAC) 이전에 제왕절개로 출산했던 산모가 자연 분만으로 아기를 낳는 것을 말해요. 과거 역아나 쌍둥이 임신으로 수술한 경우, 현재 태아의 몸무게가 4kg이 넘지 않는 경우, 산모의 나이가 35세가 넘지 않는 경우에 성공확률이 높아요. 최근에는 자연 분만을 선호하는 산모들이 많아지면서 브이백을 시행하는 경우가 늘어나고 있어요.

♥ 인공 분만

제왕절개는 분만 후 처치까지 약 한 시간 정도 걸리고, 수술 후 통증은 심하지만 1~2일 후면 걸을 수 있어요. 진통 없이 출산할 수 있고, 날짜를 정할 수도 있어서 선호하는 분들도 있어요. 35세 이상의 고령 임신의 경우 제왕절개 확률이 높아요.

제왕절개 태아에게 문제가 있거나, 산모의 골반과 아기의 머리가 맞지 않아 분만의 진행에 문제가 있을 경우, 전치태반과 태반조기박리와 같이 출혈을 일으키는 경우 등 즉각적인 분만을 해야 하지만 자연 분만으로는 시간이 지체될 경우 수술을 해요. 임신부의 배를 절개해서 태아를 꺼내는데 대부분 음모의 윗부분을 12~15cm 정도 수평으로 절개하고 아기를 꺼내요.

무통 분만 무통 분만이란 허리 부위에 마취제를 주사해 신경만 마취하는 인공 분만법으로 운동능력과 의식은 정상인 상태에서 통증만 줄여주는 방법이에요. 자궁문이 3cm 열렸을 때 마취제를 주사하므로 초기 진통은 일반 임신부와 마찬가지로 모두 겪게 되고, 효과가 끝나면 다시 통증이 올 수 있어요. 초기 진통을 겪어야 하고, 출산 후에 부작용이 있는 경우가 있다고 해서 꺼리는 경우도 있지만, 그래도 통증을 90% 가까이 줄여주기 때문에 많은 임산부들이 선택해요.

Doctor's Advice
흡인 분만은 실리콘으로 만든 주발 모양의 둥근 컵을 아기의 후두부에 대고 흡인하면서 끌어내는 방법입니다. 바깥 골반이 태아의 머리와 맞지 않아서 마지막 통과하지 못할 때 잠깐 사용합니다.

Doctor's Advice
유도 분만은 과숙임신으로 진통이 오지 않거나 만삭임에도 불구하고 양수가 적은 경우, 최근 태동이 눈에 띄게 줄은 경우 등 분만이 필요하지만 진통이 전혀 없는 경우에 시행합니다. 인위적으로 호르몬이 담겨있는 약을 질을 통해 투여해 자궁경부를 부드럽게 하거나 혹은 자궁을 수축시킬 목적으로 주사제를 투여합니다.

Q22 분만 과정에 대해 미리 알아두는 게 좋다고요?

태아가 그냥 자연스럽게 쑥! 하고 나온다면 아주 좋겠지만 분만의 과정은 그렇게 짧고 간단하지 않아요. 비록 힘들고 고통스럽더라도 분만이 어떤 과정으로 이루어지는지 알고 있다면 조금은 편하게 분만할 수 있을 거예요.

선배맘 꿀팁

분만 과정을 알고 있으니 분만할 때 마음이 좀 편안했어요. 분만 과정에 따라 아기에게 말을 걸었어요. "이제 곧 나오는 거야, 같이 힘내자!" 하고 말을 거니 힘이 덜 들었어요.

♥ 자연 분만의 과정 (자세한 분만 과정은 60쪽 참고)

분만 1기 아기는 엄마 몸 밖으로 나오기 위해 머리의 방향을 산도 쪽으로 바꾸고, 엄마는 진통 간격이 짧아지기 때문에 점점 심해지는 진통을 견디는 시기

분만 2기 아기는 산도로 머리를 내밀고 엄마는 힘을 주고 아기를 밀어내는 시기

분만 3기 아기가 완전히 나오고 엄마는 태반을 밀어내는 시기

Doctor's Advice

태반이 나온 후 약 1시간 동안 산후 출혈의 90% 정도가 발생할 정도로 출혈이 큰데, 이 시기를 분만 4기, 또는 조기 회복기라고도 합니다. 산모의 혈압, 맥박 등에 이상이 없으면 회복실에서 병실로 이동합니다.

♥ 제왕절개 수술 과정

수술 전 조치 수술로 인해 발생할 수 있는 여러 가지 경우에 대해 담당 의사에게 충분한 설명을 듣고, 동의서에 사인한 후 병실에 입원해요. 6~8시간 이상 금식하면서 X선 검사, 심전도 검사를 한 후 예방적으로 항생제를 투여하고, 정맥수액주사를 맞고 마취를 해요.

복부 절개 피부 및 피하지방을 절개한 후 근막과 복막을 절개하여 자궁을 노출해요.

자궁 절개 방광과 접촉되어 있는 아래 부위에서 방광을 분리한 후 자궁을 가로로 절개해요.

태아 분만 자궁 절개 후 안으로 손을 넣어 태아의 머리를 절개선 부위로 부드럽게 들어올려서 꺼내요.

자궁 봉합 태반의 분만이 이루어지면 다시 자궁과 복부를 봉합해요.

Doctor's Advice

제왕절개술 시 전신마취와 부분마취 중 어떤 것을 선택해야 할지 물어보는 산모가 많습니다. 마취 방법은 산모 및 태아 상태에 따라 마취의에 의해 선택되므로 어느 것이 더 좋다고 말할 수는 없습니다. 산모의 상태에 따라 충분히 상의 후 결정하니 담당의의 판단을 믿는 게 좋습니다.

Q23 출산호흡법을 꼭 연습해야 하나요? 생각도 안 난다던데?

네. 호흡법을 연습해두면 좋아요! 물론 막상 진통이 오면 생각이 잘 나지 않고, 진통을 견디는 데 집중되지만요. 그래도 호흡법을 미리 연습해두면 진통으로 인한 고통을 조금이라도 줄일 수 있고, 출산 시 태아에게 부족하기 쉬운 산소를 충분히 공급해 줄 수 있어요. 몸의 긴장도나 근육이 수축하는 것도 훨씬 덜해서 나중에도 몸이 덜 아프답니다.

분만 과정에 따라 준비기 호흡, 극기 호흡, 이행기 호흡, 만출기 호흡이 각각 다른데, 너무 복잡하면 출산 시에 전혀 기억나지 않으므로 기본적으로는 코로 들이마시고 입으로 내쉬는 연습, 배로 숨을 쉬는 복식호흡을 평상시 연습해두는 게 좋아요. 가장 대표적인 출산호흡법은 라마즈 호흡법인데 아래 그림을 보고 미리 연습해두세요. 산부인과, 보건소 산모교실 등에서도 배울 수 있어요.

> **선배맘 꿀팁**
> 첫째 출산 때는 잘 몰라서 호흡법을 할 수 없었지만 둘째 출산 때는 호흡법을 미리 연습하여 해봤어요. 확실히 호흡법에 따라 호흡할 때 몸이 훨씬 편해지더라고요.

> **선배맘 꿀팁**
> 출산 전에 남편과 함께 호흡법을 연습한 게 도움이 되었어요. 혼자 했다면 힘들었겠지만 옆에서 남편이 같이 도와주니 기억도 잘 나고 쉽게 할 수 있었어요.

♥ 라마즈 호흡법 따라하기

평상시에 1, 2번 과정을 반복하여 연습해두세요.

❶ 진통이 시작되면 '히' 소리를 내며 얕고 짧게 숨을 내쉰 후 곧바로 깊이 숨을 들이마셔요.

❷ 촛불을 끈다고 생각하며 입을 내밀어 숨을 가능한 한 길게 내쉬어요.

❸ 2~3분 간격으로 진통이 오면 2에서 숨을 다 내쉰 다음 '끙' 하고 입을 다물고 참아요.

> **선배맘 꿀팁**
> 유튜브에서 산부인과 의사가 알려주는 출산 시 호흡법(팟캐스트 맘맘맘)을 참고했는데 효과가 좋았어요.

Q24 아기가 거꾸로 있대요. 물구나무서면 돌아올까요?

임신 30주 정도까지는 아기가 양수 안에서 자유롭게 떠돌아다니다가 31주가 되면 머리가 아래쪽을 향하면서 출산에 좋은 자세를 취하기 시작해요. 그런데 이때 아기의 머리가 아니라 엉덩이나 다리가 아래에 있는 경우를 '역아'라고 해요. 출산이 가까워져 오면 아기들이 제자리를 찾는 경우가 많고, 역아라고 해서 꼭 수술해야 하는 것은 아니에요. 다만 역아 자세일 경우 출산 시 산모와 태아에게 위험한 일이 생길 수 있는 확률이 높아지기 때문에 의사 선생님과 상의하여 미리 제왕절개 여부를 결정하는 경우가 많아요.

아기 위치를 바꾸고 싶다고 해서 물구나무를 서는 건 절대 금물이에요. 매우 위험하거든요. 대신 태아가 움직이기 쉽도록 배 속에 공간을 만들어주는 것이 좋아요. 아래에서 소개한 역아 체조를 하면 도움이 될 거예요. 하지만 출산이 가까운 산모에게는 어려운 자세이니 힘들거나 배가 뭉치면 짧게만 하세요.

선배맘 꿀팁
역아회전술을 시도해서 성공했어요. 36주에 시술했고, 병원비는 30만 원 내외였어요.

선배맘 꿀팁
저는 아기 몸무게가 평균 이하여서 역아회전술을 할 수 없었어요. 응급상황이 생길 수 있다고 하셨거든요.

Doctor's Advice
위를 보고 누웠을 때 단단한 부분은 등, 톡톡 태동이 있는 부분은 손발이 있는 쪽이라고 생각하면 됩니다.

♥ 역아체조

아래 두 체조 자세를 합쳐서 15분간 유지하세요. 체조가 끝나면 아기의 손발이 아래로 오도록 자세를 잡고 20~30분 이상 누워서 쉬어요.

흉슬위 체조
무릎을 꿇고 손과 얼굴을 바닥에 댄 자세에서 엉덩이를 위로 들어 올려요.

엘리베이터 체조
허리 밑에 이불이나 방석, 책 등을 깔고 엉덩이를 높게 올려요.

Q25 조산기로 병원에 입원하면 어떤 치료를 받게 되나요?

2003년 10.14%였던 국내 조산율은 2014년 15.24%가 될 정도로 높아졌어요. 그래서 국내 출생아 열 명 중 한 명은 이른둥이예요. 이른둥이란 임신 37주 미만에 태어나거나 출생 시 몸무게가 2.5kg 미만인 아기를 말해요. 이른둥이라 하더라도 22주는 지나고 태어나야 인공호흡기로 호흡할 수 있을 정도로 폐가 발달해요. 발달이 덜 된 상태로 태어나면 호흡 외에 여러 가지 문제가 생길 수 있어서 최대한 배 속에서 더 자랄 수 있도록 해야 하지요.

조산기가 있으면 입원이 원칙이에요. 수축 억제제를 맞고, 매일 태동 검사도 하고, 초음파로 아기의 상태를 보면서 지내게 돼요. 더는 분만의 진행이 되지 않으면서 자궁의 수축이 없어지면 퇴원할 수 있어요. 보통 35~36주 정도 될 때 의료진의 판단하에 퇴원합니다. 퇴원을 하더라도 되도록 집에서 누워있으면서 최대한 배 속에 있는 시간을 늘리도록 해야 해요.

조산기 등으로 입원 기간이 길어져 병원비가 걱정되면 원무과에서 중간정산영수증을 받아서 확인하세요.

만약 조산기가 있다면 신생아 중환자실이 있는 병원으로 가야 해요. 산모 상태에 따라 다르겠지만 저는 조산기로 입원했을 때 수축 억제제로 라보파를 맞았어요. 주수가 낮은데 수축이 심할 경우에는 다른 약을 쓰기도 하더라고요.

♥ 조산의 대표적인 징후

아랫배가 뭉치고 땅기고 통증이 온다 배꼽주변이나 하복부가 단단하게 뭉치고 땅기면 옆으로 누워 안정을 취해요. 배가 땅기는 동시에 규칙적인 통증이 함께 느껴진다면 바로 병원에 가야 해요.

출혈이 있다 출혈은 출산 신호의 하나이므로 바로 병원에 가야 해요.

양수가 나온다 자신도 모르게 소변처럼 따뜻한 물이 흘러나오면 난막이 터져 양수가 흘러나오는 것이니 빨리 병원에 가요.

Q26 진통이 너무 걱정돼요. 출산 시 진통 줄이는 방법이 있을까요?

선배맘 꿀팁

호흡법을 배운대로 진통이 올 때 아기를 밀어낸다는 느낌으로 복식호흡을 했어요.

Doctor's Advice

옆으로 누워서 호흡할 때 왼쪽으로 누워서 호흡해야 큰 혈관이 눌리지 않고 아기에게 산소가 더 잘 전달됩니다. 무통주사를 사용하면 30~70% 정도의 통증을 줄일 수 있으므로 통증이 심할 경우엔 무통주사를 요청하세요.

진통 중에 시트를 꽉 잡았다가 찢어졌다는 사람, 이를 꽉 깨물어서 이가 다 상했다는 사람, 소리를 질러서 목이 쉬었다는 사람까지…. 아직 겪어보진 못했지만 얘기만 들어도 무시무시하지요. 어떻게 해야 현명하게 진통을 이겨 낼 수 있을까요? 우선 소리를 지르는 것은 좋은 방법이 아니에요. 호흡이 불규칙해지고, 산소 공급이 잘 안 되어 더 아플 수도 있고, 태아한테도 좋지 않아요. 견딜 수 없어 적당히 지르는 것은 괜찮지만 지나치게 오래, 크게 지르는 것은 삼가야 해요. 이를 꽉 깨물거나 무엇인가를 잡아서 팔에 힘을 주게 되면 분만 후에 후유증으로 고생할 수도 있거든요.

진통을 이기는 획기적인 방법이 있다면 좋겠지만 가장 좋은 방법은 옆으로 누워 호흡하는 거예요. 옆으로 누운 상태에서 아래쪽 다리는 쭉 펴고, 위쪽 다리는 가볍게 구부려서 베개에 얹어요. 이렇게 하면 배가 눌리지 않아서 아기가 내려오기 좋아요. 또 진통이 왔을 때 의자에 앉아서 양반다리로 벌린 상태에서 쿠션이나 방석을 껴안고, 턱을 쿠션에 기대거나 짐볼에 앉아서 엉덩이를 회전하는 운동을 하면 진통을 조금은 덜 수 있어요.(60쪽 참고)

옆으로 누워 호흡해요.

멘붕탈출법

❶ 옆으로 누워서 쿠션 껴안고 호흡법대로 호흡하기
❷ 배우자와 손잡고 있기

Q27 분비물이 많이 나오는데 어느 정도까지 괜찮은 건가요?

분비물이 많이 나와서 혹시 양수가 아닐까 걱정하는 산모들이 많아요. 분비물의 양이나 횟수, 형태만으로는 양수인지 아닌지 정확하게 알 수 없어요. 말 그대로 'case by case'랍니다. 양수가 터졌다 하더라도 질 분비물과 구분이 어려울 정도로 나오는 것이 거의 없는 산모도 있고, 어떤 경우는 임신 초기라 양수 일 리 없다고 버티다가 병원에 갔는데 양수인 경우도 있어요. 양수는 물처럼 흐른다기에 가끔 왈칵 나오는 것은 양수가 아닌 줄 알았는데 양수이기도 해요.

병원 진료 시에 별 이상이 없었고 평상시에 나오는 양이라면 문제가 없는 것이지만, 조금이라도 이상이 느껴지면 병원에 가보는 것이 맞아요. 확실한 것은 물 흐르듯 줄줄 새거나 움직임이 있을 때마다 새는 느낌이 난다거나 맑은 물이 많이 흘러나오면 양수가 터진 것일 확률이 높으니 이럴 때는 바로 병원에 가야 해요.

병원에 가면 간단한 키트 검사를 통해 양수인지 아닌지 알려주는데, 문제가 있을 경우 입원을 권하기도 해요. 그러니 의심되는 증상이 있으면 바로 병원에 가도록 하세요.

선배맘 꿀팁

병원에 가면 종이 같은 것으로 양수인지 아닌지 검사해주더라고요. 그러니 양수인지 의심될 때는 병원에 가 보세요.

Doctor's Advice

정상적으로 임신 중에는 질분비물이 증가합니다. 만약 질분비물 냄새가 심해지거나 가볍고 화끈거리면 질염일 수 있으므로 진찰을 받아야 하며, 질분비물 과다로 인해 양수와 감별이 어려울 때도 병원을 찾으셔야 합니다.

멘붕탈출법

❶ 평소보다 양이 너무 많아 양수로 의심되면 병원에서 진찰받기
❷ 냄새가 나거나 가렵고 화끈거리면 질염일 수 있으니 치료받기
❸ 맑은 물이 물 흐르듯 많이 나오면 양수가 터졌을 확률이 높으니 병원으로

Q28 갑자기 아기가 나오면 어쩌죠? 언제 병원에 가야 하나요?

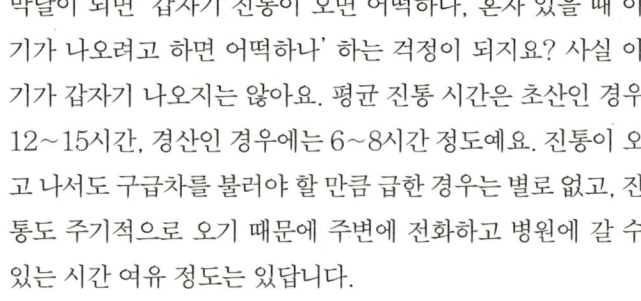

선배맘 꿀팁

출산일이 가까워져 오면 미리 전화해야 할 곳을 써두고, 항상 전화기를 옆에 두고 있는 게 좋아요. 진통이 오면 허둥대거든요.

막달이 되면 '갑자기 진통이 오면 어떡하나, 혼자 있을 때 아기가 나오려고 하면 어떡하나' 하는 걱정이 되지요? 사실 아기가 갑자기 나오지는 않아요. 평균 진통 시간은 초산인 경우 12~15시간, 경산인 경우에는 6~8시간 정도예요. 진통이 오고 나서도 구급차를 불러야 할 만큼 급한 경우는 별로 없고, 진통도 주기적으로 오기 때문에 주변에 전화하고 병원에 갈 수 있는 시간 여유 정도는 있답니다.

선배맘 꿀팁

낳아본 엄마들의 얘기를 들으면 출산이 임박하면 본능적으로 알게 된다고 하는 경우가 많아요. 저 역시 그랬고요.

♥ 병원에 가야 하는 대표적인 증상

짧은 진통 주기 초산이면 진통 주기가 5~10분일 때, 경산이면 15~20분일 때 병원에 가면 돼요.

양수가 나오는 경우 양수는 분만이 시작되고 자궁문이 3~4cm 열렸을 때 터져 자궁문을 쉽게 열 수 있게 도와주는 역할을 해요. 원래는 자궁문이 열리는 순간 파수가 되지만 진통이 시작되기 전에 파수가 먼저 되는 경우가 있어요. 맑은 물이 속옷을 적실 정도면 파수라고 보고 병원에 가야 해요.

이슬이 보이고 주기적인 진통이 오는 경우 이슬은 피가 섞인 끈적끈적한 정액 같은 액체로 자궁경관이 열리면서 태아를 감싸고 있던 난막이 벗겨지기 때문에 생기는 출혈이에요. 이슬이 보인다고 바로 아기가 나오는 것은 아니기 때문에, 이슬이 비치면 주기적인 진통이 올 때까지 기다렸다가 진통이 오면 병원에 가요.

멘붕탈출법

❶ 이슬이 비치면 진통이 올 수 있으니 샤워하고 입원 준비하기
❷ 매니큐어 지우고 콘택트렌즈 빼기(마취와 환자 상태 확인 때문에)
❸ 진통이 주기적이고 간격이 점점 짧아지면 병원으로!
❹ 양수가 터진 것 같으면 바로 병원으로!

Q29 배 뭉침? 가진통? 진진통? 어떻게 구별하나요?

임신 후기에는 배가 살살 아픈 경우가 잦아서 진통인 줄 알고 병원에 갔다가 되돌아오는 경우도 많아요. 이럴 때 배 뭉침이 왜 생기는지를 알면 진통과 구분할 수 있어요.

배 뭉침은 자궁이 뭉치는 신호예요. 피곤하거나, 스트레스를 받는다거나, 오래 앉아있게 되면 몸이 뻣뻣해질 수 있는데 이러한 피로가 근육으로 이루어진 자궁으로 몰리게 돼요. 그래서 배가 뭉치는 느낌을 받게 되는 거예요.

임신 막달이 되면 태아를 밀어내기 위해 자궁이 수축을 시작해요. 자궁이 수축 운동을 하면 배가 자주 당기는데 이를 '가진통'이라고 해요. 가진통은 임신 9개월 중순 이후에 자주 나타나는데, 허리가 아프거나 아랫배가 단단해지며 약한 진통을 느끼기도 한답니다.

진진통은 자궁의 이완과 수축이 일어남과 동시에 출산을 위해 골반이 벌어지고 느슨해지는 증상이 동반되기 때문에 배, 허리, 골반이 빠질 것 같은 통증이 와요. 진진통은 규칙적으로 나타나고 강도가 세기 때문에 통증이 심해요. 또 이슬이 비치거나 양수가 나오는 등의 출산 징후가 보이기도 하므로 가진통과 쉽게 구별할 수 있어요.

선배맘 꿀팁

병원에 가면 자궁경부길이와 자궁의 이완 정도 등을 점검하여 가진통인지 출산이 임박했는지 알 수 있어요.

선배맘 꿀팁

진진통이 시작되면 진통추적기 앱을 사용해 보세요. 진통이 시작될 때와 끝났을 때 버튼을 터치하면 진통 시간, 진통 간격을 기록할 수 있어요. 10분 간격으로 진통이 오면 빨리 병원에 가야 해요.

멘붕탈출법

❶ 시간이 지나면서 괜찮아지면 가진통
❷ 강도가 세지고 규칙적이면 진진통
❸ 진통 간격이 짧아지면 병원으로

Q30 예정일이 지나면 자연 분만을 할 수 없나요?

보통 임신 37주에서 41주 6일까지를 정상적인 재태기간으로 여기므로 42주가 되는 날부터 과숙아로 봐요. 출산예정일이 2주 이상 지나 배 속에서 많이 자란 아기는 출생 시 몸무게가 4kg을 넘기기도 해서 위험요소가 많아지므로 일반적으로 예정일에서 1주일이 지나면 주치의와 상의하여 유도 분만일을 정하게 돼요.

유도 분만을 했을 때 진통은 오지만 분만이 진행되지 않거나 아예 진통이 오지 않는 경우, 진통을 견디지 못하고 제왕절개를 원하는 경우, 태아가 숨을 못 쉬는 증상이 나타나거나 태반조기박리, 제대탈출, 양막조기파열로 자궁감염이 의심되는 경우 등 여러 가지 상황에서 제왕절개로 전환될 수 있어요.

선배맘 꿀팁

아기가 초음파상으로 장에 변이 가득 차 있어서 언제 변을 볼지 몰라 매일 태동검사를 했어요. 의사 선생님이 예정일이 지나면 아기가 태변을 누고 먹게 될 수도 있는데 그러면 위험하다고 하셔서 유도 분만을 했어요. 그러니 예정일이 지나면 꼭 병원에 가세요.

선배맘 꿀팁

전 마흔 살에 초산했는데, 예정일보다 열흘이 지나도록 소식이 없어서 유도 분만을 하기로 했어요. 그런데 유도 분만을 시도한 후에도 24시간 이상 진통만 오지 자궁문이 열리지 않아서 결국 제왕절개를 했답니다. 유도 분만이 성공할 확률은 50%가 되지 않고 초산이고 고령인 경우 제왕절개 확률이 두 배 이상 늘어난다네요.

♥ 출산예정일이 지났을 때는?

출산예정일이 지나면 아기를 빨리 보기 위해서 여러 가지 방법을 쓰는데, 가슴과 등을 펴고 편안하고 바른 자세로 걷기, 발꿈치부터 땅을 디디면서 걷기 등 많이 걷는 게 제일 좋아요. 계단 오르내리기, 오리걸음, 걸레질 등의 무리한 운동은 근거가 없고 관절에 무리를 줄 수 있어서 권하지 않아요.

멘붕탈출법

❶ 산전 진찰 꾸준히 받기
❷ 출산예정일이 지나면 많이 걷기
❸ 출산예정일에서 일주일이 지나면 주치의와 상의하여 유도 분만일 정하기

Q31 출산 굴욕 3종 세트, 꼭 해야 하나요?

출산한 엄마들 사이에서 출산 굴욕 세트라고 부르는 세 가지가 있어요. 관장, 제모, 회음부 절개가 그것이에요. 세 가지 모두 필요한 과정이기 때문에 대부분의 산부인과에서 분만을 할 때는 누구나 겪는 일이에요.

자연주의 분만이라고 해도 필요에 따라서 회음부 절개를 하는 경우도 있어요. 회음부 절개를 안 하면 회음부가 더 많이 파열되기도 하므로 절개 여부에 대해 미리 의사와 상의해서 안전한 방법으로 출산하는 것이 좋아요. 모르고 출산을 하러 가면 많이 당황하게 되는데, 왜 해야 하는지 알고 가면 훨씬 침착하게 대응할 수 있어요.

회음부 절개의 경우 산모에게 선택권을 주기도 해요. 전 다행히도 절개하지 않고도 안전하게 낳았어요.

♥ 분만 준비 3종 세트

관장 진통 간격이 10분 정도일 때 해요. 관장제를 항문으로 주입한 후 10~15분 뒤 느낌이 오면 화장실에 다녀오면 돼요. 태아가 내려오는 산도를 넓게 하고, 태아의 감염을 막기 위해서 하는 거예요.

제모 분만대기실에 있을 때 간호사가 해주는데 세균감염을 막고 절개 부위를 쉽게 봉합하기 위해서 해요.

회음부 절개 분만 시 질이나 회음부의 손상을 막기 위해 회음부 조직의 일부를 절개하는 과정이에요. 절개 없이 분만하면 깨끗하게 찢어지지 않아 염증이 생기거나 지나치게 많이 찢어질 수도 있거든요.

출산 전 회음부 마사지를 하면 회음부 절개를 안 하고 낳는 데 도움이 돼요.

❶ 출산 굴욕 세트에 대해 알아두기
❷ 관장, 제모, 회음부 절개의 이유 알아두기

한눈에 보는 자연분만 과정

STEP 1 출산 징후가 느껴지면 병원으로 가요

파수나 10분 간격의 진통 등 출산 징후가 느껴지면 진통이 잠깐 멈추는 휴식기 때 병원에 갈 준비를 하고, 입원 가방을 챙겨서 가족에게 알린 후 병원에 가요. 화장과 매니큐어는 지우고, 렌즈를 꼈다면 안경으로 바꿔 쓰는 게 좋아요.

STEP 2 병원에서 내진을 받아요

진통이 시작되어 병원을 찾으면 내진을 통해 입원 여부를 결정해요. 내진했을 때 자궁문이 3~4cm 정도 벌어져 있으면 입원을 하여 태아의 자세가 어떤지, 어느 정도 내려왔는지, 골반 구조가 분만에 적합한지 등을 파악하고 분만을 준비합니다.

· 분만 감시 장치로 진통의 정도와 주기, 태아의 상태를 확인해요.
· 분만에 방해가 될 경우 회음부 주변의 털을 일부 제모해요.
· 진통 초기에 관장을 해요.
· 분만 중 영양 보충과 약 공급을 위해 정맥주사를 연결해요.

● 진통을 견디는 자세

STEP 3 분만대기실(또는 진통실)에서 진통 견디기

분만대기실에서 진통 간격이 1~2분 간격이 될 때까지 진통을 견디는 시기예요. 분만 1기에 해당하지요. 소리를 너무 지르거나 몸부림을 치면 정작 아기를 밀어낼 때 힘을 못 쓸 수 있으니 진통이 오면 옆으로 누워 심호흡하며 견디고, 진통이 없으면 몸을 이완시켜 쉬도록 해요. 진통으로 힘들 때는 여러 자세를 시도하며 자신에게 가장 편한 자세를 찾으세요.

진통 간격 10분 간격으로 자궁 수축이 20~30초 계속된다면 아직 여유가 있는 상태예요. 진통 간격은 5분, 3분, 1분 간격으로 점점 짧아지고, 수축 시간은 60~90초로 점점 길어져요.

진통 시간 진통 시간은 개인차가 크지만 초산일 경우 평균 10~12시간, 경산일 경우 5~6시간 정도 걸려요.

진통 정도 진통이 와서 통증이 극에 달하면 숨을 쉴 수 없을 만큼 아프다가 조금 괜찮아지는 상태가 반복돼요. 진통이 오면 심호흡과 함께 가장 편안한 자세를 취하도록 해요.

STEP 4 분만실로 이동해요

자궁문이 완전히 열리고 아기가 태어날 때까지의 기간을 분만 2기라고 해요. 자궁문이 10cm 열리고 산모의 외음부에서 아기의 머리가 3~4cm 보이면 분만대에 오르는데 진통이 올 때 온 힘을 다해 밀어내야 아기가 나와요. 가족분만실을 이용하는 경우 진통부터 분만, 회복의 과정이 한 공간에서 모두 이루어지기도 합니다.

자궁 수축 진통이 오면 아기가 머리를 내밀었다가 진통이 수그러들면 아기 머리가 다시 들어가기를 반복해요. 진통이 1~2분 간격, 자궁 수축이 60~90초간 지속할 때가 최고조에 달하는 순간으로 이때 의사의 지시에 따라 힘을 주면 아기의 머리가 나오고 이어서 몸 전체가 나와요.

진통 촉진 분만에 적합한 자궁 수축이 오지 않는 경우 임신부에게 진통촉진제를 투여하기도 해요. 진통촉진제를 사용하면 정상적인 진통보다 자궁이 더 길고 강하게 수축해 산모의 고통이 커지지만 진통시간을 단축하고 난산을 줄여주는 장점도 있으니 상황에 따라 사용 여부를 결정하게 됩니다.

●아기가 나오는 과정

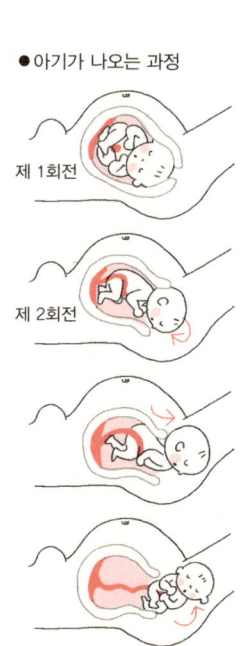

제 1회전

제 2회전

STEP 5 분만 후 처리를 하고 병실로 이동해요

아기가 나온 후 약 10분이 지나면 태반이 몸 밖으로 나오는 데 이 기간을 분만 3기라고 해요. 몸을 이완시킨 상태에서 태반이 몸 밖으로 나올 때 잠깐 힘을 주면 돼요. 이어 회음절개 부위를 봉합하고 분만대에서 휴식을 취하고 진찰을 받은 후 이상이 없으면 병실로 이동해요.

신생아 처치 아기가 태어나면 바로 탯줄을 자르고, 코와 위에 든 양수를 제거해 폐호흡을 도와요. 몸을 깨끗하게 닦은 후 신장, 체중, 머리와 가슴둘레를 측정하고 배꼽 소독 후 속싸개로 감싸지요. 대부분 엄마 품에 한 번 안겨준 다음 신생아실로 이동합니다.

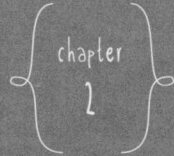

도대체 뭘 사야 하지?
육아용품구매 멘붕 탈출법

로션 하나를 사려고 해도 무슨 브랜드가 이렇게 많고, 따져봐야 할 것은 얼마나 많은지. 검색하면 온통 광고에, 후기마다 평이 다르니 어떤 걸 골라야 할지 난감하지요. 하지만 육아용품 하나만 잘 골라도 육아가 훨씬 편해진다고 하니 덥석 고를 수도 없어요. 육아에 꼭 필요한 용품을 실패 없이 구매할 수 있도록 일목요연하게 정리해보았습니다.

만약 내가 다시 육아용품을 산다면?

 육아용품, 필요할 때 사도 늦지 않아요

고가의 육아용품을 사고 나서 "도대체 이건 왜 샀을까?", "두세 번도 사용 못 했네." 하고 후회한 경우가 꽤 있었어요. 육아용품은 사용 기간이 짧은 데다가 구매평이 좋더라도 나의 육아스타일과 맞지 않으면 사용하지 못하게 되는 경우가 많아요. 누구는 슬링 없이 못 살았다고 하지만 누구는 슬링을 아예 사용하지 못하는 경우도 있거든요. 이런 실수를 하지 않기 위해서는 육아용품 구매리스트를 작성하여 꼭 사야 하는 항목과 필요할 때 사도 되는 항목을 미리 구분해두는 게 좋은 것 같아요.

 새로 사야 할 것과 물려받을 것을 구분해서 사요

아기용품 중에는 젖꼭지, 손수건처럼 위생 문제로 꼭 새것으로 사야 하는 것도 있지만 사용 기간이 짧은 아기용품은 중고로 구매하거나 대여하는 게 나아요. 예를 들어 모빌, 젖병 소독기, 바운서, 아기침대 등은 사용 기간이 짧으니 중고로 사서 쓴 뒤 다시 중고로 판매하면 돈도 절약되고 자리를 차지하지 않아서 좋아요. 또 아기들은 금세 자라니 주변에서 옷을 물려받을 곳이 있다면 사양하지 말고 감사히 받으세요. 저도 처음엔 좋은 것만 입히고 싶은 마음에 죄다 새것으로 사주었는데 지나고보니 그때 썼던 돈을 모아 다른 데 쓰는 게 더 나았을 것 같아요.

 시기별로 필요한 것을 사세요

아기용품 중에는 산모용품처럼 겸용으로 사용할 수 있거나 모양을 변형해서 사용 기간을 늘릴 수 있는 제품이 많아요. 예를 들어 카시트나 유모차의 경우 모양을 변형해서 신생아 때부터 6~7세까지 쭉 사용할 수 있는 제품이 많지요. 하지만 전 아기용품만큼은 사용 기간이 긴 것보다 해당 연령에 맞춰 나온 제품을 사고, 아기가 크는 속도에 따라 교체해주는 것이 좋은 것 같아요. 특히 아기의 안전과 관련된 아기용품은 제 시기에 맞는 것을 사는 것이 더 나은 선택인 것 같아요.

 100% 정답은 없어요

육아 책에는 '내복은 선물로 많이 받으니 한두 벌만 준비해라, 분유 수유를 원하지 않으면 젖꼭지는 사 놓을 필요가 없다'라고 하는데 사실 '대부분' 그렇다고 하더라도 '나'는 아닐 수도 있어요. 그러니까 필요할 것 같은 제품은 어떤 것을 사야 할지 미리 검색해두는 게 좋아요. 모유 수유만 생각해서 젖병이나 젖꼭지는 준비해두지 않았는데 아기가 수유를 거부하는 바람에 모유실감 젖꼭지를 파는 매장을 찾느라고 고생한 엄마도 있고, 내복 선물을 기대하고 있다가 정작 외출복만 선물 받아 부랴부랴 비싸게 산 엄마도 있거든요.

선배맘이 알려주는 유모차 선택법

선배맘 꿀팁

바구니형 카시트는 잠이 든 아기를 바구니 채 이동할 수 있고 바운서로 이용할 수 있다는 것이 장점이에요. 신생아의 경우 병원 외출이 잦은 편이므로, 디럭스형이나 절충형 중에서 바구니형 카시트와 호환되는 제품을 고르는 것도 좋아요.

육아용품 중 가장 고가에 속하는 유모차는 워낙 많은 브랜드가 있고, 사용 평도 제각각인지라 신중히 구매해야 해요. 유모차는 크기, 무게, 용도에 따라서 디럭스형, 절충형, 휴대형으로 나뉘는데 유모차를 고를 때 가장 중요한 점은 사용 시기, 외출 빈도와 외출 유형이에요. 어떤 유모차를 사든, 인터넷 검색으로 바로 구매하기보다는 베이비페어나 육아용품 전문점에서 직접 테스트하여 제품을 고르세요. 신생아를 태울 경우엔 양대면이 가능한지, 5점식 벨트인지도 꼭 확인하셔야 해요.

{ 유모차의 대표적인 종류 }

디럭스형 신생아 때부터 태울 수 있고, 흔들림이 덜해 아기가 편안해하지만 크고 무거워서 차에 싣고 내리기가 어려워요. 거주지가 평지이고 근처에 산책하러 가거나 시장을 보러 갈 일이 많다면 안정적이고 수납공간이 여유로운 디럭스형을 쓰다가 아기가 좀 큰 후에 휴대용으로 갈아타는 것이 좋아요.

선배맘 꿀팁

신생아를 휴대용 유모차에 태웠더니 헤드 서포터가 있다고 해도 머리가 많이 흔들리더라고요. 지면 상태에 따른 충격도 덜 흡수되니 적어도 100일은 지난 후에 휴대용 유모차를 사용하는 게 좋아요.

절충형 디럭스와 휴대형의 중간 형태로 아기가 편안해하면서도 디럭스에 비해 폴딩이나 휴대가 간편하다는 것이 장점이에요. 차로 외출할 일이 많다면 디럭스형에 비해 접고 펴기 좋은 절충형이 좋은 선택이 될 거예요.

휴대용 유모차 5kg 미만의 경량 유모차로 접고 펴기 쉽고 가벼워서 차에 싣기에 좋고, 아기가 걸어 다닐 때 가지고 다니기에도 편해요. 요즘

선배맘 꿀팁

바구니형 카시트와 호환되는 디럭스를 구매하여 1년쯤 사용하다가 휴대용으로 바꾸는 게 좋은 것 같아요. 아기가 걸어 다녀서 유모차를 들고 다녀야 할 때는 7~8kg의 절충형도 무겁게 느껴지거든요.

| 디럭스형 | 절충형 | 휴대형 |

은 디럭스 못지않게 안정성이 강화된 경량 유모차들도 많으니 혼자 외출할 일이 많다면 휴대용 유모차의 활용도가 높을 거예요.

쌍둥이용 그 외에도 연년생이거나 쌍둥이인 경우엔 두 명을 앞뒤 보기, 나란히 보기 등으로 변형해서 태울 수 있는 시티셀렉트 같은 유모차나 한꺼번에 둘을 같이 태우는 쌍둥이 유모차를 사용하면 편해요. 또는 유모차 커넥터를 따로 구매해서 각각의 유모차를 연결해서 사용할 수도 있어요. 아기의 개월 수, 핸들링, 형제간의 나이 차 등을 고려해서 적합한 제품을 선택하세요.

연년생 둘째를 낳은 후에 유모차 커넥터로 같은 제품 두 대를 연결해서 사용하고 있어요. 절충형 유모차 두 대를 연결할 수 있어서 따로도, 같이도 이용할 수 있어서 좋아요.

{라이프스타일에 따른 유모차 선택법}

☐ 신생아부터 외출할 일이 많다 … 디럭스형
☐ 6개월 이후부터 외출할 일이 많다 … 절충형
☐ 혼자 외출할 일이 많다 … 휴대형(신생아용)
☐ 걸어 다닐 일이 많다/ 실외 외출이 잦다 … 디럭스, 절충형
☐ 자동차를 탈 일이 많다/ 실내 외출이 잦다 … 절충형, 휴대형

유모차에는 여러 부속품이 필요한데 가방걸이, 컵홀더, 방풍커버, 담요 집게 등이 꼭 필요했어요. 유모차 선풍기나 레인커버, 풋워머, 모기장 등은 필요가 느껴질 때 구입하세요.

{유모차 구매 시 확인할 사항}

핸들링과 서스펜션 유모차를 편하게 조종할 수 있는지 핸들링을 시험해보고 지면의 충격을 흡수, 분산하는 역할을 하는 장치인 서스펜션의 정도를 확인하세요. 바퀴가 작은 제품일수록 서스펜션이 나쁜 경우가 많아요.

등받이 각도 조절 아기들은 유모차에서 잠드는 경우가 많으므로 아기가 편히 잠들 수 있도록 등받이의 각도를 충분히 조절할 수 있는지, 차광막은 충분히 내려지는지, 발판의 각도는 조절되는지 확인하세요.

접고 펴기 유모차는 차에 싣고 이동할 때가 많으므로 쉽고 빠르게 접고 펼 수 있는 제품이 좋아요.
그 외에 수납공간이 충분한지, 짐을 실어도 안정적인지도 살피세요. 핸들에 장바구니를 걸었을 때 유모차가 뒤로 넘어가는 경우도 많거든요.

엘리펀트이어스 유모차 라이너를 사용했어요. 양면이라 면은 평소에, 매쉬 원단은 여름에 시원하게 쓸 수 있었어요. 아기 목베개도 붙여서 쓸 수 있어서 좋답니다.

선배맘이 알려주는 카시트 선택법

신생아일 때는 카시트에 탈 일이 없을 것 같아서 나중에 구매하려고 미루는 분이 종종 있는데, 카시트는 출산 전에 미리 장만해두셔야 해요. 출산 후 산부인과에서 조리원까지 갈 때부터 필요하거든요.

{ 카시트의 대표적인 종류 }

바구니형 손잡이가 있는 형태로 신생아부터 생후 1년까지 이용할 수 있어요. 바운서로 사용할 수 있고 누운 상태로 이동할 수 있다는 것이 가장 큰 장점이에요. 유모차에 결합하여 사용하는 호환용 제품도 있어요. 13kg(약 12개월)까지 사용 가능하므로 덩치가 큰 아기의 경우 사용 기간이 짧아요.

저는 바구니형 카시트를 유모차와 호환이 되는 것으로 사용했는데 차에서 잠든 아기를 깨워서 유모차로 옮기지 않아도 돼서 좋았어요. 단 무거운 게 단점이에요.

일체형 등받이가 분리되지 않는 유아용 카시트로 컨버터블 카시트라고도 해요. 신생아부터 18kg(5~6세), 신생아부터 25kg(7~8세) 등 다양한 제품이 있어요. 이후 주니어 카시트를 사용하면 돼요.

분리형 분리형은 등받이가 분리되는 카시트로 5~6세가 되면 등받이를 분리해내고 차량의 좌석에 얹어서 앉은키를 높여주는 부스터 형태로 사용할 수 있어요. 주니어 카시트로 볼 수 있어요.

베이비페어 행사 마지막 날에는 대부분 30~40% 할인 가격에 유모차나 카시트를 살 수 있어요. 지정배송이 되는 경우도 많으니 행사 마지막 날을 노려보세요.

그 외에 360도로 돌릴 수 있는 회전형이나 높이와 각도를 조절해서 0세부터 7세까지 쓸 수 있는 올라운드형도 있어요.

	바구니형	일체형	분리형
이용 대상	신생아 ~ 유아	신생아 ~ 아동	유아 ~ 아동
대상 무게	신생아 ~ 13kg	신생아 ~ 25kg	9 ~ 36kg
특징	손잡이가 있고 바운서 겸용	모양 변형이 가능하고 사용 기간이 김	등받이가 분리되어 부스터로 사용 가능
형태			

회전형이 흔들림이 있다는 말을 들었는데 생각보다 흔들림이 적고, 아기를 원하는 방향으로 돌릴 수 있어서 안전띠를 채우거나 달랠 때 편했어요.

카시트 역시 유모차처럼 다양한 제품이 있기 때문에 그만큼 구매할 때 고민이 되기 마련이에요. 하지만 육아용품은 너무 오래 쓰려 하지 말고 시기별로 필요한 것을 사는 게 좋아요. 일체형을 사서 쓰다가 주니어 카시트로 교체하는 것이 일반적이나, 가장 좋은 조합은 13kg(약 12개월)까지는 바구니형 카시트, 18kg(5~6세)까지는 5점식 유아용 카시트, 이후 주니어 카시트를 사용하다가 어른용 안전띠가 잘 맞는 12세까지는 부스터를 사용하는 거예요.

Doctor's Advice
24개월 미만이거나 13kg 이하의 아기는 뒤보기로 장착해야 사고 시 머리와 척추에 오는 충격을 덜 받을 수 있어서 안전합니다. 또한 카시트를 앞좌석에 설치할 경우 에어백으로 인한 2차 피해가 있을 수 있기 때문에 반드시 뒷좌석에 설치해야 합니다.

{카시트 고르는 법}
1. 연령, 신장, 체중을 고려해서 골라요. 제품에 명시된 내용을 참고하되 연령보다는 체중에 맞춰서 골라야 해요.
2. 체중에 따른 사용 기간을 체크해서 골라요.
3. 안전 인증마크를 확인해요.
4. 프레임이 튼튼하고 탄성이 있는지 확인해요.
5. 뒤보기 각도가 아기가 가장 편한 45도가 되는지 확인해요.
6. 5점식 벨트인지, 머리받이가 조절이 잘 되는지 확인해요.

Doctor's Advice
우리나라 법에는 만 6세까지 카시트를 태우도록 정해져 있지만 다른 나라의 경우를 참고해 보면 145cm, 36kg까지 카시트에 태우는 것이 안전합니다.

{신생아 카시트 태우는 법}
1. 카시트는 뒷좌석에 뒤보기로 장착해요.
2. 카시트의 각도를 45도로 조절해요.
3. 카시트의 안전띠를 느슨하게 푼 후 아기가 앉을 공간을 확보해요.
4. 옷을 확인하여 겉옷은 벗기고 얇은 우주복이나 실내복만 입혀요.
5. 아기를 카시트에 앉히고, 팔과 다리 사이로 안전띠를 통과해요.
6. 안전띠 버클을 정확하게 채워요.
7. 아기와 안전띠의 간격이 손가락 하나 정도가 되도록 조절해요.
8. 머리받이를 아기의 어깨높이에 정확하게 세팅해요.
9. 어깨 패드를 어깨와 목 사이로 조절해요.

선배맘 꿀팁

카시트에 명시된 체중이 되지 않았다 하더라도 아기 몸이 꽉 끼어서 불편해 보이거나 머리 높이가 잘 맞지 않아 위험해 보이면 그때가 카시트 교체의 적정 시기인 것 같아요.

선배맘이 알려주는 아기 띠 선택법

아기 띠는 빠르면 30일에서 50일 이후에 사용해요. 일반적으로 신생아들은 생후 3개월인 100일 즈음에 목을 가누게 되므로, 그 무렵부터 사용하는 것이 가장 좋아요. 무엇을 사용하든 이런저런 부속품이 많은 것보단 단순한 것을 더 자주 사용하게 된다는 것이 사용해본 엄마들의 의견이랍니다.

{ 아기 띠의 대표적인 종류 }

슬링 신축성 있는 천으로 아기를 감싸 어깨에 메는 형태로 100일 전에도 사용할 수 있어요. 아기가 안정감을 느낄 수 있고, 눕힌 상태로 안거나 안은 상태에서 눕히기가 편해요. 하지만 아기 무게를 한쪽 어깨로 받쳐야 하므로 생후 30일부터 3개월 정도의 아기를 잠깐씩 안아줄 때 사용하기 좋아요.

양쪽 어깨끈이 달린 아기 띠 허리끈과 양쪽 어깨끈으로 아기를 안는 일반적인 형태예요. 아기를 주로 앞쪽에 안는데, 안고 내리기 편하고 사용 기간이 길어요. 엄마의 가슴과 밀착되어 있어 아기가 안정감을 느끼며, 동시에 엄마의 양손이 자유로운 게 큰 장점이에요. 목을 가누지 못하는 신생아를 아기 띠로 안을 때는 반드시 신생아 패드를 사용해야 하는데 속싸개나 수건을 돌돌 말아 사용해도 돼요.

힙시트, 포대기 목을 잘 가누고, 허리에 힘이 생겨서 앉을 수 있는 생후 4~5개월이 되면 힙시트와 포대기를 사용할 수 있어요.

선배맘 꿀팁
슬링에 적응 못 하는 경우도 많은데, 어깨에 메고 아기 공간을 확보한 후 아기 몸을 조금씩 움직이며 맞추다 보니까 편한 자세를 찾게 되더라고요. 설명서에는 13kg까지 사용 가능하다고 하는데 5kg이 넘어가니 아기가 무겁고 불편해서 사용하지 못했어요.

선배맘 꿀팁
백효정 아기 띠 버클형 + 매쉬가 인생템이었어요. 아기 띠는 사용 기간이 긴 편이므로 여름에도 쓰려면 시원하고 가벼운 게 최고인 듯해요.

선배맘 꿀팁
힙시트에 머리와 등을 기대는 부분을 덧붙여 파는 제품도 있는데 허리에 힘이 없는 신생아들은 사용하지 않는 것이 좋아요. 전 기능성 포대기인 처네를 집에서 잘 사용했어요.

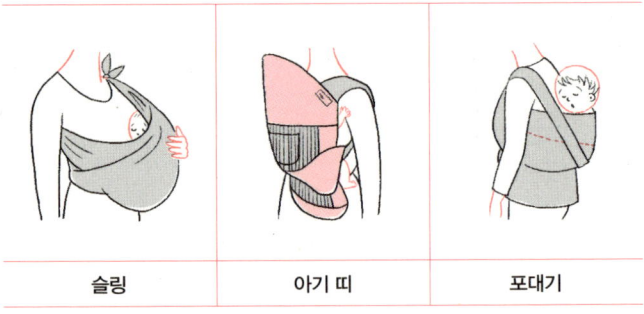

슬링   아기 띠   포대기

선배맘이 추천하는 신생아케어 강추 육아템 5

밤낮없이 울어대는 신생아 시기. 정말 애 대신 엄마가 울고 싶어지죠. 지푸라기라도 잡는 심정으로 사들인 육아용품 중에서 처음엄마들을 살려준 육아 아이템을 모아봤어요. 좋아요 10개를 누르고 싶을 만큼 고마운 육아템이랍니다.

타이니러브 모빌
이 모빌이 없었다면 화장실은 어떻게 가고, 밥은 어떻게 먹었을지! 엄마에게 소중한 휴식시간을 제공해주는 고마운 모빌이에요. 입에 넣는 것이 아니니 중고로 사도 괜찮아요.

자동 스윙 바운서
"자동 스윙 바운서만 있다면 등 센서 따윈 문제없다." 라고 말할 만큼 엄마들 사이에 입소문이 자자한 육아용품. 흔들린 아기 증후군이 걱정되는 엄마들에겐 수동 바운서도 인기예요.

바구니 카시트
바구니 카시트의 가장 큰 장점은 잠든 아기를 그대로 이동할 수 있다는 거예요. 유모차와 호환되는 제품은 바로 유모차에 태울 수 있어서 좋아요. 평소에는 바운서처럼 쓸 수 있어서 정말 유용했어요.

아기 띠
아기 띠는 육아 필수 아이템이에요. 아기 띠를 하고 두 손을 사용할 수 있게 되면 새로운 세상이 열리게 된답니다. 슬링이나 포대기는 호불호가 갈릴 수 있으므로, 우선은 아기 띠만 장만하세요.

기능성 속싸개
속싸개로 싸기 힘든 신생아 시절부터 자꾸 잠에서 깨는 100일까지. 쉽고 단단하게 아기를 감싸줘서 잠을 깊이 자게 해주는 효자 아이템이에요.

선배맘 꿀팁

이케아 3단 트롤리를 사서 층층마다 물티슈, 기저귀 등을 놓고 사용하니 편리했어요. 이케아 기저귀 교환대도 강추 아이템이에요. 기저귀 갈 때마다 허리를 굽히지 않아도 되니까요. 그 외에 3단 기저귀 정리함도 이동이 편리해서 유용해요.

Q1 바운서는 언제까지 쓰나요? 꼭 필요한가요?

선배맘 꿀팁

바운서나 크래들 스윙 모두 아기가 떨어질 위험이 있기 때문에 옆에서 잘 지켜봐야 해요. 수유패드나 수건 등으로 아기가 편안한 자세를 만들어 주면 아주 좋아해요.

Doctor's Advice

50일 이전의 아기는 허리에 무리가 갈 수 있고, 지나치게 흔들리면 뇌에 손상을 줄 수 있기 때문에 잠깐씩만 사용하세요. 뒤집기가 가능해지면 떨어질 위험이 있으므로 아기가 뒤집기를 시도한다면 바운서 사용은 그만하는 게 좋습니다.

바운서는 옴폭한 형태의 바구니에 아기를 눕히고 앞뒤로 흔들어주는 건데, 엄마의 품 같아서 편안하게 느끼는 아기가 많아요. 바운서 없이는 화장실도 못 간다는 엄마부터, 아기가 앉지 않으려고 해서 사 놓고 아예 사용하지도 못했다는 엄마까지, 바운서에 대한 평가는 극과 극이긴 하지만, 그래도 신생아 때 엄마가 잠시 기지개라도 켜고 화장실에 다녀오려면 바운서 하나쯤은 장만해두는 게 좋아요. 단, 보통 생후 50일부터 100일 이전까지, 최대 두 달간 사용하기 때문에 굳이 비싼 제품을 사기보다는 저렴한 것으로 사거나 대여해서 쓰는 게 나아요.

바운서는 자동바운서와 수동바운서로 나눌 수 있어요. 수동바운서는 저렴하고, 가볍고 휴대가 간편해요. 자동형은 손으로 흔들지 않아도 되어 엄마가 편하지만, 전자파나 지나친 흔들림이 꺼려져서 수동을 선택하는 엄마들도 많아요.

만약 자동형을 구매한다면 전자파 노출 정도, 각도 조절, 방향 조절, 속도 조절 기능을 꼭 확인해 보세요. 자동 바운서에 스윙 기능이 있는 크래들 스윙도 있어요.

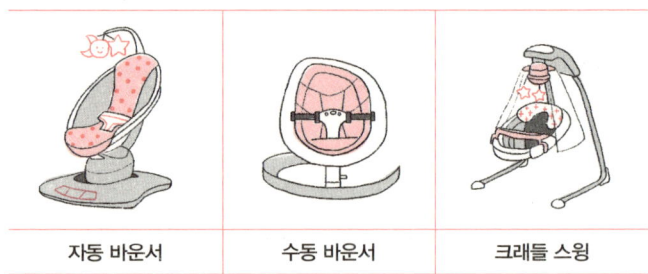

| 자동 바운서 | 수동 바운서 | 크래들 스윙 |

Q2 기능성 속싸개, 과연 효과가 있나요?

엄마 배 속에 있다 나온 신생아들은 자다가 자신의 몸 움직임에 깜짝 놀라 울음을 터트리곤 해요. 이때 속싸개로 팔다리를 감싸주면 안정감을 느끼고 덜 놀라서 잠을 푹 자게 되지요. 기능성 속싸개는 사용 기간이 짧고 하기 싫어하는 아기들도 있어서 꼭 구매할 필요는 없지만, 기능성 속싸개를 하면 5~6시간씩 꿀잠을 자서 유용하다는 엄마들도 많으니, 아기가 깊은 잠을 못 잔다면 기능성 속싸개 구입도 고려해보세요.

기능성 속싸개 중에 가장 유명한 두 가지 제품은 지퍼형인 스와들업과 벨크로형인 스와들미예요. 아기들은 팔을 올려서 자는 자세를 좋아하는데, 스와들업은 팔을 올린 상태로 몸을 감싸줘서 꿀잠을 자는 경우가 많아요. 그 모습이 나비 같아서 일명 '나비잠 속싸개'라고도 불리지요. 스와들미는 벨크로로 몸을 꼭 감싸주는 속싸개예요. 이 형태가 더 편하긴 하지만 벨크로를 여닫을 때 나는 소리 때문에 아기가 잠에서 깬다는 의견도 있어요. 에르고파우치는 2~3개월부터는 팔을 빼서 수면조끼로 사용할 수 있어서 좋고요.

기능성 속싸개는 수입 제품이 많아서 신생아용 S 사이즈로 두 개를 직구했었어요. 그런데 사이즈가 너무 작아서 아예 입혀보지도 못했답니다. 우리나라 신생아들이 외국 아기들보다 체형이 큰 편이니 M으로 사는 게 좋을 것 같아요.

기능성 속싸개가 수면 교육에 도움이 된다고 하는데 제 아기는 기능성 속싸개에 길들어서 나중에 속싸개를 떼는 게 너무 힘들었어요.

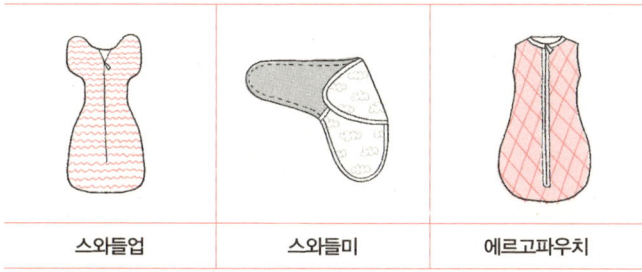

스와들업 / 스와들미 / 에르고파우치

Q3 아기 옷, 몇 벌 정도 준비해둬야 하나요?

아기 옷은 출산 선물로 가장 많이 받는 아이템 중 하나예요. 대부분 80 사이즈를 많이 선물하는데 신생아에겐 다소 크기 때문에 출산 전에 미리 배냇저고리 2벌과 가장 작은 사이즈(70~75)의 내복 3~4벌은 준비해서 빨아두세요. 요즘은 내복 대신 보디슈트를 입히는 경우도 많은데, 생후 50일이 지나 안고 다니기 시작하면 내복이 올라가서 배가 자꾸 드러나니 보디슈트가 더 편하다고 하는 선배맘도 많아요.

신생아는 성장 속도가 매우 빠르므로 아기 옷은 아기의 성장 속도에 맞춰 필요할 때 저렴한 것으로 장만하는 것이 가장 좋아요. 체중이 생각보다 빠르게 늘기 때문에 개월 수에 딱 맞는 것보다는 한 치수 넉넉하게 준비해두는 것이 좋답니다. 예를 들어 5월생이라면 5월 한 달은 배냇저고리나 얇은 내복을 입히고 6월부터는 더워질 것을 예상해서 간절기 내복처럼 얇은 내복이나 여름용 보디슈트를 사는 것이 좋아요. 겨울에 태어나는 아기라면 내복 외에 외출 시 방한용으로 우주복 한 벌을 준비하세요. 그 외에 필요한 옷은 그때그때 아기 체중이나 키에 맞춰서 한 치수 큰 옷으로 사는 것이 좋아요.

아기의 피부는 예민하기 때문에 옷을 살 때는 재질을 확인하셔야 해요. 될 수 있으면 면 100%로 사고, 새 옷이더라도 섬유에 화학 성분이 남아있을 수 있으니 꼭 빨아 입히세요. 삶지 말라고 표시된 옷, 특히 밤부 제품들은 깨끗한 물에 헹군 후 햇볕에 말려 일광 소독하시고요.

선물로 받은 아기 옷이 사이즈가 안 맞거나 같은 사이즈가 많아서 못 입히는 경우도 있어요. 같은 브랜드라면 산 곳이 아니라도 다른 제품으로 교환이 가능하니 교환증이나 영수증을 지참하여 계절이 바뀌기 전에 교환하세요.

선물을 받을 곳이 없다면 내복은 여유 있게 7~8벌 정도는 준비해두는 것이 좋아요. 아기는 토를 자주 하는데 젖비린내가 나서 바로 갈아입혀야 하거든요.

신생아는 성장 속도가 빨라 75사이즈를 사면 잘 맞게 입힐 수 있는 대신 몇 번밖에 못 입혀요. 평균 체중보다 크게 태어나면 75사이즈가 작을 수도 있으니 출산 체중을 고려해서 준비하세요.

Q4. 아기 세탁기가 필요할까요? 세제는 무엇을 사야 할까요?

아기 세탁기는 아기 옷만 따로 소량으로 자주 빨 수 있어서 좋아요. 삶음 기능도 도움이 되고요. 중고로 구매하거나 아기가 어느 정도 큰 후에는 속옷 전용으로 사용한다면 본전은 뽑을 수 있을 거예요.

하지만 세탁실이 좁다면 아기 세탁기를 꼭 사야 할 필요는 없어요. 애벌빨래를 잘 해주고 아기 옷이랑 어른 옷을 따로 세탁하는 것만으로도 충분하니까요. 특히 쌍둥이라면 빨랫감이 많이 나오기 때문에 아기 세탁기로는 빨래를 감당할 수 없어요.

세탁세제를 고를 때는 구매 전에 전 성분을 꼼꼼히 살펴보고 되도록 친환경 성분의 세탁세제를 고르는 게 좋아요. 세탁 후 세제의 잔여물이 남아있으면 아기 피부에 문제가 생길 수 있으므로 잘 헹궈지는 제품으로 사야 해요. 같은 제품이라도 가루형보다는 액체형이, 자연분해율이 높은 제품이 더 잘 헹궈져요. 어떤 세탁기를 사용하든 간에 아기 옷을 빨 때는 세제를 용량에 맞춰 사용하고, 헹굼을 여러 번 하여 섬유에 세탁세제 찌꺼기가 남지 않아야 해요.

♥ 천연세제로 빨래하기

아기 옷 세탁세제로 가장 좋은 것은 천연세제인 과탄산소다, 베이킹소다와 구연산이에요. 사용법도 그다지 어렵지 않아요. 빨래할 때는 베이킹소다:과탄산소다를 1:1 비율로 따뜻한 물에 녹여 세제 대신 사용하고, 헹굴 때는 구연산 수(구연산 가루 10g:물 1 l)를 헹굼세제 대신 사용하세요. 얼룩이 묻은 아기 옷도 베이킹소다와 과탄산소다를 넣은 따뜻한 물에 몇 시간 담갔다 비벼 빨면 얼룩이 잘 지워져요.

선배맘 꿀팁

전 세탁세제로 생분해도 99%인 호호에미를 써요. 에티튜드도 코코넛 추출 계면활성제를 사용한다고 하더라고요. 세탁세제의 성분은 화해 앱이나 홈페이지에서 확인하면 자세히 알 수 있어요.

선배맘 꿀팁

아기 옷은 대부분 면이라 건조기 사용 시 줄거나 변형이 올 수 있어요. 그러므로 건조기는 아기 옷만을 위해서라면 살 필요는 없어요. 단, 수건이나 어른 옷 용으로 사용하여 집안일을 줄이려는 목적이라면 구입해도 좋아요.

선배맘 꿀팁

오가닉 코튼 재질을 살 때는 오가닉 인증마크가 있는지 확인하세요. 또한, 오가닉 코튼 옷을 빨 때는 반드시 다른 소재와 구분해서 빨아야 해요. 일반 소재의 옷과 함께 빨면 바로 이염되거든요.

Q5 침대? 바닥? 신생아는 어디서 재워야 하나요?

신생아와 함께 잘 경우 자칫 엄마 아빠의 팔, 다리에 눌릴 위험이 있으므로 아기가 어느 정도 클 때까지는 잠자리를 따로 마련해주는 게 좋아요.

부모가 침대에서 잘 경우에는 아기침대를 붙여서 사용하세요. 높이가 맞아서 눈을 맞추기 편하고, 허리를 굽히지 않아도 되니 기저귀 갈기나 돌보기에 편하거든요.

아기가 뒤집기를 시작하는 3~4개월이면 떨어질 위험이 있고, 조금 더 크면 좁아져서 5~6개월 이후에는 사용이 어려워요. 그러니 굳이 새 제품으로 사기보다는 중고로 구매하거나 대여하는 것이 좋아요.

안전하게 바닥에서 재우길 원한다면 범퍼 침대나 '매트+패드'의 조합도 좋아요. 범퍼 침대를 특대형으로 구매하면 꽤 오래 쓸 수 있고 놀이방 매트 위에 면 패드를 깔아서 쓰면 그 위에서 아기가 편안하게 자기도 하고 뒤집거나 기어 다닐 수도 있어서 가장 많이 선택하는 방법이에요.

그 외에 라텍스 매트나 매트리스 등을 깔고 쓰는 것을 고려하는 분도 있는데, 푹신한 매트리스는 척추가 완성되지 않은 아기에게 좋지 않고, 혹시나 아기의 고개가 엎어졌을 때 숨 쉴 공간이 없어서 위험해요.

아기침대 중에는 소파나 책상으로 변신 가능한 제품도 있어요. 대여할 경우 대여비는 3개월에 8만 원 선으로, 택배로 받아 조립하여 사용하고, 다시 분해한 후 반납하면 된답니다.

놀이용 매트는 아기가 온종일 피부를 접하게 되므로 성분이 중요해요. 유해성분 논란이 있지는 않은지 꼭 확인하세요.

혹시 아기가 침대에서 떨어졌더라도 대부분은 이상이 없습니다. 하지만 떨어진 후 아기가 평소보다 오래 잠을 자거나 두 차례 이상의 구토 증상이 있을 때, 코 또는 귀에서 피가 나거나 평소보다 보채면 뇌에 이상이 있을 수 있으므로 병원에서 CT나 MRI 등 검사를 받아야 합니다.

❶ 아기침대에서 재울지, 바닥에서 재울지 결정하기
❷ 아기침대를 사용할 거라면 사용 기간을 생각하여 구매 결정하기
❸ 바닥에서 재운다면 매트+패드의 조합과 범퍼 침대 중에서 선택하기

Q6 아기용 침구 세트를 준비해야 하지 않을까요?

아기 이불과 요는 아기용품 사는 곳에 가면 유심히 살펴보게 되는 품목이에요. 하지만 아기용 이불 세트는 활용도가 낮아서 구매를 권하지 않아요. 아기 요는 크기가 작아서 아기가 뒤집고 움직이기 시작하여 활동 범위가 넓어지면 쓸 수가 없거든요. 그러니 어른용 매트를 접어서 사용하다가 아기가 뒤집게 되면 펼쳐서 사용하는 게 더 나아요.

신생아는 속싸개를 하니까 아기 이불이 따로 필요 없어요. 아기들은 기초체온이 높아서 시원하게 해주어야 하므로 두꺼운 이불보다는 얇은 담요나 수건을 덮어주는 것이 더 편해요. 뒤집기, 배밀이를 하게 되면 수시로 덮어주기가 힘드니 수면 조끼를 입히는 게 낫고요.

짱구 베개는 3개월 이후에 쓰는 게 좋아요. 신생아들은 젖을 먹고 토하다가 기도가 막힐 수 있으므로 머리를 옆으로 돌려 놓아야 하는데, 짱구 베개의 홈에 코와 입이 막히면 위험하거든요. 그러니 신생아 때는 수건이나 기저귀 천을 접어 머리를 받쳐주다가 3개월 후에 좁쌀이나 짱구 베개를 사용하는 게 좋아요. 계속 수건이나 기저귀 천으로 베개를 대신해도 괜찮으니, 미리 준비해두지 말고 나중에 필요할 때 구매하도록 하세요.

방수 요는 통풍이 잘 안 되므로 기저귀를 갈 때나 배변훈련을 할 때 사용하는 게 좋아요. 여름엔 쿨매트나 인견매트를 깔면 시원해서 좋더라고요.

좁쌀 베개는 머리를 시원하게 해주는 장점이 있지만 수시로 햇볕에 말리고 관리해주어야 해서 번거로워요.

신생아용 베개를 살 때는 통기성이 좋고 세탁하기 쉬운 제품으로 고르세요.

❶ 아기 이불보다는 수건으로 덮어주기
❷ 아기 요보다는 어른용 매트를 접어서 사용하기
❸ 수건이나 기저귀 천을 접어서 베개로 사용하기
❹ 3개월 이후 태열이 있는 경우 좁쌀 베개, 머리 모양을 만들어 주고 싶을 때 짱구 베개 사용하기

Q7 신생아 전용 욕조, 꼭 사야 할까요?

아기 욕조는 출산 전, 혹은 조리원에서 집으로 오기 전에 미리 준비해두어야 할 품목 중 하나예요. 조리원에서 돌아오면 바로 아기 목욕이 엄마, 아빠의 일이 되니까요. 큰 대야를 사용해도 되지만 대야에는 아기를 받쳐줄 곳이 없으므로 처음 아기 목욕을 시키게 되면 멘붕에 빠지기 쉽습니다. 그러니 아기 욕조는 사용 기간이 짧더라도 꼭 장만하세요.

국민아기 욕조라고 불리는 슈너글이나 오플라 욕조와 같은 신생아 욕조는 적은 물로도 물을 깊게 받을 수 있고, 욕조가 가벼워 물을 받고 버리기에 편해요. 아기가 기대거나 앉을 수 있어서 혼자 목욕시키기에도 편하고요. 베베캐슬처럼 조금 큰 욕조는 엉덩이 받침대가 있어서 아기가 혼자 앉을 수 있고, 크기가 신생아 욕조보다 커서 더 오래 쓸 수 있어요.

욕조에서 씻긴 후 바로 깨끗한 물로 헹구려면 큰 대야를 하나 더 준비해두어야 하므로, 욕실의 크기를 고려해서 제품을 선택하세요.

선배맘 꿀팁

아기 욕조를 큰 제품으로 사면 3~4살까지 물놀이용으로도 사용할 수 있어요. 다만 헹굼용 대야도 필요하므로 욕실이 비좁으면 헹굼용 대야 큰 것을 두 개 사서 써도 될 것 같아요.

선배맘 꿀팁

혼자 목욕을 시켜야 한다면 신생아 욕조가 필요해요. 목을 받치면서 목욕시키기가 어렵거든요.

선배맘 꿀팁

타원형의 커다란 대야 2개를 사서 하나는 목욕용, 하나는 헹굼용으로 잘 사용했어요. 가격도 저렴하고 나중에도 유용하게 쓸 수 있어서 좋았어요.

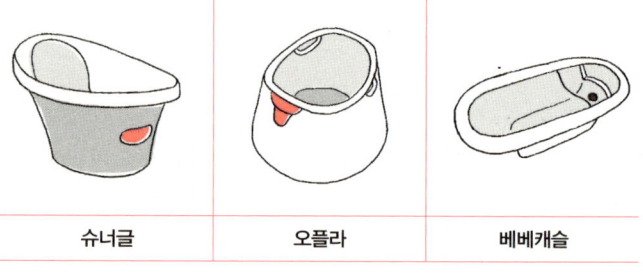

| 슈너글 | 오플라 | 베베캐슬 |

Q8 유해성분 전혀 없는 물티슈, 어디 없나요?

아기의 몸을 닦을 때 가장 안전한 방법은 가제 수건을 사용하는 거예요. 귀찮더라도 아기의 얼굴이나 손, 엉덩이 등은 삶아 빤 가제 수건으로 닦는 게 제일 안전해요. 그다음 좋은 방법은 쓸 때마다 물에 적셔 사용하는 건티슈를 사용하는 거고요. 그러나 편리함을 위해 물티슈를 구매할 예정이라면 물티슈에는 최소한의 화학성분이 들어있을수밖에 없다는 것을 인정하고 다음 몇 가지를 확인한 후 가장 안전하다고 생각되는 것을 고르세요.

♥ 물티슈 고르는 법

제품 전 성분 확인하기 광고문구만 믿기보다는 전 성분을 공개하고 있는지, 천연성분으로 이루어져 있는지 확인해요.

물 확인하기 깨끗한 정수시스템과 수질관리 능력을 갖추고 있는지 포장지나 홈페이지에서 확인하세요.

원단 확인하기 천연펄프나 레이온 비율이 65% 이상인 제품을 골라야 부드럽고 피부 트러블이 적어요.

유통기한 확인하기 세균번식 위험이 있으므로 유통기한이 짧고 용량이 적은 물티슈를 빨리 사용하는 게 좋아요.

물티슈는 개봉 전 1년 안에, 개봉 후 1~3개월 안에 사용하고, 사용 후엔 바로 뚜껑을 덮어 밀봉하는 것이 세균을 최대한 덜 번식하게 하는 방법이에요.

전 외출할 때만 물티슈를 사용하고, 되도록 가제 수건을 사용했어요. 20장 이상 넉넉하게 준비해두고 수시로 갈아 썼답니다.

요즘에는 끓인 물을 넣어서 쓸 수 있는 건티슈, 물과 티슈를 따로 파는 건티슈 등 건티슈 종류도 많아요. 얼굴이나 손에 쓸 것인지, 엉덩이에 쓸 것인지 등 용도에 따라 다른 제품을 사용해도 좋을 것 같아요.

가제 수건은 산모교실과 육아용품박람회에서 선물로 받은 것과 육아용품을 구매할 때 사은품으로 받은 것, 병원과 조리원에서 선물로 받은 것을 모아두었다가 요긴하게 사용했어요.

Q9 로션, 오일, 크림…, 어떤 제품을 골라야 하나요?

선배맘 꿀팁

육아용품 박람회에서 샘플 여러 종류를 받아서 조금씩 사용해보고 본품을 구매했어요. 로션, 크림, 보디워시 등 몇 종류가 함께 있는 여행용 키트를 구입해서 사용해보는 것도 괜찮아요.

선배맘 꿀팁

아기 피부가 매우 건조해서 안 써본 제품이 없었어요. 조리원에서는 비올란, 신생아 때는 세타필 ad, 이후 로고나 오일, 피지오겔 ai와 아토팜까지, 보습력이 좋다는 제품은 가격에 상관없이 사서 써보았죠. 그러다 오이보스 집중보습크림이 잘 맞아서 이후 그 제품만 사용하고 있어요. 평가가 좋은 제품도 내 아기에겐 안 맞을 수 있으니 여러 제품을 돌려서 사용해보세요.

신생아는 보통 물로만 씻겨도 돼요. 보건소에서도 아기용 비누나 보디워시, 샴푸는 3개월 이후에 사용하라고 권한답니다. 그러나 피부가 건조하거나 아토피가 있어 보디워시를 처방받았다면 매일 10분 내외로 34~36도의 미지근한 물에 씻기고, 보습제를 충분히 발라주는 것이 좋아요.

아기용 세정제는 화학 성분이 없는 천연성분 제품으로 구매하세요. 유통기한이 긴 경우 화학방부제 파라벤을 사용했을 수도 있으므로 독일 BDIH, 더마테스트와 같은 유기농 인증마크가 있고 유통기한이 짧은 제품이 믿을만해요. 선배맘들이 많이 쓰는 보디워시로는 호호에미, 쁘리마쥬, 리숨, 얼스마마 등이 있어요.

아기용 로션이나 크림은 보습력이 관건이에요. 피부가 건조하지 않다면 로션만 사용해도 좋지만, 건조하고 아토피 기운이 있다면 용도에 맞는 크림과 오일을 함께 사용하여 보습력을 높여주어야 해요. 비올란, 제로이드, 쁘리마쥬, 피지오겔, 아토앤비 등이 선배맘들이 많이 사용하는 브랜드예요.

만약 피부가 많이 건조하다면 아토피용 제품인 제로이드 md, 아토베리어 md, 세타필 ad, 피지오겔 ai 등 보습력이 강화된 제품을 사용하는 게 좋아요.

멘붕탈출법

❶ 3개월 이전까지는 물로만 씻기기
❷ 로션, 크림, 보디워시 등을 고를 때는 화해앱으로 성분 확인하기
❸ 샘플을 구해 다리나 팔에 미리 사용해 보고 이상이 없으면 사용하기

Q10 젖병, 소독기…, 수유용품은 무엇을 준비해둬야 하나요?

병원에서 바로 산후조리원으로 갈 경우엔 수유 브래지어나 손목보호대 외에 다른 수유용품을 준비할 필요가 없어요. 모유 양이 적어 혼합 수유를 하게 되더라도 조리원에 준비된 젖병과 젖꼭지를 사용하니까요. 다만 유두혼동이 올 수 있으므로 모유 수유를 계속 시도할 계획이라면 모유실감 젖꼭지와 이에 호환되는 젖병은 사두는 게 좋아요. 반대로 모유 양이 많다면 모유저장팩을 사서 초유를 유축해서 얼려두는 게 좋고요. 조리원에서 2주를 보내는 동안 모유 수유를 할지, 분유 수유를 할지, 아니면 혼합 수유를 할지가 가늠되기 마련이에요. 모유 양이 많아 유축이 필요하다면 조리원에서 써본 유축기 모델을 참고하여 유축기를 주문하고, 모유 양이 적어 혼합 수유나 분유 수유를 하게 된다면 기본적으로 젖병, 젖꼭지, 젖병세정제, 젖병세척솔 외에도 젖병을 삶을 냄비나 젖병 소독기가 필요하므로 인터넷으로 주문해두세요.

분유는 보통 병원이나 조리원에서 먹이던 것을 쭉 먹이게 되는 경우가 많아요. 우선 별 탈이 없다면 먹이던 것을 먹이고 다른 분유로 갈아타고 싶다면 조금씩 섞어 먹이면서 양을 늘려 바꾸어 먹이면 돼요. 분유를 바꿀 때는 미리 많이 사두지 말고 한두 통만 사서 먹이세요. 아기에게 잘 맞는지부터 확인을 해야 하므로 아기가 잘 먹는지 안 먹는지, 설사하진 않는지를 살펴본 후 잘 먹으면 그때 구매하는 게 좋아요.

유축기는 병원이나 조리원에서 사용해 보고, 유축해야 할 일이 생기면 그때 사도 돼요. 전 산후도우미 업체에서 무료로 대여해서 썼어요. 보건소에서 대여해주기도 하니 써보고 필요할 때 사도 괜찮아요.

조리원에서 퇴원 시 신생아용 젖병과 먹던 분유를 선물로 주는 경우도 있어요. 미리 문의한 후 준비하도록 하세요.

160㎖ 젖병과 젖꼭지 최소 7~8개, 젖병 소독기, 젖병세정제, 젖병세척솔, 젖꼭지세척솔, 병원이나 조리원에서 먹이던 브랜드의 분유 1~2통

Q11 수유 쿠션, 꼭 필요할까요?

선배맘 꿀팁

육아용품은 있으면 편하고 없으면 없는 대로 하게 되는데, 팔이나 허리가 덜 아프게 하려면 수유 쿠션이 필요하다는 것에 한 표를 보내요. 병원이나 조리원에 있는 수유 쿠션을 사용해본 후 구매 여부를 선택하는 것이 좋아요.

수유 쿠션을 권하는 엄마들은 팔목이나 팔에 힘이 덜 들뿐더러 허리에 무리가 덜 가고, 모유 수유 자세 잡기가 훨씬 편하다고 해요. 반대로 수유 자세 잡기가 더 힘들고, 아기가 어느 정도 크면 필요 없어지니 베개로 대신하는 게 낫다는 엄마들도 있고요.

대체로 3개월까지는 수유하는 시간이 많고, 손목, 허리 등에 무리가 가기 때문에 수유 쿠션을 잘 이용하면 효과를 볼 수 있다는 것이 중론이에요.

수유 쿠션에는 C자형과 D자형이 있는데, C자형은 아기가 밀착되고 자세 잡기가 더 편하다고 해서 많이 사용하는 디자인이에요. 소파에 앉아서 수유할 때 편하게 사용할 수 있어요. D자형은 C자형에 허리 쪽 지지대를 덧붙인 모델이에요. 수유 쿠션 위에 아기를 눕힐 수 있고, 잠든 아기를 그대로 내려 놓을 수 있다는 장점이 있지만 소파에 앉아 기대서 수유할 때는 불편하다는 평도 있어요. 수유 시트는 아기를 앉혀 놓고 먹일 때 좋은 제품으로 분유 수유를 할 때 편해요.

선배맘 꿀팁

수유 쿠션은 재질도 중요해요. 직접 볼 수 있다면 잘 미끄러지지 않는 재질인지 확인하고 세탁하기 편한지도 살펴보세요.

선배맘 꿀팁

쌍둥이를 동시 수유할 때는 사이즈가 큰 D자형 수유쿠션이 유용해요.

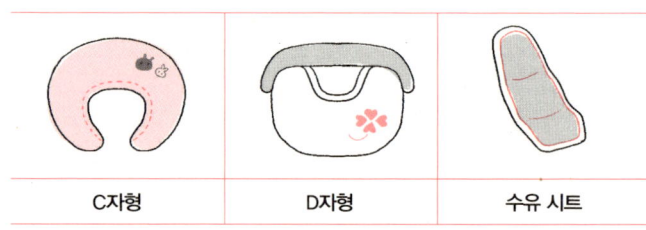

| C자형 | D자형 | 수유 시트 |

Q12 종이 기저귀, 대체 어떤 제품에 정착해야 할까요?

'애 분윳값, 기저귓값 벌려고 일한다'는 말이 더는 농담으로 들리지 않을 때가 곧 올 거예요. 가격이 만만치 않거든요. 많은 브랜드가 있기 때문에 원체 선택이 쉽지 않은 데다가 최근에 생리대나 기저귀에 들어간 화학성분이 인체에 유해하다는 사실이 보도되면서 기저귀를 선택하는 것이 더 어려워졌어요. 친환경 기저귀는 옥수수나 천연펄프를 원료로 하여 피부 자극이 적고 100% 생분해돼서 안전성이 높지만 가격이 비싸다는 게 단점이에요. 그래서 요즘은 불편함을 감내하더라도 천 기저귀를 사용하는 엄마들이 늘어나고 있어요. 각기 장단점이 있으니 상황에 따라 융통성 있는 선택이 필요해요. 종이 기저귀를 사용한다면 다음 사항을 고려하여 선택하세요.

♥ 기저귀 고르는 법

사이즈 보통 한 달 정도 신생아용을 쓰고 이후에 다음 단계를 쓰게 돼요. 표시된 체중을 참고하되 체중에 딱 맞게 사기보다는 조금 넉넉한 것을 사는 게 좋아요. 다리 부분에 손가락 한두 개 정도의 여유가 있어야 아기 피부가 쓸리지 않아요.

재질과 흡수성, 통기성 아기 피부가 쓸리거나 기저귀 발진이 난다면 내 아기에게 맞는 기저귀가 아니에요. 그런 경우엔 천 기저귀를 쓰거나 다른 제품으로 바꾸세요.

가격 같은 조건이라면 개 당 가격을 따져본 후 사용 기간을 가늠해서 여러 팩을 미리 준비해두는 게 저렴해요. 낮 기저귀와 밤 기저귀를 따로 구매하는 것도 방법이에요. 낮에는 자주 갈아주니까 저렴한 제품으로, 밤에는 많이 싸고 잘 못 갈아주니까 흡수력 좋고 조금 비싼 제품으로 사용해요.

선배맘 꿀팁
기저귀를 선택할 때는 우선 내 아기에게 잘 맞는지 한두 팩을 구매해서 써보고 잘 맞으면 아기 체중이 느는 것을 따져보고 수량을 정해 구매하는 것이 좋아요. 무조건 많이 샀다가 체중에 맞지 않아 남게 되는 경우도 많거든요.

선배맘 꿀팁
천연펄프와 친환경 흡수제를 사용하는 친환경 제품 중에 많이 사용하는 제품은 네띠(스웨덴), 에코제네시스(영국), 밤보네이처(덴마크), 애티튜드(캐나다) 등이 있어요.

선배맘 꿀팁
국내제품의 경우 브랜드에 따라 선물 받은 기저귀를 가지고 가면 그 다음 단계로 바꿔주기도 해요.

Q13 천 기저귀, 어떻게 해야 편하게 사용할 수 있을까요?

선배맘 꿀팁

신생아 때는 하루에 기저귀를 20회 이상 갈게 되므로 낮에는 천 기저귀를 쓰고 밤에만 종이 기저귀를 쓰다가 점차 천 기저귀로 바꿔나갔어요.

기저귀 유해성분으로 인해 걱정이 많아지면서 천 기저귀를 쓰는 엄마들이 늘어나고 있어요. 천 기저귀는 유해성분 걱정이 없고, 비용을 절약할 수 있으며, 쓰레기가 생기지 않기 때문에 환경오염을 줄일 수 있지요. 통풍이 잘되서 엉덩이 발진이 덜하고요. 단점은 아무래도 종이 기저귀만큼 흡수율이 높지 않아서 자주 갈아주어야 하고, 외출할 때 사용이 불편하다는 점, 밤에는 축축해서 아이가 자주 깬다는 거예요. 무엇보다 세탁이 힘들지요. 그래도 천 기저귀의 장점이 많기 때문에 꾸준히 사용하는 엄마들도 많아요.

선배맘 꿀팁

전 집에서는 사각기저귀에 밴드를 채워 사용하고 짧은 외출에는 땅콩기저귀와 기저귀 커버를 사용했어요. 외출이 길어질 땐 종이 기저귀를 사용했고요. 용도에 따라 다양한 기저귀를 사용하니 한결 편했어요.

♥ 천 기저귀의 종류

땅콩기저귀 땅콩모양의 기저귀로 밴드나 기저귀 커버를 씌워서 사용해요. 흡수율이 높고 매번 접지 않아도 되니 쓰기 편해요.

사각기저귀 접어 쓰는 기저귀예요. 수건, 패드, 속싸개 등 다양한 용도로 사용할 수 있어요.

팬티형기저귀 팬티처럼 입힐 수 있는 기저귀예요. 입히고 벗기기만 하면 되기 때문에 사용이 편리한 대신 가격이 비싸고 잘 마르지 않아요.

이 외에 소창이라는 천으로 만든 소창기저귀는 쓰기 전에 몇 번 삶아야 부드럽게 쓸 수 있지만 흡수력도 좋고 잘 말라서 좋아요.

땅콩기저귀	사각기저귀	팬티형 천 기저귀

기저귀 커버	기저귀 밴드

기저귀를 잘 채우기 위한 밴드나 커버의 종류도 다양해요. 가장 많이 쓰고 편리한 것은 방수지가 대어진 방수 커버고, 그 외에 울 커버, 면 커버, 밴드, 스내피 등이 있어요.

♥ 천 기저귀 잘 사용하는 방법

대소변 구분하기 신생아 때는 대변을 수시로 싸지만 몇 개월이 지나면 대변 누는 시간대를 대충 가늠할 수 있게 돼요. 그러니 평상시엔 천 기저귀를 채우고, 대변 눌 시간에는 종이 기저귀를 채우는 것도 한 방법이에요. 대변을 천 기저귀에 눴을 때는 변기 위에서 기저귀를 들고 샤워기를 틀어 변을 떨어뜨린 후 세탁을 하면 편해요.

사용 후 바로 헹구기 한번 사용한 천 기저귀는 물에 헹군 후 베이킹소다를 푼 물에 담가 놓았다가 아침마다 세탁기에 돌리고 주말마다 삶으면 깨끗하게 사용할 수 있어요. 물에 오래 담가두면 세균이 번식하기 때문에 담가 놓은 후 어느 정도 시각이 지나면 걸어두는 게 더 좋아요.

천연세제로 세탁하기 본 세탁은 세제+과탄산소다, 또는 과탄산소다+베이킹소다로 한 후, 헹굴 때 구연산수를 넣어요. 기저귀를 물에 헹군 후 EM 비누를 발라 두었다가 세탁하는 것도 좋아요.

선배맘 꿀팁

처음부터 천 기저귀 30~40개를 사서 쓰다보면 세탁하느라 지치더라고요. 처음에는 종이 기저귀와 함께 사용하다 천 기저귀 사용이 익숙해지면 차츰 천 기저귀 사용 비율을 늘리는 게 더 좋아요.

종이 기저귀를 사용하더라도 사각기저귀 10장 정도를 구매해두면 여러 용도로 사용할 수 있어요. 속싸개, 목욕 수건, 기저귀 갈 때 깔개, 잘 때 덮개, 돌돌 말아서 베개, 엉덩이 닦는 전용 수건, 방수 요 위에 땀 잘 흡수되는 깔개 등으로 오랫동안 사용할 수 있답니다. 엉덩이 발진이 심할 때 종이 기저귀 대신 사용하면 증상을 호전하는 데 도움이 돼요.

선배맘 꿀팁

천기저귀홀릭맘이라는 인터넷카페에서 선배맘들에게 다양한 정보를 얻을 수 있었어요.

{ chapter 3 }

내 몸이 내 몸이 아니야!
산후조리 멘붕 탈출법

욱신욱신, 찌릿찌릿! 아프지 않은 곳이 없고, 성한 곳이 없는 산욕기! 내 몸은 아파 죽겠는데 아기는 돌봐야 하고, 산후조리를 잘 못하면 평생 아프다는 말에 걱정도 되고요. 어떻게 하면 똑똑하게 산후조리도 하면서 아기도 잘 돌볼 수 있을까요? 의사선생님과 선배맘이 후회 없는 산후조리법을 알려드립니다.

선배맘
메시지

만약 내가 다시 산후조리를 한다면?

 아기는 부모가 함께 키우는 거예요

아기는 당연히 엄마인 내가 봐야 한다고 생각했어요. 힘들어도 견디는 게 당연하다고 여겼고요. '남편은 일하느라 피곤하니까, 남편보다 내가 잘하니까'라는 생각으로 독박 육아를 몇 달간 하다보니 지치다 못해 산후우울증이 찾아왔어요. 되돌리기엔 너무 멀리 와 있는 느낌이었지요. 시간이 지나면서 점점 더 아빠는 아무것도 할 줄 모르게 되고, 모든 것을 엄마가 하게 되는 시스템으로 바뀌어 버렸어요. 그러니 육아는 신생아 때부터 아빠와 함께 하세요. 적어도 하루에 한 시간이라도 내 시간을 가져야 해요. 그래야 몸과 마음의 건강도 챙겨 행복하고 건강한 육아를 할 수 있어요.

 지금 내 몸을 아껴야 긴긴 육아를 잘 할 수 있어요

산후도우미가 내 맘에 들지 않아 제가 나서서 일했어요. 며칠 되지도 않는데 뭘 바꾸나 싶고, 또 누가 내 맘같이 할 수 있을까 싶어서 그냥 제가 요리도 하고, 청소나 젖병소독도 내 맘에 늘도록 했지요. 그랬더니 나중에 손목이 많이 시큰거리고 아프더라고요. 평생 써야 하는 손목인데 큰일 나겠다 싶은 생각이 들어 그때부터는 마음에 좀 안 들더라도 내 몸을 우선으로 생각하고 쉬었어요. 산후조리를 도와주는 분이 하는 일이 내 맘에 안 든다고 해도, 지저분한 집 안이 못내 거슬린다고 해도 내 몸 아끼기를 우선으로 하세요. 3개월이면 몸이 어느 정도 회복되니까 그때까지 만이라도요.

산후도우미 눈치 보지 마세요

비싼 비용을 들여 산후도우미의 도움을 받는 건데 그냥 다 참고 불편함을 감수하면서 지낼 필요가 있을까요? 착한 산모보다는 내 몸을 챙기는 똑똑한 산모가 되어야 해요. 그러기 위해서 출산 전에 산후도우미가 해야 할 역할을 잘 점검해두세요. 산모 반찬, 아기 돌보기, 산모케어 등 산후도우미가 해야 할 일을 정확하게 파악하고 문제가 있다고 생각되면 단호하게 이야기하세요. '이걸 말해야 하나 말아야 하나'라고 고민하는 산모도 많은데, 산후도우미의 업무를 정확하게 파악하고 있으면 말하기가 쉬워요. 말을 해도 바뀌지 않으면 빨리 교체를 요청해서 후회 없는 산후조리를 하길 바라요.

몸이 회복되면 운동을 시작하세요

몸이 힘들다고 계속 누워만 있으면 회복이 외려 더뎌져요. 그러니 자연 분만을 한 경우에는 분만 후 바로 운동을 시작하고, 제왕절개수술을 받은 경우는 복부의 불편감이 사라지면 바로 몸을 움직이는 게 좋아요. 모유 수유가 다이어트에 도움이 된다고 하는데, 모유 수유를 한다고 너무 잘 챙겨먹다 보면 외려 살이 찔 수도 있으니 적당히 먹어야 하고요. 출산 6개월 이내에 임신 전 체중으로 돌아가지 않으면 영영 살을 빼기 힘들다고 하니, 출산 후 한 달쯤 지나면 적절한 영양 섭취와 운동으로 몸매 만들기에 돌입하는 게 좋을 것 같아요.

출산 후 100일 체크포인트

산후 날짜별 check point

출산 당일
- ☐ 훗배앓이, 오로, 회음부 혹은 수술 부위 통증
- ☐ 제왕절개 산모는 소변 보기

2일째
- ☐ 훗배앓이, 오로, 회음부 혹은 수술 부위 통증
- ☐ 초유 먹이기
- ☐ 가까운 곳 걸어 다니기
- ☐ 자연 분만 산모 간단한 체조 시작하기
- ☐ 제왕절개 산모는 미음 먹기

3일째
- ☐ 훗배앓이, 오로 양 증가, 통증 약화
- ☐ 자연 분만의 경우 산모는 소변 검사, 체중 및 혈압 측정 후 퇴원 아기는 체온, 황달, 골절 검사, 선천성대사이상검사 후 퇴원
- ☐ 수건에 따뜻한 물을 적셔 얼굴과 목 정도만 닦기

4일째
- ☐ 회음부 혹은 수술 부위 통증 약화
- ☐ 모유 분비량 증가, 젖몸살
- ☐ 가슴마사지하기
- ☐ 하루 2~3회 좌욕
- ☐ 제왕절개 산모 간단한 체조 시작하기

5일째
- ☐ 오로가 갈색으로 변함
- ☐ 본격적으로 수유 시작

6일째
- ☐ 가벼운 샤워 가능
- ☐ 오로 색이 황색, 백색으로 변함
- ☐ 제왕절개 산모 실밥 뽑고 퇴원

출산 후 100일은 산후조리에 있어서 가장 중요한 시기예요. 이 시기에 몸 관리를 잘 못하면 회복이 더디고, 평생 후유증으로 고생할 수도 있어요. 출산이라는 큰 변화를 겪고 회복되는 이 중요한 시기에 각 개월별로 챙겨야 할 사항들을 빠짐없이 알아두세요.

[산후 1개월 체크포인트]

- ☐ **오로의 변화 살피기** : 오로의 양이 지나치게 많고 열흘이 지나도 양이 줄지 않고 적색 오로가 나온다면 진료 받기
- ☐ **집안일 하지 않기** : 산후 8주까지는 산욕기로, 약해진 몸을 회복해야 하므로 무리한 일은 하지 않기
- ☐ **산후우울증 예방하기** : 일시적이지만 산후우울감이 심해지는 시기이므로 힘들면 가족의 도움 받기
- ☐ **출산 후 체조하기** : 산후 2일부터 할 수 있는 간단한 체조하기
- ☐ **산후검진 받기** : 한 달이 되면 건강검진을 받고 몸의 회복이 순조롭다면 일상생활로 돌아가기

♥ **출산 후 체조** 출산 후 한 달까지 다음 운동을 연결해서 계속하세요.

산후 2일부터 – 똑바로 누운 자세로 머리를 들어올려 잠깐 멈춘 후 내립니다.

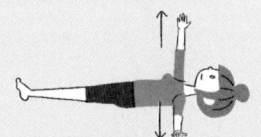

산후 3일부터 – 어깨 상하운동으로 모유가 잘 나오도록 유방을 자극합니다.

산후 4~6일부터 – 똑바로 누운 자세에서 두 팔을 사용하지 않고 상반신 일으키기와 다리 상하운동을 합니다.

산후 1주 경부터 – 상반신과 하반신을 이제까지 했던 것보다 크게 움직이고 근육을 더욱 수축시킵니다.

[산후 2개월 체크포인트]
□ 일상생활 조금씩 시작하기 : 외출이나 산책으로 일상생활 시작하기
□ 균형 잡힌 식사하기 : 수유 중 엄마의 음식 섭취는 모유에 영향을 주므로 골고루 먹기
□ 남편과 함께 육아하기 : 아기 일과를 써 놓고 남편도 육아에 함께 참여할 수 있도록 하기
□ 산욕 체조하기 : 늘어난 배와 골반 근육을 원상태로 돌리고 산후 체형을 회복하기 위해 산욕 체조하기(113쪽 참고)

[산후 3개월 체크포인트]
□ 요실금 예방 운동하기 : 회음부 통증이 사라지면 시작하기
□ 피임하기 : 수유 중이라도 산후 2~3개월 경에 생리하는 경우도 있기 때문에 피임에 신경 쓰기
□ 직장 복귀 준비하기 : 아기 돌볼 사람을 정하고 모유 수유 간격을 조절하는 등 복귀 준비하기

[산후 4개월 체크포인트]
□ 아기 많이 안아주기 : 아기가 엄마와 스킨십을 하고 싶어서 울기도 하는 시기이므로 아기와 많이 놀아주고 안아주기
□ 체형 및 체중 관리하기 : 체형이 눈에 띄게 회복되는 시기이므로 체형 관리를 위해 운동을 하고 체중 관리하기
□ 다음 임신 계획하기 : 생리가 시작하므로 임신과 피임에 관해 정하기

□ 오로의 변화 살피기
□ 집안일 하지 않기
□ 산후우울증 예방하기
□ 출산 후 체조하기
□ 산후검진 받기

□ 일상생활 조금씩 시작하기
□ 균형 잡힌 식사하기
□ 남편과 함께 육아하기
□ 산욕 체조하기

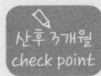
□ 요실금 예방 운동하기
□ 피임하기
□ 직장 복귀 준비하기

□ 아기 많이 안아주기
□ 체형 및 체중 관리하기
□ 다음 임신 계획하기

선배맘이 알려주는 출산 후 몸의 변화

출산 후 산모의 자궁은 1주일 동안 크기가 반으로 줄어들고, 2주일이 지나면 골반 내로 들어올 정도로 작아지며, 6주 경에는 거의 출산 전 크기로 돌아와요. 이렇게 출산 후에는 자궁뿐 아니라 온몸이 짧은 시간 동안 급격한 변화를 겪게 되지요. 정상적인 변화과정을 알아두고, 이상이 있다고 생각되면 바로 병원을 찾아가세요.

Doctor's Advice

산모는 아기를 낳고 행복함을 느끼지만 그와 동시에 이유 없이, 또는 사소한 일에도 우울함을 느끼기도 합니다. 산후우울감은 분만 후 3~10일 사이에 나타나는데 3~5일에 최고조에 달하며 그 뒤에는 빠르게 좋아져 1~2주 안에 저절로 회복됩니다.

{출산 후 달라지는 몸의 변화}

오로 자궁내막이 치유되면서 나오는 분비물이에요. 처음에는 붉은색이지만 3~4일 후에는 갈색, 약 10일 후부터는 흰색으로 변해요. 약 2~6주간 지속하는데 산후 2~3일에는 양이 많지만 3~4주면 사라져요.

훗배앓이 자궁이 이전 상태로 돌아오면서 느끼게 되는 통증이에요. 분만 후 3일이 되면 통증의 정도가 약해져요.

초유 분비 분만 후 1~2일경(제왕절개의 경우 3~7일경)에 초유가 분비되기 시작돼요.

회음통 회음부 절개를 시행했을 때 생기는 통증으로 7~10일이면 나아져요.

요실금 요도 주변 근육 손상으로 산모의 3~26%에서 요실금이 생겨요. 일 년 후에도 증세가 나아지지 않으면 진료를 받아야 해요.

변비 음식 섭취 부족, 회음부 통증 등의 이유로 분만 후 2~3일 이상 변비가 올 수 있어요.

부종 분만 직후에는 태반, 양수 등이 나오면서 약 4.5~5.9kg 정도 체중이 줄어들지만 부기는 남아있어요. 차츰 이뇨와 발한 작용으로 2.3~3.6kg의 체중이 줄면서 부기도 빠져요.

관절통, 치골통 출산으로 벌어진 관절이 제자리를 잡으면서 통증이 생겨요. 아프다고 움직이지 않고 가만히 있기보다는 관절에 무리가 되지 않는 자연스러운 움직임으로 골반이 자리 잡도록 유도하고, 지속적인 통증이 있는 경우는 병원에서 진료를 받아야 해요.

Doctor's Advice

출산 후 복부가 지나치게 늘어나 있다면 거들이나 산후 복대를 사용하는 것도 도움이 됩니다. 이러한 뱃살 처짐이 원래대로 돌아오는 데는 몇 주 정도 걸리는데, 복부의 근육 긴장을 회복하기 위한 운동을 해야 합니다. 자연 분만을 한 경우에는 분만 후 바로 운동을 시작하고, 제왕절개술을 받은 경우는 복부의 불편감이 사라지면 바로 시작합니다.

선배맘이 추천하는 산후조리 강추 아이템 5

산후조리 기간은 작은 아이템만으로도 아주 편해질 수 있는 시기예요. 아기를 위한 투자만 하지 말고 내 몸에도 투자하세요. 그래야 편하고 현명한 산후조리를 할 수 있어요.

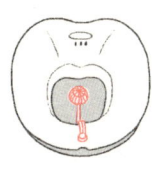

좌욕기
산후조리업체에서 선물로 주기도 하고, 병원에서 변기에 놓고 쓸 수 있는 좌욕용 대야를 주기도 해요. 산후조리 기간에 오로를 말끔히 빼내려면 좌욕은 필수예요.

 **선배맘 꿀팁**
전 몸이 많이 쑤셔서 고민하다가 안마기를 렌트해서 썼어요. 적은 비용은 아니었지만 결론적으로는 좋은 선택이었던 것 같아요.

손목보호대
손목보호대를 쓰면 손목 관절도 보호하고 통증도 줄일 수 있어요. 엄지손가락을 끼우는 형태보다 손목만 보호하고, 손목 굵기에 맞춰 조절할 수 있는 게 쓰기 편해요.

온습도계
산후에는 혼자 덥거나 춥거나 하더라고요. 또 아기가 태어나면 쾌적한 온습도를 유지해야 하는데 이걸 몸으로 알기가 어렵거든요. 적당한 온습도를 유지하기 위해서는 온습도계가 있어야 해요.

 **선배맘 꿀팁**
저는 종아리가 부어서 세븐라이너를 사용했는데 아주 유용했어요. 산욕기뿐만 아니라 아기가 큰 다음에도 다리마사지를 할 수 있으니 좋아요.

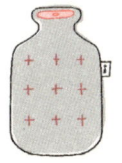

핫팩
온몸이 찌뿌둥하고 아픈 산모에게 핫팩은 필수품이에요. 허리나 등에 대고 있으면 온몸이 풀리지요. 훗배앓이에도 핫팩을 배에 대고 있으면 통증이 훨씬 덜해요.

파라핀 치료기
손목 통증이 심해서 구입했는데 손가락, 손목 통증에 효과가 좋더라고요. 근본적인 치료가 되는 것은 아니더라도 너무 아플 때 한 번씩 하고 나면 통증이 줄어들어요.

Q1 너무 아픈 훗배앓이, 좋은 방법은 없나요?

출산 후 2~3일은 산모에게 가장 힘든 시간이에요. 몸이 회복되려면 잘 쉬어야 하는데 갓난아기에게 초유를 먹이려고 노력하다보면 내 몸 돌보는 게 어렵거든요. 약한 진통처럼 배가 계속 아프기도 한데 그건 자궁이 회복하는 과정이라 그런 거예요. 출산 시 본래 크기보다 1,000배 정도 커진 자궁이 분만 후 이전 상태로 돌아가기 위해 수축하고, 이 과정에서 배가 아픈 것이지요. 이것을 '후진통', 혹은 '훗배앓이'라고 해요. 보통은 2~3일이면 나아지는데, 간혹 진통보다 심하게 훗배앓이가 찾아와서 진통제를 먹거나 진통 주사를 맞아야 하는 경우도 있어요.

후진통은 자궁과 여러 장기가 제자리를 잘 찾아가고 있다는 증거이니 아프더라도 마음을 편하게 먹으세요. 또 모유 수유를 하면 옥시토신 호르몬 분비가 증가해 자궁수축을 빠르게 진행한다고 하니 모유 수유를 충실히 하는 것이 좋아요. 완전히 자궁이 돌아오는 데는 6주 정도 걸리므로 몸이 좀 회복된 후에는 가볍게 걸어 다니는 것이 좋습니다.

선배맘 꿀팁

훗배앓이에는 뭐니 뭐니 해도 진통제+따뜻한 핫팩+엎드려 자기가 최고의 치료제예요. 더불어 배를 아래로 살살 쓸어내리는 마사지를 하니까 통증이 가라앉더라고요.

Doctor's Advice

출산 직후 겪게 되는 변화로 하혈, 오로, 회음부 통증 외에도 출산 후 몸이 체온을 다시 조절하기 때문에 오한이 올 수도 있고, 체내 수분량이 변하기 때문에 현기증이 날 수도 있습니다. 또한 임신 동안 축적되었던 수분이 땀으로 배출되기 때문에 땀이 많이 날 수 있습니다.

멘붕탈출법

❶ 따뜻한 핫팩을 배에 대고 배를 따뜻하게 해주기
❷ 모유 수유 열심히 하기

Q2 오로, 언제까지 나오나요?

출산 후 훗배앓이와 더불어 산모를 괴롭히는 것이 오로예요. 오로는 분만 후 자궁 내벽에서 점막, 혈액 등이 떨어져 나온 분비물을 말해요. 양이 많고 불쾌한 냄새가 나기 때문에 회음부 통증으로 괴로운 산모를 더 괴롭히지요.

출산 후 2~3일 동안은 생리보다 훨씬 많은 양이 나오다가 점점 갈색, 황색, 흰색으로 변하면서 양도 줄어들어요. 보통 3주, 길게는 6주 이상 나오기도 해요. 개인차가 크기 때문에 다른 산모들에 비교해서 나만 오래 나온다고 걱정할 필요는 없어요.

오로를 빨리 나오게 하고 싶다면 좌욕을 꾸준히 해보세요. 처음에는 15~20분간 하루 3~4회, 1주일 후부터는 10분간 하루 2~3회 정도 해주면 좋아요.

좌욕은 오로 배출을 도와줄 뿐만 아니라 회음부 통증을 가라앉히는 데도 도움이 돼요. 회음부 통증은 출산 후 2~3일 동안 가장 아프고 그 후 일주일 정도면 괜찮아지는데, 일주일에서 열흘이 지나도 통증이 가라앉지 않으면 다른 문제가 있는 것일 수도 있으니 병원을 찾아야 해요. 회음부가 많이 아프다면 회음부 방석에 앉아 통풍이 잘되게 하고, 좌욕을 꾸준히 해주세요.

선배맘 꿀팁

요실금이나 치질에는 질 근육을 수축했다 이완하는 케겔 운동도 도움이 돼요. 하루 20회부터 시작해서 점차 늘려가세요.

선배맘 꿀팁

산후에 치질이 생기는 경우가 많아요. 온수 좌욕이 가장 좋은 방법이고 효과도 있어요. 상태가 심해지면 바로 병원을 찾으세요. 전혀 부끄러운 일이 아니니까요.

Doctor's Advice

분만 시 요도 주변의 근육 손상으로 산모의 3~26%에서 요실금이 발생할 수 있어요. 제왕절개보다 자연 분만 시 요실금이 생길 확률이 높아요. 분만 1년 후까지도 요실금이 지속하면 만성화될 수 있으므로 치료를 받아야 합니다.

멘붕탈출법

❶ 처음에는 15~20분간 하루 3~4회, 1주일 후부터는 10분 간 하루 2~3회 좌욕하기
❷ 오로가 그칠 때까지 꾸준히 좌욕하기

Q3. 산후 부기, 모두 살이 되나요? 코끼리 다리가 두려워요

Doctor's Advice

분만 직후에는 신생아, 태반, 양수 및 혈액이 밖으로 나오면서 약 4.5~6kg 정도 체중이 줄어듭니다. 그러나 분만 3일 후면 호르몬의 영향으로 대부분 체중이 다시 증가했다가 차츰 이뇨와 발한 작용으로 2.3~3.6kg의 체중이 줄어듭니다.

선배맘 꿀팁

저는 병원 입원 내내 압박스타킹 신고 있었어요. 그랬더니 부기가 빠졌던 것 같아요.

아기를 낳으면 몸무게가 빠질 줄 알았는데 외려 수술 중 맞은 수액과 통증 때문에 몸무게가 늘고 온몸이 퉁퉁 붓는 경우도 종종 있어요. 산후 부기는 보통 산후 3~4일부터 한 달 이내에 자연스럽게 빠져요. 그때까지 임신 전과 비교했을 때 5~7kg 정도 더 나가지만, 대부분 산후 6개월 동안 산후조리를 잘하면 임신 중 늘어난 몸무게는 다시 빠지게 돼요.

만약 산후조리 후에도 부기가 남아있다면, 오로가 깨끗하게 빠져나가지 못했거나, 수분이 잘 배출되지 않고 몸에 남아있기 때문이에요. 부기는 살처럼 보이지만 살과 다르기 때문에 몸의 수분을 빼는 운동을 하는 게 좋아요.

가장 좋은 방법은 격렬한 운동보다는 가볍게 걷는 것처럼 체온이 조금 올라가고 땀이 약간 나는 정도의 운동을 하는 거예요. 신진대사를 원활하게 해주어 수분이나 노폐물 배출에 도움이 되거든요. 그리고 짜게 먹으면 아무래도 물을 많이 먹게 되니까 몸에 수분이 더 쌓이게 되겠죠? 음식을 담백하게 먹고, 맵고 짠 음식은 피하도록 해요.

발목 돌리기, 발끝을 쭉 펴고 심호흡하기, 누운 자세에서 머리 들어올리기 등 가벼운 자세부터 시작해요.

위를 보고 누워 무릎을 세우고 손은 머릿밑에 둔 상태에서 허리를 들어 잠시 멈췄다가 다시 제자리로 돌아와요.

위를 보고 누워 무릎을 세우고 손은 몸 옆에 자연스럽게 내려놓은 상태에서 무릎을 한쪽으로 눕혀 잠시 멈춘 다음 제자리로 돌아가요. 반대 방향으로도 반복해요.

Q4 호박즙이 부기 빼는 데 도움이 되나요?

출산 후에 부기를 빼준다고 해서 호박즙은 물론 호박죽도 수시로 먹는 경우가 많아요. 팥도 효과가 있다고 알려져 있고요. 어떤 음식이든 누구에게나 다 맞는 것은 아니기 때문에 나에게 맞는 음식인지 아닌지를 잘 살펴보고, 적당히 먹어야 해요. 호박즙이 부기를 빼주는 것으로 유명한 이유는 늙은 호박의 이뇨작용 때문이에요. 출산 후에 생기는 부종은 피부에 쌓인 수분 때문인데, 이 수분을 소변으로 빼려고 이뇨작용을 하는 음식을 지나치게 많이 먹는 것은 좋지 않아요. 소변이 아닌 땀으로 빼야 하거든요. 출산 직후에 호박을 많이 먹으면 모유 수유에 영향을 끼칠 수도 있으니 출산 후 한 달이 지나서도 배뇨에 이상이 있거나 다리 쪽 부종이 심할 때 먹는 게 좋아요. 부기를 빼기 위해서 억지로 땀을 내기도 하는데, 땀을 내는 것이 도움이 되는 것은 맞지만 일부러 두꺼운 옷을 입고, 보일러를 틀어서 덥게 만드는 것은 좋지 않아요. 억지로 낸 땀은 체내 수분을 부족하게 만들고, 에너지를 소모하게 만들어서 산모의 기력을 떨어지게 하거든요. 땀을 낼 때는 가벼운 운동으로 땀이 조금 날 정도로 하는 게 좋아요.

선배맘 꿀팁

출산 후 부기 때문에 호박즙을 먹어도 되냐고 물었더니 담당 선생님께서 이뇨작용 때문에 모유 양이 줄 수도 있다고 출산 한 달 이후에 먹으라고 하셨어요.

Doctor's Advice

산후조리를 위해 방 안을 뜨겁게 하는 경우가 많은데, 방 안 온도는 22~24℃로 따뜻할 정도가 좋고, 얇은 면으로 된 내복을 입어 땀 흡수가 잘 되게 하는 것이 좋습니다.

멘붕탈출법

❶ 호박즙은 출산 한 달 후에 먹기
❷ 가벼운 운동으로 땀 빼고 스트레칭하기

Q5 젖몸살 때문에 정말 울고 싶어요. 도와주세요!

선배맘 꿀팁

젖몸살이 심하거나 모유 양이 적다면 지역마다 지점이 있는 오케타니나 아이통곡마사지를 이용해보세요. 직접 마사지를 하고 싶다면 '123마사지'를 검색해보세요.

선배맘 꿀팁

제왕절개는 보통 분만 1주일 정도가 되어야 모유 양이 늘어난다고 하는데 저는 3~4일 만에 모유 양이 늘어서 엄청 고생했어요. 그래도 모유 수유 자세를 공부해둔 것이 도움이 되었어요.

Doctor's Advice

자연 분만의 경우 분만 후 1~2일경에 초유가 분비되기 시작합니다. 모유의 분비는 아기가 엄마의 젖꼭지를 빠는 자극에서 시작하므로 분만 즉시 바로, 될 수 있는 대로 자주 빨게 해서 유방 울혈이 없도록 합니다.

출산하면 끝인 줄 알았는데 산후 2~3일 후부터 산모를 괴롭히는 게 있어요. 바로 젖몸살이에요. 자연 분만의 경우 출산 후 처음에는 젖의 양이 적지만 산후 2~3일이 지나면 가슴에 모유가 돌기 시작하면서 모유의 양이 급격하게 늘어나게 돼요. 그런데 아기가 잘 빨지 못해 수유가 잘 이루어지지 않으면 혈액과 림프액이 유방으로 유입되고, 이로 인해 울혈이 생길 수 있어요. 그래서 유방에서 열이 나고, 단단해지며, 닿기만 해도 아플 정도로 통증이 오는 거예요. 심하면 온몸에 몸살처럼 열이 나기도 하는데 이것을 바로 '젖몸살'이라고 해요. 아기가 젖을 잘 빨아주면 좋겠는데 아기도 처음인지라 젖 빠는 게 쉽지 않아요. 그래서 많은 산모가 출산 초기에 젖몸살을 겪지요. 그럴 땐 마사지로 단단해진 가슴 울혈을 풀고, 최대한 젖을 빼는 방법이 최선이에요. 가슴마사지는 산모가 직접 하기 어려우므로 남편이나 전문 마사지사에게 받는 게 좋고, 수유를 열심히 하면서 손이나 유축기로 남은 젖을 짜내야 해요. 열이 나고 통증이 심할 땐 냉장고에 넣어둔 차가운 양배추 잎을 유방에 붙이거나 카보크림을 바르세요. 하지만 냉찜질은 모유 양을 줄일 수 있으니 모유 수유가 걱정된다면 젖 분비를 도울 수 있는 온찜질과 번갈아 하는 게 좋아요.

멘붕탈출법

❶ 무조건 수유 자주하기
❷ 손가락을 모아 아픈 부위에 원을 그리듯 가슴마사지하기
❸ 냉찜질 + 온찜질 번갈아하기
❹ 그래도 안 된다면 마사지 전문가의 도움 받기

Q6 온종일 아기를 안고, 업고 있으니 손목과 허리가 남아나질 않아요

온종일 아기를 안고 어르다 보면 손목부터 어깨, 허리, 무릎, 골반까지 안 아픈 데가 없어요. 어른들은 그렇게 안고 있으면 나중에 몸 상한다며 안고 있지 말고 내려 놓으라고 하지만, 그게 어디 마음대로 되나요?

출산 후에는 통증 부위도 다양하지만 통증의 원인도 다양해요. 출산 시 벌어진 관절이 제대로 돌아오지 않거나 피가 뭉치기 때문일 수도 있어요. 게다가 임신 중보다 근육량이 준 상태에서 수유 자세가 바르지 않으면 허리에 통증이 심해지는 게 당연해요. 젖을 먹이려다 보면 자연스럽게 몸이 아기 쪽으로 기울어지게 되는데 그 시간이 오래되면 통증이 심해지는 거죠. 그럴 때는 수유 쿠션의 도움을 받아 최대한 허리를 펴고 수유를 해야 해요.

손목, 손가락 관절은 출산 후 붓거나 통증이 오기 쉬운 곳이에요. 걸레나 행주를 짤 때 손목을 좌우로 힘주어 비틀면 평소보다 약해진 상태의 관절에 무리가 가게 돼요. 또, 설거지할 때는 장갑 끼는 것을 귀찮아해선 안 돼요. 찬물은 손가락 관절에 매우 안 좋거든요.

어떤 경우든 통증을 줄이는 가장 좋은 방법은 따뜻한 찜질과 적절한 운동, 그리고 휴식이랍니다.

따뜻한 물에 손목까지 담그고 온 찜질을 했지만 차도가 없어서 파라핀 치료기를 샀어요. 확실히 효과가 좋더라고요.

관절 통증이 너무 심해서 한동안 정형외과 진료를 받았어요. 주사를 맞고 약을 먹어서 심한 통증은 줄었지만 그래도 거의 1년간은 통증으로 고생했어요.

손목과 허리가 아플 때는 바운서나 아기 체육관, 모빌 등을 최대한 이용해서 아기를 안는 시간을 줄이는 게 좋아요. 일단 엄마 몸이 편해야 하니까요.

❶ 가벼운 전신 운동으로 근력 키우기
❷ 수유할 때는 수유 쿠션을 활용하여 허리를 곧게 펴기
❸ 자주 손목이나 어깨 돌리기

Q7 산후요통에 도수치료가 정말 효과가 좋나요?

선배맘 꿀팁

도수치료는 잘하는 분께 받는 게 좋으므로 될 수 있는 대로 주변에서 추천하는 곳을 찾아가세요.

Doctor's Advice

임신 동안에는 출산을 준비하기 위해 엉덩이 관절이 느슨해지고, 출산 시에 골반이 벌어지는데 이때 골반을 지지해주는 주요 인대 또한 함께 늘어납니다. 대부분은 별문제 없이 회복되므로 자연스럽게 움직이되 지속적인 통증이 있는 경우는 병원에서 진료를 받아야 합니다.

도수치료는 전문 물리치료사가 손이나 신체 일부를 이용해 척추, 관절, 근육, 인대 등을 이완하고 교정시켜 통증을 줄여주는 것으로 안전한 비수술 치료 중 하나예요.

출산 후 겪는 허리, 목, 무릎, 어깨 등 근골격계 통증의 경우 균형이 무너져서 아픈 경우가 많은데 이런 불균형을 해소해서 통증을 치료해주지요. 1대 1로 맞춤치료가 가능하고, 통증 부위에 대한 치료 효과가 바로 나타나는 편이라 치료받은 선배맘들의 평이 좋아요. 또, 실손 보험으로 치료를 받을 수 있어서 예전보다 한결 마음 편히 이용할 수 있게 되었어요.

도수치료를 이용해본 엄마들은 마사지보다 효과가 있지만 한 번 받아서는 효과를 잘 못 느낄 수 있으니 꾸준히 받는 게 좋다고 권하고 있어요.

산후요통에 도수치료보다 산후마사지를 권하는 엄마들도 있는데 산후마사지는 허리통증도 풀어주지만 모유 수유하면서 굳은 어깨 근육과 등 근육을 풀어주기 때문이에요. 산후마사지를 받으면 오로나 노폐물이 더 빨리 분비되므로, 산후조리원에서 나와서도 출장마사지를 받는 엄마들도 많아요.

멘붕탈출법

❶ 도수치료가 나에게 맞는 방법인지 알아보기
❷ 도수치료 잘하는 병원 혹은 잘하는 사람 찾기
❸ 꾸준히 치료받기

Q8 손목이 시리고 아파요, 벌써 산후풍이 온 걸까요?

출산 전 몸으로 완전히 돌아오기 전에는 몸이 시리거나 뼈에 한기가 드는 느낌이 들 수 있어요. 이를 '산후풍'이라고 하는데, 산후풍에는 무엇보다 따뜻하게 체온을 유지하는 것이 중요해요. 산후조리를 잘하면 서서히 그런 느낌이 사라지고 몸이 정상으로 회복될 수 있답니다.

산후조리의 기본은 '찬바람, 찬 음식'을 피하는 거예요. 그렇다고 땀을 뻘뻘 흘릴 정도가 아니라 방바닥에서 따뜻한 온기가 전해질 정도로만 유지하면 돼요. 방 온도는 24℃ 전후, 습도는 40~60%를 유지하는 것이 산모와 신생아에게 가장 좋은 환경이에요.

여름에 출산하면 너무 더워서 선풍기나 에어컨 바람을 직접 쐬는 경우가 있는데, 당장은 시원할 수 있지만 나중에 뼈가 시리면서 산후풍이 생길 수 있으니 최대한 조심하는 게 좋아요. 여름이라도 바람을 직접 쐬지 않도록 양말을 신고, 손목과 발목을 덮는 긴 내복을 입으세요. 특히 여름철에는 습기가 많고 덥기 때문에 수술 부위가 잘 아물지 않고 염증이 생기기 쉬워요. 따라서 너무 덥지 않게 주의하면서 환기를 잘 시키고, 땀이 나면 자주 닦아 항상 뽀송뽀송한 상태를 유지하는 것이 좋답니다.

선배맘 꿀팁
손목, 발목이 옷에 감싸지지 않아서 특히 시리기가 쉬운데 이럴 때는 워머를 해주는 것도 도움이 돼요.

선배맘 꿀팁
여름에는 에어서큘레이터로 공기를 시원하게 하면 직접 찬 바람을 쐬지 않으면서도 시원하게 지낼 수 있어요.

Doctor's Advice
산후풍은 일종의 관절염입니다. 산욕기에 손목이나 발목, 무릎, 손가락 등 관절을 무리하게 쓰면 산후풍에 시달릴 수 있으므로 산후조리 기간에는 아기를 돌봐주거나 집안일을 도와줄 사람이 필요합니다.

멘붕탈출법

❶ 방 온도는 24℃ 전후 유지, 습도는 40~60% 유지
❷ 손목, 발목 등 관절에 찬 기운을 직접 맞지 않기

Q9 제왕절개 산후조리, 무엇이 다른가요?

제왕절개로 아기를 낳았다고 해서 자연 분만과 산후조리 방법이 다른 것은 아니에요. 마찬가지로 찬 기운을 조심해야 하고, 힘을 쓰는 일을 하면 안 되는 등 기본적인 산후조리의 원칙은 같아요. 게다가 수술을 했기 때문에 자연 분만보다 먹는 것이나 통증 회복, 상처 관리 면에서 신경을 더 써야 하지요. 제왕절개를 하면 평균 일주일 정도 병원에 입원하는데 퇴원 전날이나 퇴원 날, 실을 뽑아요. 수술 당일은 금식인 경우가 대부분이고, 별다른 문제가 없다면 수술 8시간 이후에 미음부터 시작하여 죽, 밥 순으로 식사할 수 있어요. 요도관은 수술 12시간 후나 다음 날 아침에 제거하고, 산모 스스로 배뇨할 수 있는지, 가스가 나오는지 확인하지요.

모유가 나오는 시기는 산모에 따라서 다른데 2~3일 이후에 도는 경우도 있고 1주일 정도 지나 나오는 경우도 있어요.
아무래도 자연 분만보다는 제왕절개가 수술로 인한 통증으로 인해 몸을 움직이기가 힘들어요. 하지만 아프더라도 수술 다음 날 아침에 보호자의 도움을 받아 걷기 운동을 시작하는 것이 부기를 빼고 회복을 빨리 하는데 도움이 된답니다. 또 수술 후 후유증을 예방할 수도 있고요. 만약 너무 아프면 참지 말고 담당 선생님에게 진통제를 요청하고, 증세가 나아지면 운동을 계속하세요. 많이 움직일수록 회복 속도가 빨라지니까요.

제왕절개 후 출장마사지로 스톤테라피를 받았는데 효과가 좋았어요. 단 배 마사지를 강하게 받게 되면 아물지 않은 수술 부위가 터지거나 자궁 수축이 풀려 하혈이 일어날 수 있으므로 주의해야 한대요.

제왕절개를 해도 모유 수유를 하고 싶어 모자동실을 신청했었는데, 젖을 잘 못 빠는 아기도 불쌍하고, 제 몸도 너무 힘들어서 신생아실에 맡기고 젖을 먹이러 다녔어요. 처음엔 힘들었는데 왔다 갔다 하다보니 외려 회복속도가 빨라진 느낌이에요.

제왕절개를 하더라도 수유는 당일부터 시도할 수 있습니다. 그러나 일어나서 걷기까지 1~2일 정도 걸리므로 적극적인 모유 수유를 시도한다면 모자동실에서 아기를 옆에 두고 모유 수유를 하는 것이 좋습니다. 물론 산모의 휴식이 우선입니다.

❶ 수술 후 1일째 : 아프더라도 일어나서 움직이기, 심호흡 및 기침으로 폐의 마취가스 배출하기, 척추마취를 한 경우 머리를 낮게 둬서 두통 예방하기
❷ 수술 후 2일째 : 식사를 한 경우 식사 후 반드시 운동을 해서 가스 빼주기
❸ 수술 후 3일째 : 유방울혈 예방을 위해 적극적인 모유 수유, 가슴마사지하기

Q10 제왕절개 흉터 관리, 어떻게 해야 할까요?

제왕절개의 가장 큰 단점은 수술 흉터가 남는다는 거예요. 약 10~13cm 정도를 절개하는데 한참 동안은 감각이 둔해서 내 살 같지 않은 느낌이 들고, 피부가 저리고 아픈 이상 감각을 느끼게 돼요. 이런 느낌은 몇 개월 안에 사라지지만 흉터는 달라요. 어떻게 관리하느냐에 따라 흉이 오래 갈 수도 있고, 켈로이드성 피부일 경우엔 흉이 더 심하게 두드러지기도 해요. 절개로 생긴 흉은 상처가 생기고 첫 2주가 지나 3개월까진 더욱 심해져요. 붉은색으로 흉터 부위가 선명히 드러나지요. 그 이후 6~9개월 정도 되면 색이 점차 옅어지면서 많이 호전돼요. 그러나 흉터 관리의 핵심은 상처가 생기고 난 직후예요. 흉터에 대한 처방은 병원마다 달라요. 테이프를 붙여주고 가능한 한 오래 붙이라고 하는 곳도 있고, 씨카케어와 같은 젤 시트를 추천해주기도 해요. 연고는 켈로코트, 더마틱스 울트라나 콘트라투벡스 겔 등을 처방해주는데 산모들은 젤 시트나 테이프보다 움직임이 편하고 효과가 좋다고 해서 연고를 더 선호하는 편이에요.
실밥을 뽑은 후 상처가 잘 낫지 않는다거나 상처 주변에 물집이 생기는 등 이상 증상이 보이면 바로 병원을 찾아가세요.

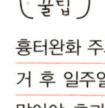

선배맘 꿀팁

흉터완화 주사가 있는데 실밥 제거 후 일주일 이내, 되도록 빨리 맞아야 효과가 있다고 하더라고요. 흉터가 고민된다면 담당 선생님과 미리 상의하세요.

Doctor's Advice

일반적으로는 수술 후 일정 기간 흉이 남아 있다가 차차 희미해집니다. 그러나 약 6개월이 지나도 흉터가 크게 남거나 심지어 원래의 수술 부위보다 더 크게 자라나는 경우, '켈로이드'일 가능성이 큽니다. 불편함이 지속하거나 상처 부위가 간지럽고 부풀어 오른다면 성형외과나 피부과 전문의와 상의해보는 것이 좋습니다.

Doctor's Advice

흉터연고로 완벽하게 상처를 제거하지는 못하지만 꾸준히 사용하면 상처가 튀어나오는 것이나 붉게 착색되는 것은 방지할 수 있습니다. 최근에 생긴 흉터에는 3~6개월간 연고를 꾸준히 발라주고, 오래된 상처라면 연고보다는 실리콘 겔 타입의 밴드가 도움이 됩니다.

멘붕탈출법

❶ 2주 정도 잘 관리해주는 것이 핵심 포인트!
❷ 상처가 아물면 하루 두 번 이상, 최소 6개월 동안 흉터연고 꾸준히 바르기
❸ 흉이 어느 정도 옅어지면 미백연고로 색소 관리하기

Q11 목욕탕, 찜질방엔 언제 갈 수 있나요?

선배맘 꿀팁

병원에서 오로만 안 나오면 목욕탕에 가도 된다고 하시더라고요. 그래도 탕 목욕은 출산 후 6주 이후면 더 좋다고 하셨어요.

선배맘 꿀팁

저는 제왕절개 부위 통증이 미세하게 남아있어서 통증이 없는 6개월 이후에 목욕탕에 갔어요.

Doctor's Advice

탕 목욕은 조심해야 하지만 회음부 절개 후의 좌욕은 바로 해도 괜찮습니다. 출산 후 치질, 회음부 통증, 오로 배출 등에 도움을 주므로 매일 2~3회 하는 것이 좋습니다.

산후조리할 때 몸이 쑤시고 힘들면 목욕탕의 탕 목욕이나 찜질방 생각이 간절해지지요. 그런데 뜨거운 곳에 오래 있어도 되는지, 탕에 들어가서 감염되는 건 아닌지 등 신경 쓰이는 게 많아요. 도대체 언제쯤 목욕탕이나 찜질방에 갈 수 있는 걸까요?

자연 분만은 출산 2~3일 후에, 제왕절개는 실을 빼고 퇴원할 무렵에는 상처가 아문 상태이기 때문에 샤워는 해도 괜찮아요. 실밥을 빼고 나서도 상처가 덜 아물어서 흉이 질까봐 걱정된다면 방수밴드를 붙이고 샤워를 하는 것이 좋아요.

그러나 탕 목욕이나 반신욕은 수술 부위나 회음부의 감염 위험이 있고, 찜질방은 수분을 부족하게 하고 기력을 떨어지게 하므로 적어도 6주 이후에 가야 해요. 출산 후 한 달 만에 찜질방에 가도 괜찮았다는 산모도 있지만, 간혹 몸이 다 회복되지 않았는데 찜질방이나 목욕탕에 가서 어지럼증을 느끼는 경우도 있어요. 산모의 몸 상태에 맞춰서 시기를 정하되 처음 할 때는 너무 뜨거운 곳에 있지 말고 짧게 있다가 서서히 시간을 늘려가는 게 좋아요.

목욕이나 샤워 시에 중요한 것은 한기가 들지 않도록 하는 거예요. 따뜻한 곳에서 나올 때는 한기가 들지 않도록 수건이나 샤워가운을 두르고 나오세요.

멘붕탈출법

❶ 자연 분만은 출산 2~3일 후, 제왕절개는 퇴원 무렵에 샤워 가능
❷ 목욕탕, 찜질방은 적어도 출산 6주 이후에 하기

Q12 산후우울증일까요? 이유 없이 우울하고 눈물이 나요

출산 후 여기저기 안 아픈 곳이 없고 힘도 제대로 쓸 수 없는데 시도 때도 없이 우는 아기에게 수유를 시도하며 수면 부족에 시달리다 보면 가끔 이유 없이 눈물이 뚝뚝 흐르고 슬픈 감정이 들기도 해요. 이런 감정은 나만 느끼는 게 아니에요. 출산 여성의 85%가 '산후우울감'을 경험한다고 하는데, 대개 분만 후 2~3일 내로 시작되어 3~5일째 가장 심하고, 2주 이내에 호전된다고 해요. 그런데 이 기간이 오래가고 더 심하게 우울감을 느끼게 되는 경우에는 '산후우울증'을 의심해봐야 해요. 산후우울증은 산모의 10~20%가 겪을 정도로 흔한데 우울, 짜증, 눈물, 불안 및 기분 변화 등이 주요 증상이에요. 계속 피곤하고 무기력하고 모든 일에 관심이 없고 매사에 쉽게 짜증이 나는 경우, 사소한 일에도 울적해하고 슬퍼하거나 눈물을 흘리는 경우, 이유 없이 불안하거나 초조한 경우라면 산후우울증을 의심해야 해요.

산후우울증이라면 자신의 감정을 가족이나 주변 사람들에게 충분히 표현하고, 수다를 떨거나 휴식을 통해 스트레스를 풀어야 해요. 배우자의 육아 동참은 필수이고, 아기를 맡기고 배우자와 시간을 보내는 것도 좋아요. 무엇보다 증세가 심해진다면 바로 병원을 찾으세요. 산후우울증을 그대로 두었다가는 산모는 물론, 아기의 건강도 위험해질 수 있으니까요.

'왜 이렇게 우울하지?', '아기는 예쁜데 왜 이렇게 힘들지?', '잠이 모자라서 짜증이 나나?' 하며 자신을 탓했는데 알고보니 그게 바로 산후우울증 증세였어요. 미리 알았더라면 좋았을 걸 그랬어요.

지역에 따라서는 보건소나 주민센터에 문의하면 심리상담소를 연계해주는 경우도 있어요. 전화상담도 가능하니 너무 힘들 때는 심리상담기관을 이용해보세요.

❶ 자신의 감정을 다른 사람들에게 말하고 표현하기
❷ 취미 활동 찾기, 좋아하는 일 하기
❸ 아기 맡기고 외출하거나 충분한 휴식 취하기

Q13 미역국, 도대체 언제까지 먹어야 해요?

선배맘 꿀팁

미역국이 먹고 싶지 않으면 꼭 먹지 않아도 괜찮아요. 미역국 조금 먹고도 모유 수유도 잘 했고, 몸도 잘 회복했거든요.

선배맘 꿀팁

미역국이 지겨운데도 어른들 때문에 먹어야 하는 경우라면 회음부 상처나 오로 배출이 다 끝나는 일주일 후에는 미역국보다는 다른 음식으로 산후조리를 하는 것이 더 낫다고 말씀드려보세요.

조리원에서나 어른들은 무조건 미역국을 먹으라고 하는데 왜 우리나라에서는 산후조리로 미역국을 강조할까요?

산후에 미역국이 좋다고 알려진 이유는 미역의 찬 성질 때문이에요. 미역국을 먹으면 미역의 찬 성질 덕분에 산욕열(회음부 상처의 염증에 생긴 열)을 예방할 수 있었거든요. 항생제가 없던 시절에는 감염에 대한 예방책으로 미역국을 끓여 산모에게 먹였던 것이지요. 또한 미역은 칼슘과 요오드 등 무기질이 풍부해 혈액순환과 오로 배출을 돕고 젖이 잘 돌게 하며 뼈를 튼튼하게 하므로 산모에게 아주 좋은 음식이거든요. 그래서 오래전부터 먹어오게 된 거예요.

하지만 기력이 떨어진 산모가 미역국만 먹으면 영양에 불균형이 오기 쉬워요. 또 미역에는 요오드 성분이 많은데 하루 요오드 섭취량은 미역국 한 그릇이 적당해요. 그러니 산후조리 중이라도 미역국은 하루에 한 그릇만 먹으면 충분하고 그것도 일주일이면 된답니다. 산후부기를 빼기 위해서라면 담백한 음식과 소화가 잘되는 음식을 골라 먹도록 하세요.

멘붕탈출법

❶ 미역국은 하루에 한 그릇씩 일주일 정도만 먹으면 충분
❷ 미역국을 먹어야 한다면 소고기미역국, 굴미역국 등 다양한 미역국 시도
❸ 미역국이 지겹다면 곰국, 맑은 생선탕, 소고기 뭇국 등으로 대체하기

Q14 모유 수유 중 매운 걸 먹으면 아기가 빨간 똥을 싸나요?

모유 수유 중 엄마는 특별히 많이 먹어야 할 필요도, 특별히 음식을 가려 먹어야 할 필요도 없어요. 맵거나 짠 음식도 괜찮고, 출산 2개월 이후에는 커피나 맥주도 가끔 하루 한 잔 정도는 상관없어요. 무엇을 먹든 원래 먹는 양에서 500kcal만 더 먹으면 돼요.

하지만 드물게 아기가 엄마가 먹는 음식에 반응하는 경우가 있어요. 커피를 마신 날 아기가 잠을 안 자고 보챈다거나 매운 음식을 먹은 날 아기가 설사하고, 똥구멍이 빨개진다거나 하는 경우지요. 이럴 때는 카페인 양을 줄이고, 매운 음식을 조심하는 것이 좋아요. 그리고 음주 후에는 적어도 3시간 이후, 과음한 경우에는 반나절 이상 지난 후 젖을 짜내고 먹여야 해요.

짜고 매운 음식은 몸을 붓게 해서 산후부기를 심하게 만들 수 있고, 모유 양이 줄고 아기에게 좋지 않기 때문에 되도록 천천히 먹는 게 좋아요. 차가운 음식은 여러 가지 부작용을 가져올 수 있기 때문에 몸이 어느 정도 회복되는 6개월 이후에 먹는 것이 안전하답니다. 이때는 치아가 약해져 있으니 질기고 딱딱한 음식도 천천히 먹도록 하세요. 아기를 위해서가 아니라 나를 위해서요.

선배맘 꿀팁

식단 짜기 앱을 이용하면 칼로리를 맞춰 적당히 먹을 수 있어요.

Doctor's Advice

수은함량이 높은 참치, 연어, 옥돔은 주 1회 이상 먹지 않는 것이 좋아요. 식혜나 꿀, 설탕 같은 단 음식이나 고열량, 고지방 음식은 유선을 막고 모유 양을 줄일 수 있으므로 주의합니다.

멘붕탈출법

❶ 하루 세 끼, 간식 두 번 먹기 – 임신 전보다 ⅓공기 정도 더 먹거나 저열량 간식 한두 번 먹기
❷ 담백한 국, 나물, 콩류와 생선 정도의 식단으로 구성
❸ 모유의 90% 이상이 수분이므로 하루 1.5ℓ 이상 물 마시기

Q15 산모 보약, 도움이 될까요?

선배맘 꿀팁

인삼을 먹으면 모유 양이 확 줄더라고요. 단유 할 때 인삼차 먹고 효과를 볼 정도였으니까요. 확인하고 먹는 게 좋을 것 같아요.

Doctor's Advice

양의학적으로 보약은 정확히 어떤 성분으로 이루어져 있는지 명확하지 않을 뿐더러 산후출혈, 자궁수축부전, 간기능장애 등의 원인이 될 수 있어 권장하지 않습니다.

조리원에서 보약을 지어주기도 하고, 아기 낳느라 수고했다고 어른들이 보약을 지어주기도 하는데, 아기 낳고 바로 한약을 먹어도 되는 건지, 모유 수유하는 데 지장은 없는 건지 걱정이 되지요.

예전에는 영양 상태가 좋지 않아서 아기를 낳고 보약을 먹는 것이 도움이 되었지만 요즘은 식사만으로도 충분한 영양을 공급할 수 있기 때문에 따로 보양식을 먹을 필요는 없어요. 외려 몸에 노폐물이 쌓여있는 산모가 보양식을 먹으면 체중이 증가하고 부종을 일으킬 수 있기 때문에 출산 직후의 보약은 산모의 상태에 따라 신중하게 결정해야 하지요.

만약 산후 보약을 먹고 싶다면 자연 분만을 한 산모는 3일 이후, 제왕절개를 한 산모는 7일 이후에 먹어야 해요. 출산 직후에는 노폐물과 오로 배출, 산후부종에 도움이 되는 한약을 먹고, 이후에는 산후풍 예방, 체력회복에 도움이 되는 한약을 먹는 게 좋아요.

홍삼은 모유 수유를 촉진하는 약이 아닌 데다가 아기가 태열기가 있거나 변비, 알레르기가 있는 경우에 먹으면 홍삼의 약기운이 모유로 전달되어 아기 증상을 더욱 심하게 할 수도 있어요. 그렇기 때문에 기력을 보충하고 싶다면 한의사와 상담 후에 적절한 약을 처방받는 것이 가장 안전한 방법이에요.

멘붕탈출법

❶ 홍삼은 모유 수유 시에는 되도록 피하기
❷ 보약은 산후 3일(제왕절개는 7일) 이후에 먹기
❸ 충분히 상담 후 복용하기
❹ 문제가 생기면 바로 중단하기

Q16 머리카락은 대체 언제까지 빠질까요?

출산 후 100일쯤 지나고 나면 오로나 여러 통증이 좀 나아져서 살만해지죠. 그런데 이때부터 머리카락이 정말 한 움큼씩 빠지기 시작해요. 이렇게 많이 빠지다가 대머리가 되는 게 아닐까 할 정도로 말이죠.

산후탈모는 산후 2~5개월 이내에 나타나는데 보통 2~6개월 정도 지속한 후 정상적인 상태로 회복돼요. 탈모의 원인은 호르몬이에요. 임신 시에 증가했던 에스트로젠 수치가 출산 시에 줄어들면서 생기는 거지요. 임신 때는 에스트로젠이 모낭의 성장을 촉진해서 머리카락이 잘 빠지지 않다가 출산 후에 에스트로젠의 감소로 모근이 약해져서 임신 중 빠져야 했던 머리카락이 한 번에 빠지는 것이랍니다. 그 외에도 스트레스나 출산 후 영양 불균형으로 머리카락이 빠질 수도 있으니 골고루 먹고 마음을 편히 가져요.

탈모 증상을 완화하는 방법은 매일 두피마사지를 하고, 균형 잡힌 식사에 곁들여 탈모에 좋은 검은콩, 검은깨, 해조류 등을 섭취하는 거예요. 아기 때문에 쉽지는 않지만 최대한 자주, 편하게 자는 것도 도움이 돼요. 또 천연 탈모방지용 샴푸도 효과가 있으니 사용해 보세요.

선배맘 꿀팁

다이소나 올리브 영에서 두피마사지 용품을 사서 이용했어요. 집에서 하루 2, 3회씩 끝이 뭉뚝한 빗으로 두드려주는 것도 좋고요.

Doctor's Advice

보통 출산 후 5~6개월까지는 탈모 현상이 계속되다가 이후 시간이 지날수록 좋아집니다. 두피 건강을 위해 될 수 있는 대로 자극이 적은 천연 샴푸를 사용하고 두피의 혈액순환을 위해 가볍게 마사지를 합니다. 파마나 염색은 피하는 게 좋습니다.

멘붕탈출법

❶ 두피마사지하고 균형 잡힌 식사하기
❷ 천연 탈모방지용 샴푸 사용하기

Q17 출산 후 휴대폰 많이 보면 안 되겠죠?

선배맘 꿀팁

산후조리원에서 심심할 때면 텔레비전을 보기보다는 휴대폰 라디오 앱으로 음악을 들었어요.

선배맘 꿀팁

산후조리원에서 이것저것 궁금한 것을 찾아보느라 휴대폰을 손에서 떼지 못했더니 손가락 관절에 무리가 와서 한동안 고생했어요. 그러니 가급적 출산 전에 최대한 공부를 해두고 산후조리 기간에는 내 몸을 쉬게 하는 데 최선을 다하세요.

Doctor's Advice

분만 시에 힘을 주면서 혈압이 상승하여 결막하출혈을 보일 때가 있습니다. 시간이 지나면 자연스럽게 회복되므로 걱정하지 말고 회복을 기다리세요.

출산 후에 눈을 무리하게 쓰면 시력이 나빠질 수 있으니 주의하라는 말, 들어보신 적 있으시죠? 출산 후에는 시력이 떨어지는 느낌이 들고 흐릿하게 보이거나 잘 안 보이는 경우도 있어요.

산후에는 몸이 붓고, 호르몬이 변화되기 때문에 각막이 붓고 눈의 조절력이 떨어져서 일시적인 시력저하가 와요. 보통 체력이 회복되고 부종이 사라지면 정상으로 회복되지만 출산 후 5~6개월이 지나도 회복되지 않으면 병원 진료를 받아볼 필요가 있어요.

시력을 보호하기 위해서는 출산 후에 책, 휴대폰, 텔레비전 등을 보는 것을 최소화하는 게 좋아요. 출산 후에 눈을 무리하게 사용하면 눈의 피로가 심해져서 눈이 약해질 수 있으니까요. 계속 이런 일상을 반복하게 되면 일시적인 시력저하뿐만 아니라 영구적인 시력저하도 올 수 있으니 적어도 산후조리 기간에는 책, 텔레비전, 휴대폰 등을 멀리하는 것이 좋아요. 또, 휴대폰을 쥐고 사용하다 보면 가뜩이나 약해진 손가락 관절, 손목 관절에 무리가 생기기 마련이에요. 평소에 잠깐 눈을 감고 쉬거나 손가락으로 양미간을 마사지하며 눈을 쉬게 해주는 게 좋아요. 오메가3나 등푸른생선을 먹는 것도 도움이 된답니다.

멘붕탈출법

❶ 되도록 책, 휴대폰, 텔레비전 등 작은 글씨나 영상 멀리하기
❷ 잠시 눈 감고 쉬어주기
❸ 오메가3나 등푸른생선 먹기

Q18 출산 후 생리는 언제부터 하나요?

출산 후 생리는 수유와 관련이 많아요. 수유를 안 하는 경우는 출산 후 바로 다음 달에 하는 경우도 있고, 몇 달 후에 하는 경우도 있어요. 수유하는 경우에는 10개월~18개월까지도 생리를 안 하는 경우가 있답니다. 단유 후에는 2~3개월 안에 생리가 다시 시작되는 것이 보통인데 혹시 너무 오랫동안 생리를 하지 않으면 병원에 가서 진료를 받아보는 게 좋아요. 출산 후 첫 생리 양이 너무 많아서 놀라는 경우가 많은데, 보통 첫 생리는 양이 많고 그 후에도 생리가 정상주기와 정상 양이 되려면 시간이 걸릴 수 있어요. 너무 펑펑 쏟아지는 듯이 나오거나 몇 달간 한 달에 두 번 이상 생리를 하면 진료를 받아보도록 하세요.

출산 후 남편과 잠자리는 두 달 이후에 하는 게 좋아요. 오로가 다 나오고 통증이 없고 산모가 편안해졌을 때 하는 게 가장 좋지요. 산후 3개월이 지나도 20%의 여성이 성욕을 별로 느끼지 않는다고 하는데 부부간의 정서적 교감을 위해서 서로 잘 소통해야 해요. 출산 후 통증이 아직 남아있거나 몸이 너무 힘들다면 남편이 이해할 수 있게 설명할 필요가 있어요. 만약 잠자리를 가진다면 꼭 피임하세요. 출산 후라 임신이 되지 않는 줄 알고 안심했다가 임신이 되는 경우도 많거든요. 이때는 생리 주기가 일정치 않아 주기법을 알기 어려우므로 기초체온법이나 배란테스트기로 가임기를 점검해야 한답니다.

선배맘 꿀팁

기초체온법은 기초체온을 기록해서 확인하는 방법이에요. 생리 주기와 배란일까지 저온이 유지되다 배란일에 가장 저온이 되고, 그 후 체온이 오르거든요. 체온기록은 핑크다이어리 앱을 이용했어요.

Doctor's Advice

경구용 피임약은 모유의 양을 감소시키므로 모유 수유 중에는 피해야 합니다. 출산 후 수유를 하지 않는 경우에는 출산 후 6주 이전에 미리 피임을 시작해야 합니다.

Q19 운동이나 다이어트는 언제부터 할 수 있나요?

선배맘 꿀팁
그날 먹을 음식과 간식을 적당량 담아 밀폐 용기에 담아두었어요. 사과나 당근, 오이 등을 먹기 좋게 잘라 용기에 담아두고 수시로 먹었더니 먹기도 편하고 다이어트에도 도움이 되더라고요.

선배맘 꿀팁
아기 때문에 외출이 어려울 땐 홈트(홈 트레이닝) 영상을 보면서 운동했어요.

출산 후 몸은 붓고, 살은 안 빠지고, 모유 수유하느라 영양가 있는 음식을 많이 먹었더니 되려 살이 더 찌는 것 같지요? 몸이 완전히 회복되지 않았더라도 간단한 스트레칭이나 체조는 출산 후 1~2일부터 조금씩 시작해도 괜찮아요. 단, 수영이나 요가 등의 유산소 운동은 3개월 이후, 근력을 써야 하는 운동은 6개월 이후에 해야 안전해요. 적당한 운동은 체중을 임신 전 단계로 회복시켜주고, 분만 시 늘어난 복벽과 골반 및 근육의 수축회복을 촉진해주어요. 또 피로 해소와 모유 분비에도 도움이 되지요.

참고로 출산 6개월 이내에 임신 중 증가한 체중이 모두 빠진 산모는 8.5년 후 체중 증가가 평균 2.4kg밖에 되지 않았지만, 6개월 이내에 체중이 빠지지 않은 산모는 8.3kg였다고 해요. 즉 산후 6개월 이내에 임신 전 체중으로 복귀하는 것이 장기적인 체중 감량과 관련이 있으므로 산후 3개월이 지나면 체중 관리에 신경을 쓰는 게 좋아요.

♥ 산후 다이어트 방법

식습관과 간단한 체조, 생활습관 교정 등을 통해서 체중을 조절해요.

균형 잡힌 식사 영양을 고루 갖춘 식사를 제때 하는 것이 중요해요. 고기보다는 해산물을 먹고, 간식은 오이, 당근 등을 짬짬이 먹어요.

바른 자세 아기 보느라 힘들더라도 트레이닝복보다는 일상복을 입고 바르게 앉는 습관을 들이면 다이어트에 큰 도움이 돼요.

운동 및 체조 산욕기 체조는 산후 체형회복과 체중 관리에 효과적이고, 커진 배와 질, 골반 근육 등을 원상태로 회복하는 데 도움이 돼요.

♥ 산후 체중 관리에 도움이 되는 산욕기 체조법

산후 1개월부터 할 수 있는 산욕기 체조법이에요. 무리하지 말고 조금씩 꾸준히 하도록 해요. 단, 몸이 아프거나 피곤할 때는 하지 않아요.

자세를 바르게 하는 체조 1
다리를 어깨너비로 벌리고 서서 손을 허리에 댄 후, 허리를 뒤로 비틀었다가 앞으로 돌아와요. 반대쪽도 마찬가지로 해요.

자세를 바르게 하는 체조 2
❶ 손을 허리에 대고 몸을 위로 쭉 늘리며 발끝으로 서요.
❷ 발꿈치를 바닥에 대고 상반신을 앞으로 굽혔다 펴요.

Doctor's Advice

산욕기 체조는 합병증 없이 정상 분만을 한 경우라면 분만 후 24~48시간부터 시작해도 괜찮습니다. 단 제왕절개를 한 산모라면 한 달 후에 시작하는 것이 좋습니다. 회음절개 부위의 열창이 있다든가 출혈이 많은 경우 등 어떠한 문제가 있었다면 체조는 보류하는 것이 좋습니다.

허벅지 근력 강화 체조 3분
천장을 보고 누운 자세에서 손을 허리에 대고 양다리를 끌어 올린 후, 자전거 페달을 밟는 것처럼 두 다리로 원을 그려요.

힙업 체조 10회
엎드린 자세에서 양팔과 양다리를 들어올리고, 물장구치듯 두 다리를 교대로 10회 차올려요.

Doctor's Advice

편안하고 느슨한 옷을 입고, 침대나 요 등 조금 푹신한 곳에서 시작하고 6주가 지나면 딱딱한 바닥에서 해도 괜찮습니다. 처음에는 각각의 운동을 하루에 2회 정도 하고 점차 늘려갑니다.

골반 근육을 강화하고 요통을 예방하는 골반 비틀기 – 좌우 5회
❶ 천장을 보고 누운 상태에서 다리를 반듯하게 펴고 팔을 옆으로 벌려요.
❷ 한쪽 다리를 편 채로 올린 다음, 하체를 비틀면서 그대로 옆으로 눕혀요. 그 자세에서 잠깐 정지했다가 원래대로 돌아와요.

엄마도 처음, 아기도 처음!
신생아케어 멘붕 탈출법

'잘 때만 천사 같다!'라는 말이 실감 나는 신생아 시기. 아기는 온종일 자는 것 같은데 이상하게 엄마는 한순간도 쉴 수 없는 시기이기도 하죠. 하나부터 열까지 모르는 것 투성에, 혹여 실수라도 할까 걱정이 앞서요. 모르면 어렵지만 알면 쉬운, 신생아시기에 알아야 할 사소한 것까지 친절하게 소개해드립니다.

선배맘 메시지

만약 내가 다시 신생아를 돌본다면?

엄마가 행복해야 아기도 행복해요

출산 후 바로 육아에 시달리다보면 내가 사라진 것 같아 우울해지기 쉬워요. 내가 좋아하는 것, 내가 하고 싶은 것을 포기한 채 아기 위주로 생활하게 되니까요. 출산 후 달라진 내 모습에도 적응하기 어렵지요. 그럴수록 변화를 자연스럽게 받아들여야 해요. 무엇보다 아기에게 너무 완벽한 엄마가 되려고 노력하지 않아도 돼요. 처음 엄마가 된 거잖아요. 엄마 노릇을 잘 못하는 것 같아 조바심내고 불안해하기보다는 마음의 여유를 찾으세요. 몸과 마음이 힘들 땐 주변의 도움을 받기를 주저하지 마시고요. 엄마의 마음이 편해야 아기도 안정감을 느껴요.

집 정리를 확실하게 해두세요

아기가 태어나면 집이 아기 물건들로 넘쳐나게 돼요. 기존의 집안 살림살이에 첫째가 있으면 첫째 장난감들까지 더해져 발 디딜 틈이 없지요. 살림이 많아 치우고 정리하기가 힘들면 스트레스가 늘어나기 마련이에요. 그러니 출산 전에 최대한 집안 살림들을 정리해두고, 육아용품을 구매할 땐 신중하세요. 남들이 사는 것을 모두 따라 사다보면 아무리 버리고 정리한다고 해도 금세 집이 가득 차게 돼요. 정리의 기본 원칙은 수납이에요. 물건들의 자기 자리를 정해두고 자주 쓰지 않는 물건을 버리거나 정리하여 넣어두면 집안일이 그만큼 줄어들어요. 그러면 청소하는 데 쓸 에너지를 아기에게 쏟을 수 있고, 조금이나마 편히 쉴 수 있어요.

기계의 도움을 받아요

출산용품 리스트 중에는 가전제품이 꽤 많아요. 사용 기간이 짧지만 가격이 상당하기 때문에 아무래도 구매를 망설이게 되지요. 하지만 잘 들인 가전제품 하나가 열 도우미 안 부럽답니다. 가격이 부담스럽다면 중고로 사고, 부피가 부담스럽다면 꼭 필요한 시기에만 쓰고 팔거나 물려준다고 생각하고 장만해보세요. 젖병 소독기, 분유 포트, 아기 세탁기는 육아를 편하게 해주는 일등공신이고, 살림할 시간이 부족하다면 식기세척기와 건조기 등도 도움이 돼요. 집안일에 쓰는 시간이나 쌓이는 스트레스를 줄이고 육아에 더 전념할 수 있다면 돈이 아깝지 않은 것 같아요.

지원군과 사이좋게 지내요

출산 후 산후조리 기간에는 어쩔 수 없이 누군가의 도움을 받아야 해요. 그런데 이 중에서 내 맘에 들게 도와주는 사람이 몇이나 될까요? 삶지 말라는 밤부제품을 삶아서 흐물흐물하게 만드는 산후도우미, 아기 옷과 어른 옷을 같이 세탁기에 넣고 돌리는 남편, 열소독 하지 말라는 아기용품을 꼭 끓는 물에 넣었다 빼는 친정엄마까지. 또 입히는 것, 재우는 것, 먹이는 것 하나하나 잔소리하시는 시어머니도 계시죠. 하지만 누구든 내 맘에 쏙 들 수는 없어요. 사소한 일에 스트레스받고 기분 나쁘게 지내는 것보다는 모두 아기를 잘 보기 위해 함께한다는 사실을 잊지 말고 마음을 편하게 가지세요. 지원군과 싸워서 손해 보는 것은 일차적으로 산모와 아기니까요.

신생아케어 100일 체크포인트

생후 1개월 check point
- ☐ 원시 반사 확인하기
- ☐ 예방접종하기
- ☐ 자주 수유하기
- ☐ 출생신고하기
- ☐ 건강검진 받기

아기가 태어나면 신경 써야 할 일들이 정말 많아요. 아기 울음을 달래고, 기저귀를 갈아주는 것 외에도 예방접종 스케줄도 챙겨야 하고 출생신고도 해야 하지요. 또 하루가 다르게 발달하기 때문에 발달 사항을 체크하는 일도 놓치면 안 되고요. 생후 100일, 아기를 위해 해야 할 일들을 빠짐없이 챙겨보세요.

[생후 1개월 체크포인트]
☐ 원시 반사 확인하기 : 원시 반사가 전혀 나타나지 않거나 생후 2~3개월이 지나도 나타나면 뇌 발달의 문제이므로 검사하기
☐ 예방접종하기 : 생후 한 달 후 BCG와 B형 간염 추가 접종하기
☐ 자주 수유하기 : 젖 양이 느는 시기이므로 배고플 때마다 젖 물리기
☐ 출생신고하기 : 태어난 날부터 한 달 이내에 해야 하므로 그 전에 이름을 짓고, 병원에서 주는 출생증명서 잘 챙겨 놓기
☐ 건강검진 받기 : 궁금한 점 써두었다가 물어보기

생후 2개월 check point
- ☐ 피부 잘 살펴보기
- ☐ 수유 간격 조절하기
- ☐ 함께 산책하기
- ☐ 손 청결히 해주기
- ☐ 예방접종하기

♥ 신생아 원시 반사

생후 3개월 check point
- ☐ 생활리듬 만들기
- ☐ 수유 간격 늘이기
- ☐ 눈맞춤하기
- ☐ 옹알이에 대답해주기

펜싱반사
아기의 얼굴을 한쪽으로 향하게 하면, 돌린 쪽의 팔다리가 펴지고 반대쪽 팔다리가 굽어요.

젖 찾기반사
입가를 만지면 만진 입술이 아래로 처지고, 머리도 기울어요. 유두를 찾는 데 도움이 돼요.

빨기반사
입술을 건드리면 무조건 빨려고 하는 반사로 수유할 때 필요해요.

생후 4개월 check point
- ☐ 건강검진 받기
- ☐ 목 가누기 확인하기
- ☐ 장난감 잡게 하기
- ☐ 과즙 먹여보기
- ☐ 예방접종하기

파악반사
아기 손에 손가락을 넣으면 힘주어 쥐어요. 발에서도 같은 반사가 일어나요.

모로반사(놀람반사)
아기를 안고서 갑자기 몸을 숙이면 두 팔과 다리를 벌렸다가 다시 움츠려요.

걷기반사
겨드랑이 밑을 받치고 천천히 앞으로 이동시키면 걷는 것처럼 움직여요.

[생후 2개월 체크포인트]
- 피부 잘 살펴보기 : 땀띠, 신생아 여드름 등 피부트러블이 많이 생기는 시기이므로 온도, 습도 잘 맞춰주기
- 수유 간격 조절하기 : 젖의 양도 많아지고, 아기도 젖을 잘 빠는 시기이므로 먹는 양과 수유 간격 조절하기
- 함께 산책하기 : 건강검진 결과가 문제없으면 함께 외출하기
- 손 청결히 해주기 : 손과 발을 활발하게 움직이고 자기 손을 입에 넣기도 하므로 손을 깨끗하게 해주기
- 예방접종하기 : DTaP와 폴리오 1차 등 접종하기

[생후 3개월 체크포인트]
- 생활리듬 만들기 : 깨어있는 시간이 길어지므로 낮밤 알려주기
- 수유 간격 늘이기 : 수유 간격을 2~3시간으로 늘이고 밤중 수유 줄이기
- 눈맞춤하기 : 눈 맞추기가 가능하므로 눈 자주 마주치기
- 옹알이에 대답해주기 : 옹알이를 시작하므로 적극적으로 대답해주기

> **알아두어야할 아기 증상**
>
> **입 안 하얀 찌꺼기** 모유나 분유의 찌꺼기로 가제 수건 같은 부드러운 천으로 닦아내면 돼요. 만약 혀에 붙어 닦이지 않는다면 아구창일 수 있으므로 병원에 가야 해요.
>
> **사시** 검은자위는 대개 생후 3~6개월에 고정되는데 그때까지는 '가성사시'라고 해서 모인 것처럼 보여요. 그래도 이상해보이면 병원 진료를 받아보세요.

[생후 4개월 체크포인트]
- 건강검진 받기 : 신장, 체중 및 발달 체크하기
- 목 가누기 확인하기 : 아기 손을 잡고 끌어올릴 때나 앉혔을 때 목이 뒤로 처지지 않는지, 엎었을 때 고개를 드는지 확인하기
- 장난감 잡게 하기 : 손에 잡히는 곳에 장난감 두고 잡게 하기
- 과즙 먹여보기 : 이유식 준비단계로 숟가락으로 과즙 맛보여주기
- 예방접종하기 : DTaP와 폴리오 2차 등 추가 접종하기

선배맘 꿀팁

출생신고를 하고 주민등록등본을 발급받은 후 신생아건강보험지원서를 신청하세요. 지역마다 주는 출산축하금, 보육비용 등도 미리 확인하여 함께 신청하세요.

Doctor's Advice

생후 한 달이 되면 선천성대사이상검사 결과지를 받게 됩니다. 출생 후 6종류에 대해서 하는 검사로, 아기에게 이상이 있으면 병원에서 재검사 통지가 옵니다.

Doctor's Advice

사경은 아기 목 근육이 비정상적으로 짧아 고개가 기울게 되는 것으로, 아기 머리가 항상 한쪽으로 기울어져 있거나 한쪽으로만 수유하려고 할 경우, 생후 2~4주 경에 목에서 몽우리가 만져진다면 병원에 가야 합니다.

신생아는 어떻게 생겼을까요?

Doctor's Advice
신생아는 생후 28일 동안의 아기를 말합니다. 이 시기는 젖을 빠는 방법을 익히고, 체온을 조절하는 능력을 키우며 세상에 적응하는 매우 중요한 시기입니다.

아기가 태어나면 아기가 너무 예뻐서 감격의 눈물을 흘릴 거라고 예상하지 않나요? 그런데 많은 엄마가 갓 태어난 아기의 모습을 보고 내심 놀라거나 실망하는 경우가 많아요. 왜냐하면 갓 태어난 아기들은 쭈글쭈글해서 못생겨 보이거든요. 갓난아기는 양수 속에 오래 있어서 피부가 불어있고 주름도 많아요. 또 좁은 산도를 통과하느라 머리가 길게 찌그러져 있고 연한 핏줄이 보이는 경우도 있고요. 하지만 서서히 주름도 없어지고 얼굴색도 돌아오면서 우리가 생각하는 귀여운 아기의 모습을 갖추게 되니까 너무 실망하지는 마세요.

{ 갓 태어난 신생아의 모습 }

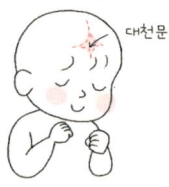
대천문

소천문

크기 갓난아기의 몸무게는 2.5~4kg 정도, 키는 45~57cm 정도예요.

대천문과 소천문 머리에 뼈가 없고 말랑말랑한 부분으로 '숨구멍'이라고 불러요. 머리 위쪽은 대천문, 뒤쪽은 소천문이에요. 대천문은 보통 만 2세, 소천문은 생후 3개월에 닫혀요. 얇은 피부로 덮여있을 뿐이므로 아기의 머리를 만질 때는 조심해야 해요.

귀 처음에는 작은 소리는 듣지 못하지만 생후 1주일이 지나면 작은 소리에도 반응하고 깜짝깜짝 놀라기도 해요. 낮고 굵은 소리보다 가늘고 높은 음을 좋아해서 남자 목소리보다 여자 목소리에 더 반응을 보여요.

눈 갓 태어난 아기는 빛에 대해 반사를 보이는 수준이에요. 1개월이 되면 빛에 민감해지고, 생후 6주가 되면 20~30cm 내의 물체를 볼 수 있게 돼요.

성기 많은 부모들이 성기를 처음 보고 깜짝 놀라요. 여자 아기의 외음부나 남자아기의 음낭과 고환이 부어 보이기 때문이에요. 태어나기 직전 호르몬이 많아지고 태어나면서 액체가 많이 쌓인 탓이니 너무 놀라지 마세요.

Doctor's Advice
간혹 여자아기의 경우 첫 주에 성기에서 피가 나오는 경우가 있는데 이는 태어나면서 엄마의 호르몬이 전해져서 생기는 현상으로 걱정할 필요 없습니다. 남자아기의 경우 고환이 다 내려오지 않는 경우도 있는데 자연스럽게 내려오는 경우도 있고 치료나 수술이 필요한 경우도 있습니다.

신생아는 어떻게 발달할까요?

아기는 언제부터 부모를 알아보고, 부모의 목소리를 알아들을 수 있을까요?

가장 먼저 발달하는 것은 미각이에요. 아기의 미각세포는 임신 7~8주에 생기기 시작해서 14주면 거의 다 발달하므로 태어나기 전부터 양수에서 음식의 맛과 향기에 익숙해져요.

그다음에 발달하는 것은 청각으로 임신 7개월 이후부터 들을 수 있고, 생후 1주일이 지나면 작은 소리까지 들을 수 있어요. 후각도 태어날 때부터 발달해 있어 엄마의 냄새와 다른 사람의 냄새를 구분할 수 있지요. 촉각도 매우 중요한 감각이에요. 아기를 하루 세 번 15분 동안 부드럽고 강하게 마사지해주면 움직임 조절능력과 사회성이 좋아진다고 해요.

시각은 가장 늦게 발달하는 감각으로 생후 2개월이 되어야 엄마, 아빠를 알아볼 수 있게 된답니다.

{생후 3개월까지의 아기 발달}

생후 1개월 평평한 바닥에 엎드려 있을 때 고개를 살짝 들 수 있으며 가까이에 있는 사람의 얼굴을 주시해요. 윤곽선이나 명암이 뚜렷하고 확실한 물건을 쳐다보고 작은 소리에도 반응해요.

생후 2개월 평평한 바닥에 엎드려 있을 때 고개를 조금 들 수 있으며, 부모의 미소에 미소로 반응해요. 소리에 울거나 깜짝 놀라는 등 여러 가지 방식으로 반응을 나타내며 20~30cm 내의 사물을 볼 수 있어요.

생후 3개월 엎드려서 45도 각도로 고개를 들 수 있어요. 낮에 오랜 시간 깨어 놓고 밤에 오랜 시간 잠을 자면서 생활방식이 잡혀 나가요. 미소를 짓거나 '까르륵', '꺅' 소리를 내요.

Doctor's Advice
생후 며칠 내에 아기를 엎어 놓으면 고개를 살짝 들어올릴 수 있습니다. 이때는 목을 잘 가누지 못하므로 옆에서 잘 지켜보아야 합니다. 그리고 팔다리를 몸통의 양쪽으로 똑같이 잘 움직입니다.

Doctor's Advice
생후 4개월이 되면 엎드려서 45~90도까지 고개를 들 수 있게 되고, 큰 소리로 웃을 수도 있게 됩니다. 얼굴에서 15cm 정도 위에 달린 물체를 계속해서 바라보고 그 물체가 움직이면 시선이 같이 따라갑니다. 엎드려서 팔로 지탱해 가슴을 들 수도 있고, 물체를 향해 손을 뻗을 수도 있게 됩니다.

선배맘이 알려주는 신생아 목욕법

갓 태어난 아기 목욕시키기는 처음엄마에겐 최대 난관 중의 하나예요. 탯줄이 말라 떨어지는 생후 1~2주까지 산후도우미의 도움을 받으면 다행이지만 만약 병원에서 바로 퇴원하여 엄마가 직접 목욕을 시켜야 한다면 무서울 수밖에 없죠. 아기는 땀을 많이 흘리고 분비물도 많아서 일주일에 최소 2~3회는 목욕을 시켜주어야 해요. 이때 생후 한 달까지는 머리 감길 때를 제외하고는 보디워시를 쓰지 않고, 로션도 몸에만 바르는 게 좋아요.

목욕은 낮에 시키는 게 좋지만, 만약 아기가 밤잠을 잘 못 잔다면 저녁에 목욕을 시키는 게 수면에 도움이 돼요. 다만 수유 직전과 직후는 피하세요. 목욕 전에 미리 체온계로 열이 있는지, 기침이나 콧물 증상이 있는지 확인하고, 실내온도는 따뜻하게 올린 상태에서 물 온도를 38도~40도에 맞춰요. 38도는 팔꿈치를 담갔을 때 약간 뜨겁다고 느끼는 정도인데 사람마다 느낌이 다르므로 탕온계를 사용하시길 권해요.

{ 신생아 목욕시킬 때 주의할 사항 }

준비하기 10분 내에 목욕을 마칠 수 있도록 미리 욕조의 물 온도를 정확하게 맞추고 목욕 수건과 가제 수건, 로션, 배냇저고리, 기저귀, 속싸개 등 준비물을 잘 챙겨 놓기

목욕 장소 거실이나 안방 등 집 안에서 가장 따뜻하고 목욕용품을 펼쳐 놓기 좋은 곳에서 목욕시키기

목욕 순서 얼굴 ➡ 머리 감기기 ➡ 몸 씻기기 ➡ 물기 닦기 ➡ 보습 후 옷 입히고 기저귀 채우기

배꼽 소독 탯줄이 떨어지기 전에는 물에 닿지 않도록 부분 목욕을 시키고, 물이 묻었다면 면봉이나 가제 수건으로 톡톡 닦아 물기 말리기. 배꼽이 완전히 아물 때까지는 건조하게 유지하기

생후 한 달까지는 물로만 목욕시켰어요. 온도 차이가 큰 욕실보다는 안방에 물을 담은 대야를 준비해두고 씻기니 바로 옷을 입힐 수 있어서 좋았어요.

아기 입 안은 손가락에 깨끗한 가제 수건을 감싸 끓였다 식힌 물을 묻혀 고루 닦아요.

탯줄이 떨어지기 전에는 배꼽 부분을 큰 수건으로 감싸고 수건 목욕을 시키는 게 좋아요. 얼굴, 머리, 상체를 물 묻힌 가제 수건으로 닦아준 후 큰 수건을 벗기고 하체를 닦아요.

간혹 어른들이 젖꼭지를 짜주는 게 좋다고 하는 경우도 있는데, 젖꼭지를 짜면 염증이 생길 수 있으니 그냥 두어야 해요.

{신생아 목욕시키는 법}

준비물 : 욕조 2개, 목욕 수건 2장, 가제 수건 3장, 아기용 보디워시(샴푸 겸용), 로션, 기저귀, 갈아입힐 옷

❶ 얼굴을 닦고 머리를 감긴 후에 욕조 목욕을 시작하므로 물 온도를 40도에 맞춰요. 헹굼물 온도는 2도 더 뜨겁게 준비해요.

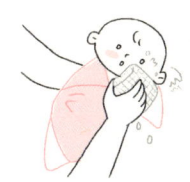

❷ 한쪽 팔에 아기를 안고 깨끗한 가제 수건으로 눈을 앞에서 뒤로 닦은 후 코, 이마, 볼, 턱 순서로 닦아요. 그런 다음 마른 가제 수건으로 톡톡 닦아 물기를 없애요.

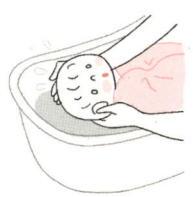

❸ 한쪽 팔에 아기를 안고 다른 손으로 머리에 물을 묻혀요. 보디워시를 조금 묻혀 거품을 낸 후 마사지하듯 머리를 감기고 헹군 후 가제 수건으로 물기를 닦아요.

❹ 기저귀를 벗긴 후 한쪽 팔을 아기 겨드랑이에 끼고 다른 손으로 엉덩이를 받친 다음 다리와 엉덩이부터 천천히 물에 담가요. 이때 수건이나 옷을 몸에 걸쳐주면 놀라지 않아요.

❺ 수건이나 옷을 천천히 벗기고 목 사이와 가슴, 배, 겨드랑이, 팔, 손가락, 다리, 발 순서로 닦아요.

❻ 다른 쪽 팔로 아기 상체를 지탱하고 아기 몸을 돌린 후 등과 엉덩이, 항문, 성기를 닦아요.

❼ 헹굼 물에 아기를 담그고 목욕 순서대로 헹군 후 엉덩이를 받치고 살살 꺼내요.

❽ 바로 부드러운 수건으로 감싸서 물기를 흡수하며 닦아요. 로션을 바른 후 옷을 입히고 기저귀를 채워요.

❶ 욕조 목욕을 시키기 힘들다면 깨끗한 수건에 물을 묻혀 간단하게 씻기기
❷ 욕조 물 온도를 정확하게 맞추고 준비물을 미리 잘 챙겨놓기
❸ 순서대로 천천히 목욕시키되 전체 시간은 10분을 넘기지 않기

선배맘이 알려주는 속싸개 싸는 법

속싸개 대신에 두 팔을 내복 바지 속으로 넣어주었어요. 이렇게만 해도 한결 안정감을 느끼더라고요.

아기의 성향에 따라 속싸개 싸주는 시기가 달라지는 것 같아요. 첫째는 3개월까지 속싸개를 해주었는데 둘째는 답답해서 한 달만 속싸개로 싸고 그 이후엔 얼굴을 할퀴지 않도록 손싸개만 해주었어요.

신생아는 엄마 자궁에 있을 때 따뜻한 양수에 둘러싸여 포근하게 안정감을 느껴요. 그러다가 세상에 나오면 감싸주는 것이 없기 때문에 불안을 느끼게 되지요. 그래서 엄마 배 속에서처럼 안정감을 주기 위해 속싸개로 단단하게 감싸주는 거예요. 또 아직 신경이 미숙한 아기들은 잠을 잘 때도 자꾸 깜짝깜짝 놀라는 모로반사 행동을 보이는데 속싸개로 감싸주면 놀라는 행동을 줄일 수 있고, 체온조절이 미숙한 신생아의 체온도 지켜줄 수 있어서 좋아요.

아기가 답답해하고 자꾸 풀리는 게 귀찮더라도 최대한 안정감을 느끼고 지낼 수 있도록 100일까지는 속싸개로 감싸주세요. 속싸개는 신축성 있는 네모난 천으로 만드는데 계절에 따라 여름에는 천 기저귀를 대신 쓰기도 해요.

{ 속싸개 싸는 법 1 }

❶ 한쪽 모서리를 접은 뒤 그 위에 아기를 눕혀요.

❷ 왼쪽 모서리를 접고 아기의 한쪽 팔을 그 위로 빼요.

❸ 속싸개 아랫부분을 접어 올려요.

❹ 오른쪽 모서리를 반대쪽으로 접어요.

❺ 단단하게 감싸면서 돌려요.

❻ 속싸개 끝을 아래 접힌 곳으로 밀어 넣어요.

{ 속싸개 싸는 법 2 }

❶ 네모로 펼친 속싸개 위에 아기를 눕힌 후, 아기 배 위로 속싸개를 감싸서 뒤로 넣어요.

❷ 다른 쪽 역시 단단히 감싼 후에 아래쪽을 엇갈리게 둬요.

❸ 속싸개 아래쪽을 위로 접어 올려요.

선배맘 꿀팁

자꾸 풀리는 게 귀찮아서 속싸개 끝을 집게로 살짝 집어주었어요. 끝과 끝을 묶어도 돼요.

❹ 한쪽을 뒤로 넣어요.

❺ 다른 쪽으로 단단하게 감싸요.

❻ 접힌 부위에 속싸개 끝을 단단하게 꽂아요.

Doctor's Advice

깜짝깜짝 놀라는 모로반사 행동은 생후 1~2개월 아기들에게는 모두 나타나는 행동입니다. 3개월이 되면서 서서히 사라집니다. 만약 모로반사가 나타나지 않는다면 이상 반응일 수 있으므로, 잘 관찰하세요.

아무리 단단히 싸준다고 해도 아기가 몸을 움직이면 속싸개는 금세 풀어지기 마련이에요. 또 수시로 기저귀를 점검해야 하므로 풀었다 쌌다 귀찮기도 하고요. 그래서 벨크로나 지퍼가 달린 기능성 속싸개를 많이 사용해요. 기능성 속싸개는 사용 기간이 짧으므로 몇 가지 장단점을 고려하여 구매하세요.(73쪽 참고)

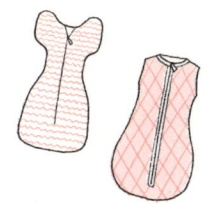

멘붕탈출법

❶ 신축성 있는 속싸개로 단단하게 싸기
❷ 속싸개 끝을 집게로 고정하거나 끝과 끝을 묶기

선배맘이 알려주는 아기 마사지법

마사지할 때 베이비오일을 바른 후 노래를 흥얼거리며 해보세요. 아기가 한결 편한 느낌으로 좋아해요.

아침에 배를 시계방향으로 마사지한 뒤에, 양다리를 접어서 배 위로 올려주는 동작을 해주면 가스가 잘 나와요. 수유하기 전에 해야 토하지 않아요.

'ILU마사지'는 말 그대로 아기의 배에 I,L,U를 그리는 거예요. 아기의 장기 모양에 맞춰서 하므로 소화와 배앓이에 좋다고 해요. 'I'는 아기의 왼쪽 가슴부터 배 밑쪽까지를 손바닥으로 살짝 눌러주고, 'L'은 'ㄱ'자처럼 그리고, 'U'는 오른쪽 배 밑에서부터 왼쪽 배 밑까지 거꾸로 그려요.

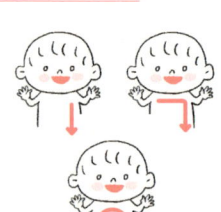

뒤집거나 기지도 못하는 아기와 할 수 있는 것은 많지 않아요. 이때 해줄 수 있는 가장 좋은 놀이는 마사지예요. 아기와 스킨십도 할 수 있고, 안정감을 줄 수 있을 뿐만 아니라 성장발달에도 도움을 줄 수 있으니까요. 배 마사지는 소화가 잘되도록 돕고, 팔다리 마사지는 잠을 잘 자게 도와주어요. 특히 피부 자극은 뇌세포를 자극해서 두뇌발달을 돕는답니다.

마사지는 조용하고 쾌적한 곳에서 주변 온도를 23~26도 정도에 맞춘 후 아기 컨디션이 좋을 때 해주세요. 수유 직후에는 하지 않는 것이 좋고, 아기가 목욕을 끝낸 후나 나른하게 졸린 시간에 하면 좋아요. 생후 한 달 이내에는 살살 주물러주는 정도로 3분 이내, 생후 2개월 이후부터는 5~10분 정도로 서서히 늘려가세요.

{ 배 마사지 }

두 손을 펴서 배꼽 위에 살짝 올려놓고, 윗배에서 아랫배로 쓸어내려요. 5~6회 반복해요.

오른손을 배꼽 위에 올리고 시계방향으로 살살 쓸면서 돌려요. 5~6회 반복해요.

{ 팔 마사지 }

아기 팔을 잡고 주무르면서 바깥쪽으로 쭉쭉 쓸어내려요.

{ 다리 마사지 }

한쪽 손으로 발목을 잡고 다른 손으로는 허벅지를 잡고 손바닥을 밑으로 쭉쭉 쓸어내리면서 마사지해요.

선배맘이 알려주는 기저귀 가는 방법

신생아 때는 소변과 대변을 수시로 보기 때문에 기저귀를 자주 갈아주어야 해요. 그런데 기저귀를 가는 것도 처음엄마에게는 쉽지 않지요. 아기가 불편하지 않게 기저귀 가는 방법을 알려드릴테니 잘 배워두었다가 남편에게도 알려주세요.

> **선배맘 꿀팁**
> 천 기저귀를 채울 경우 남자아기는 소변이 앞으로 많이 나오므로 앞부분을 두 겹으로 접어서 채우고, 여자아기는 소변이 뒤에 고이기 때문에 뒤쪽을 두 겹으로 접어서 채우면 소변이 잘 흡수돼요.

{ 기저귀 가는 법 }

❶ 기저귀를 펴고 접착테이프를 떼요. 남자아기는 기저귀를 뗀 순간 소변을 보는 수가 있으므로 방수요 위에서 가는 게 좋아요.

❷ 한쪽 손으로 아기의 양 발목을 잡고 엉덩이를 들어올려요. 다른 쪽 손으로 가제 수건이나 물티슈로 깨끗하게 닦은 후 더러워진 기저귀를 빼내고 새 기저귀를 엉덩이 밑으로 깔아 넣어요.

기저귀 갈 때 닦는 부분

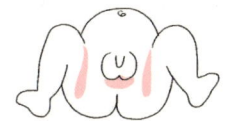

남자아기의 경우
음낭의 주름 사이사이, 성기 뒤쪽까지 깨끗하게 닦아요.

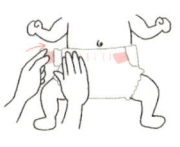
❸ 배꼽에 닿지 않도록 주의하면서 기저귀를 배 앞으로 채워요. 기저귀가 크다면 밴드 부분을 아래로 접어도 돼요. 남자아기는 음낭 밑이 습해질 수 있으므로 음낭을 밀어 올리며 기저귀를 채워요.

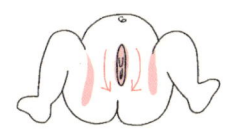

여자아기의 경우
반드시 앞쪽에서 뒤쪽으로 닦고, 성기 사이까지 깨끗하게 닦아요.

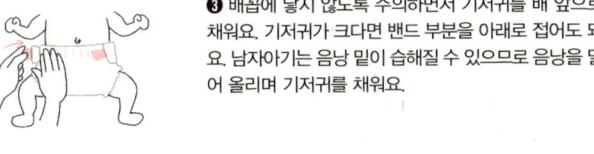
❹ 접착테이프가 좌우 대칭이 되도록 붙여요.

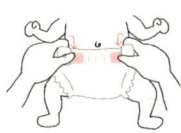
❺ 어른 손가락 두 개 정도가 들어갈 여유가 있는지 확인해요.

> **선배맘 꿀팁**
> 물티슈를 쓰기가 꺼려져서 집에 있을 때는 기저귀를 갈 때마다 세면대에서 물로 닦아줬어요. 덕분에 기저귀발진이 한결 덜했던 것 같아요.

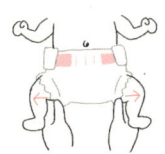
❻ 허벅지 쪽 주름이 안으로 말려 들어가면 소변이 샐 수 있으므로 밖으로 단정하게 빼내요.

놓치면 바보! 정부 지원 제대로 챙겨 받기

우리나라의 출산율은 세계 최저 수준이에요. 그래서 정부에서는 출산율을 높이는 방법으로 여러 가지 혜택을 늘려가고 있어요. 예전에는 소득에 따라 차등하여 혜택을 주었지만 갈수록 소득과는 상관없이 모든 임신부와 영유아에게 지원하는 쪽으로 정책이 바뀌고 있어요. 매해 지원책이 달라지고 있으니, 임신 중, 그리고 출산 후에 받을 수 있는 혜택에 대해 미리 꼼꼼히 챙겨서 받도록 하세요. 알아서 주는 혜택도 있지만 신청해야 하는 서비스도 많으니까요.

복지정보를 한눈에 보려면 보건복지부에서 운영하는 복지로 사이트(www.bokjiro.go.kr)에 방문하는 게 가장 정확해요. 생애주기별 혜택 중에 임신·출산 부분과 영유아 부분만 꼼꼼히 살펴봐도 많은 혜택을 누릴 수 있어요.

산모·신생아 건강관리 서비스 출산 가정에 건강관리사를 파견하여 산후관리를 지원해주는 서비스예요. 지정된 산후도우미업체를 통해 산후도우미를 보내주는데 소득에 따라 일부 자기부담금을 내야 해요. 출산 예정일 40일 전부터 출산 후 30일까지 보건소나 복지로 사이트를 통해 신청하면 돼요.

영양 플러스 서비스 기준 중위소득 80% 미만 가구 중 빈혈, 저체중, 성장부진, 영양섭취불량 등의 영양위험요인을 가진 임산부와 영유아에게 보충 식품 패키지를 지원하고, 영양교육을 하는 거예요. 보건소에 방문해서 신청해요.

기저귀·조제분유 지원 기저귀는 기준 중위소득 40% 이하 가구, 만 2세 미만인 영아에게 지원하고, 조제분유는 기저귀 지원대상 산모가 여러 가지 이유로 모유 수유가 불가능한 경우에 지원돼요.

그 외에 출산전후휴가급여, 육아휴직급여, 고위험 임산부 의료비 지원, 임신출산진료비, 미숙아 및 선천성 이상아의 의료비 등을 지원받을 수 있으니 복지로 사이트를 확인해보세요.

구청, 주민센터, 보건소, 육아종합지원센터 등을 이용하면 여러 가지 혜택에 대해 알 수 있어요.

선배맘이 추천하는 출산 선물 아이템 5

주변에서 출산 선물을 사 준다고 할 때 어떤 것을 사달라고 하면 좋을지 모르겠다고요? 주는 사람도 받는 사람도 부담 없이 기분 좋은 몇 가지 선물 아이템을 알려드려요.

아기용 장난감
아기체육관, 모빌, 딸랑이, 치발기 등은 부담 없이 선물 받기 좋아요. 립프로그 알파벳 주 볼, 야리따이호다 이처럼 교육과 놀이가 접목된 장난감도 선물 받으면 고맙게 잘 쓰는 아이템이에요.

선배맘 꿀팁
바퀴 달린 기저귀 정리함을 선물로 받았는데 물티슈, 기저귀 등을 넣고 옮겨 다닐 수 있어서 좋았어요.

베이비 스킨케어 세트
여러 제품 중에서 아기에게 맞는 샴푸와 로션을 찾으려면 꽤 큰 비용이 들어요. 그러니 괜찮은 브랜드 몇 가지를 미리 생각해두고 알려주면 선물하는 사람도, 사용하는 사람도 좋답니다.

선배맘 꿀팁
신생아용품이 아니라 6개월 이후에 사용하는 아기용품도 선물로 받으면 좋더라고요. 예를 들어 이유식 용기나 장난감 등이요.

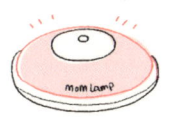

소형가전
수유등, 디지털 탕온계, 습도계 등과 같이 있으면 육아가 훨씬 편해지는 소형가전도 선물로 좋은 아이템이에요.

산모용품
아기를 돌보다보면 엄마 자신은 돌보기가 힘들어요. 천연재료로 된 탈모방지용 샴푸나 천연성분 목욕용품, 화장품도 산모에겐 좋은 선물 아이템이지요.

수유부 간식거리
수유부 간식거리, 수유부용 커피도 좋아요. 모유 수유를 하다보면 먹는 것을 가려먹어야 하는데 산모용, 수유부용으로 나온 음식을 사다주면 잘 먹게 되더라고요.

선배맘이 추천하는 신생아케어 강추 아이템 10

신생아를 돌보는 날들은 정말 하루하루가 모두 스펙터클하답니다. 이런 날들을 조금이라도 편안하고 여유 있게 지내는 데 필요한 신생아케어 용품을 추천해요.

선배맘 꿀팁

휴대용 아기 침대도 매우 유용한 아이템이에요. 가방처럼 되어 있어서 들고 다니기도 편하고, 시댁, 친정에 갈 때나 여행 갈 때, 외출 시 기저귀 갈 때 유용하게 쓸 수 있어요.

탕온계
디지털 탕온계는 물 온도가 뜨거워지면 빨간색 등이 깜빡거리면서 알려줘요. 손을 담가 온도를 가늠하면 매번 온도가 달라 아기가 놀라거나 싫어할 때도 있는데 탕온계를 사용하니 그런 일이 줄더라고요.

비판텐
기저귀 발진이나 약한 피부 문제에는 이만한 연고가 없어요. 따갑고 아파 보이는 곳에 비판텐을 발라주면 금방 나아요. 또 수유기에 유두균열이 왔을 때 발라도 효과가 좋아요.

아기 담요
아기 담요는 정말 완소아이템이에요. 낮잠 잘 때나 유모차에 태우고 나갈 때 가볍게 살짝 덮어주기에도 좋지요. 두꺼운 것은 겉싸개 대용으로, 거즈면 재질의 담요는 속싸개 대용으로도 사용할 수 있어요.

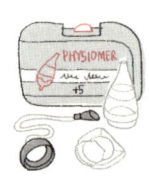

피지오머 / 콧물 흡입기
아기들은 콧구멍이 작은 데다 이물질이 많아 자주 막혀요. 코가 막히면 잠도 잘 못 자고, 젖도 잘 못 먹는데 그때 피지오머를 콧구멍에 살짝 넣고 살살 눌러주면 코딱지가 잘 나와요. 자동, 수동 콧물 흡입기도 유용하답니다.

귀 체온계
아기의 열 체크를 쉽고, 빠르고, 정확하게 해주는 귀 체온계는 아기를 키우는 가정에는 꼭 필요한 필수품이에요. 수시로 사용할 일이 많으니 좋은 제품으로 장만해두세요.

치발기
치발기는 보통 이가 나는 6개월, 빠르면 3~4개월부터 쓰는 아이템이에요. 잼잼몬스터는 3~4개월부터 사용할 수 있고 세균 침투 방지용 실리콘이라고 해서 인기가 많아요. 그 외에도 칫솔치발기, 잇몸치발기 등도 많이 이용해요.

선배맘 꿀팁
꼭 필요하지 않은데도 블로그 등에서 보고 구매하게 되는 경우도 있어요. 그러니 구매 전에 나와 아기에게 꼭 필요한지 한 번 더 점검하는 것을 잊지 마세요.

턱받이
아기는 3~4개월부터 침을 많이 흘리기 시작하는데, 기본적인 디자인에 두툼한 재질의 턱받이가 침도 잘 흡수되고, 아기 옷을 젖지 않게 해줘서 좋아요. 두세 개 장만해서 돌려쓰세요.

선배맘 꿀팁
베이비 플로티라는 제품은 손으로 받치는 것처럼 받쳐주는 아기 쿠션이에요. 혼자 목욕시킬 때 도움이 되었어요.

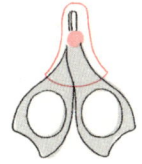

손톱 가위
아기용품점에 가면 손톱관리 세트가 있는데 신생아는 손톱 가위 하나만으로도 충분해요. 돌 전에는 손톱 가위로 깎아주다가 돌이 지나면 어른용을 써도 크게 불편하지 않아요.

아기용 빨랫비누
몽디에스 같은 베이비 세탁비누나 EM비누 같은 천연비누는 똥 얼룩이나 모유 얼룩을 바로바로 제거할 수 있어서 좋아요. 세제와 함께 준비해두세요.

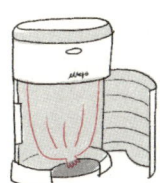

매직캔 쓰레기통
굳이 기저귀용 쓰레기통이 필요할까 싶지만 써본 엄마들은 강추하는 아이템이에요. 이유식 후에는 구린 내가 심해지고 특히 여름에는 냄새가 심한데 이 쓰레기통 하나면 문제가 해결되거든요.

선배맘이 추천하는 처음엄마 필수 앱

신생아 수면 간격, 수유 간격 체크부터 수면 교육까지, 아기 양육의 모든 것을 책임지는 똑똑한 앱! 선배맘들이 추천하는 앱을 사용해보세요. 처음 육아가 한결 편해져요.

선배맘 꿀팁

수유시계나 수유도우미처럼 기능이 겹치는 앱은 일단 깔아 사용해보고 간단하고 편리한 앱을 선택해서 사용하는 게 좋아요.

선배맘 꿀팁

앱은 결국 사용하기 편하고 간단한 것을 사용하게 되더라고요. 광고가 많고 기능이 많은 앱보다 단순한 앱을 이용하는 게 좋아요.

	**미세미세** 미세먼지 수치를 알려주는 앱으로 수치가 정확한 편이고 외출이나 환기 타이밍을 알기 좋아서 많이 사용해요.
	수유시계 하루에 수유를 몇 번, 몇 분 동안 했는지 기록할 수 있는데 사용법이 단순해서 평이 좋아요. 수면 시간, 대소변 시간까지 점검할 수 있어요.
	**수유도우미** 수유하면서 수유 시간을 점검할 수 있고, 오른쪽, 왼쪽 가슴 별로 수유 시간을 기록할 수 있어요. 그 외 배변, 성장 등에 관한 기록도 할 수 있어요.
	**도담도담** 물방울 소리, 청소기 소리 등 백색소음을 선택해서 들려줄 수 있고, 자장가도 들려줄 수 있는 앱으로 아기 재울 때 유용해요.
	**의약품 검색** 약학정보원에서 제공하는 앱으로 임신 중 약물 복용, 의약품 정보를 손쉽게 검색할 수 있어요.
	**화해** 화장품과 세제 등의 성분표시를 확인할 수 있는 앱. 아기 화장품이나 세제를 구입할 때 미리 성분을 확인할 수 있어서 좋아요.
	**열나요** 체온, 측정시간, 해열제 먹인 시간, 해열제 용량 등을 입력하면 대처방법을 알려줘요. 약 먹을 시간을 알림으로 알려주는 등 아기 건강관리에 매우 유용해 엄마들 사이에 평이 좋은 앱이에요.

질병관리본부 예방접종도우미
질병관리본부에서 제공하는 예방접종 관리 앱이에요. 예방접종 기록을 조회할 수 있고, 예방접종에 관한 정보를 얻을 수 있어요.

응급의료정보
보건복지부에서 제공하는 앱으로 사는 동네와 가까운 병원, 응급실, 약국 정보를 알 수 있어요.

베이비타임
아기의 수유 시간과 수면 시간, 기저귀 교환 시간, 성장 일기 등을 간편하게 기록할 수 있는 필수 앱이에요. 월령별 맞춤 정보도 얻을 수 있어요.

차이의 놀이
연령에 맞는 간단한 놀이가 소개되어 있어서 아기와 놀아줄 거리를 찾을 때 좋아요.

엄마와
박람회와 산모교실의 최신 정보를 알 수 있고, 클릭하면 바로 신청할 수 있는 사이트로 연결되어 편리한 앱이에요.

당근마켓
동네별로 중고상품을 검색할 수 있어서 가까운 곳에서 원하는 물건을 거래할 수 있는 앱이에요. 원하는 거리까지 동네 설정이 가능해서 거래 가능한 지역 물건만 볼 수 있어서 좋아요.

맘스다이어리
임신, 육아일기를 기록하고 다양한 임신, 출산, 육아에 관한 정보를 얻을 수 있어요. 웹과 모바일을 통해 글과 사진으로 기록할 수 있고, 무료로 육아일기를 만들어주기도 해요.

선배맘 꿀팁
아기 영상과 사진을 올려 놓고 다이어리를 쓰는 앱이 유용했어요. 육아를 하다 보면 사진을 정리할 틈이 없는데 휴대폰으로 틈틈이 하다 보니 정리가 잘 되더라고요.

비바비디오
동영상에 잘 맞는 여러 가지 필터가 있어서 다양한 분위기의 영상을 찍을 수 있는 앱이에요. 편집이 쉽고 포토영상 만들기가 쉬워서 많이 이용해요.

Magisto 비디오 에디터 & 메이커
여러 가지 주제로 동영상을 자동으로 편집해주는 앱. 전문가 수준의 감각과 디테일이 뛰어난 앱이에요.

Q1 목욕만 하면 아기가 우는데 어떻게 목욕을 시키죠?

선배맘 꿀팁

욕조 목욕을 시킬 때는 아기 몸에 물을 자주 끼얹어주어야 아기가 따뜻하게 체온을 유지할 수 있어요.

선배맘 꿀팁

머리를 모자처럼 덮을 수 있는 수건을 준비해서 물기를 닦았더니 체온이 유지되어서인지 덜 울었어요.

목욕만 시키려고 하면 울기 시작하는 아기들이 있어요. 안 그래도 목욕시키는 게 어려운데, 울면 목욕시키기가 더 힘들죠. 아기가 목욕을 싫어한다면 물 온도가 안 맞아서일 확률이 높으니 우선 물 온도가 적당한지 점검해보세요. 그리고 물 온도에 익숙해지도록 심장에서 먼 발이나 손부터 조금씩 물을 묻혀보세요. 아기가 온도에 적응이 된 것 같으면 천천히 엄마(아빠) 손에 물을 담아 살살 적시면서 목욕을 시켜요.

기온의 변화 때문에 옷을 완전히 벗기는 것을 싫어할 수도 있어요. 그럴 땐 벗기기 쉬운 배냇저고리를 입힌 상태로 목욕을 시켜보세요. 발, 다리, 엉덩이 순으로 씻긴 후에 천천히 배냇저고리 속으로 가제 수건을 든 손을 넣어서 씻기는 거예요. 차츰 적응되면 저고리를 벗기고 씻기세요.

옷이나 안정감을 느끼는 무언가가 갑자기 없어져서 불안해하는 경우, 따뜻한 물이 묻은 수건이나 아기 옷을 가슴 위에 덮어주면 아기가 안정감을 느껴 울지 않기도 한답니다.

그 외의 방법으로 옆에서 샤워기를 틀어 놓고 소리를 들려주면서 목욕을 시키면 소리에 집중해서 울지 않을 수도 있고, 장난감이나 모빌 등을 이용해서 시선을 돌리면서 목욕을 시키는 방법도 있어요.

❶ 목욕물 온도 확인하기
❷ 갑자기 옷 벗기지 말고 배냇저고리를 입은 상태에서 씻기기
❸ 따뜻한 물이 묻은 수건을 가슴 위에 덮어주고 씻기기
❹ 수시로 따뜻한 물을 몸에 끼얹어주기

Q2 배꼽이 볼록 튀어나왔는데 괜찮을까요?

"응애~, 응애~." 아기가 엄마 배 속에서 나오면 그동안 엄마에게 산소와 영양을 공급받던 탯줄을 자르고 세상에 독립하게 되지요. 배꼽 약 2~3cm 위를 플라스틱 클립으로 묶은 뒤에 탯줄을 자르는데 남은 탯줄은 7~10일쯤 지나면 거무스름하고 딱딱하게 변하면서 자연스럽게 떨어져요. 산후조리원에 가지 않고 집에서 신생아를 돌본다면 목욕 후에 면봉이나 거즈로 물기를 톡톡 닦아내주세요. 예전에는 소독을 했었지만 요즘은 그냥 잘 말리는 것을 권하고 있어요.

탯줄이 떨어진 다음에 아기 배꼽이 튀어나오거나 부풀어 있는 것처럼 보이기도 하는데, 보통은 몇 달 후에 괜찮아져요. 참외 배꼽처럼 볼록 튀어나와 있는 경우도 자연스레 들어가지요. 그런데 참외 배꼽과 달리 배꼽 안에서 따로 살이 자라나는 것처럼 보이는 경우라면 육아종일 수 있으니 병원에 가서 검진을 받아야 해요.

탯줄이 떨어진 부위에서 피나 진물이 약간씩 나온다면 소독용 거즈나 알코올 솜으로 소독해야 해요. 하루 2회, 2~3일간 핀셋을 사용하여 알코올을 묻힌 솜이나 거즈로 살살 닦으며 소독한 후 완전히 건조해주세요. 신생아 배꼽이 완전히 아무는 데는 최소 10일에서 20일 정도 걸리는데, 이 시간이 지나도 증상이 계속된다면 소아청소년과를 찾도록 하세요.

Doctor's Advice

3~4주가 지나도 배꼽이 안 떨어지거나 배꼽 부위에서 냄새가 심하게 나는 경우, 진물이나 피가 많이 나는 경우, 배꼽 주위가 붉어지거나 살이 자라면 병원을 찾아야 해요.

선배맘 꿀팁

약국에서 멸균 포장된 일회용 알콜솜을 이용해서 배꼽소독을 하면 편해요.

탯줄 자르기

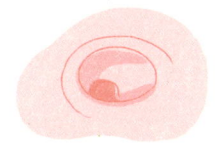

육아종

멘붕탈출법

❶ 한 달이 지나도 안 떨어지면 병원으로
❷ 피나 진물이 조금 나면 알코올 솜으로 소독
❸ 살이 자라나거나 피나 진물이 많이 나면 병원으로

Q3 아기 손톱, 언제부터 깎아주나요?

목욕을 시킨 뒤에 자르면 손톱이 부드러워서 잘 잘려요.

아기 손톱에 긁힌 상처는 보통 자연스레 사라지지만 걱정이 된다면 손싸개를 씌워 예방하고, 이미 상처가 났다면 연고를 발라주세요. 상처가 깊으면 병원에 가거나 습윤밴드를 붙여도 되는데 습윤밴드를 사용할 때는 귀 뒤나 다른 곳에 붙여보고 부작용이 없는지 확인하고 붙여야 해요.

아기 손톱은 안 깎아줘도 된다는 분도 있고, 100일 지나서 깎으라고 하는 분도 있는데, 아기마다 손톱이 자라는 속도와 모양이 다르므로 상황에 따라 엄마가 판단해야 해요. 아기가 손톱으로 얼굴을 할퀴든가 너무 길어서 부러질 정도라면 당연히 잘라주어야 하지요.

손톱의 하얀 부분이 1~3mm 정도 되었을 때 잘라주면 되는데, 처음에는 손톱 가위로 자르는 게 편해요. 신생아의 손톱은 너무 작은 데다 부드러워서 손톱깎이로 깎기가 어렵거든요. 아기가 낮잠을 잘 때 밝은 곳에서 깎으면 편하게 깎아줄 수 있어요.

손톱을 자를 때 둥그렇게 자르면 손톱이 살을 찔러 염증이 생길 수도 있으므로 일자로 반듯하게 자르세요. 손톱 끝이 살을 향하는 것이 아니라 바깥을 향하도록 해야 해요.

신생아용 손톱 가위, 유아용 손톱 가위, 유아용 손톱깎이가 있는데, 신생아용 손톱 가위를 쓰다가 유아용 손톱깎이로 바꾸는 게 가장 무난한 방법이에요.

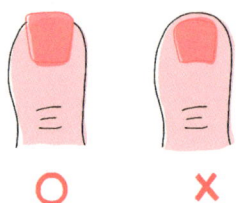

❶ 손톱이 1~3mm 정도 자랐을 때 손톱 가위로 자르기
❷ 손톱 끝이 바깥을 향하게 일자로 자르기

Q4 노란 눈곱이 많이 끼는데 병원에 가야 할까요?

신생아는 눈물길이 발달하지 않아서 눈물이 흐르지 못해 눈곱이 낄 수 있어요. 아기에게 눈곱이 낀다면 우선 식염수나 따뜻한 물을 솜에 살짝 묻혀 눈 안쪽에서 바깥쪽으로 닦아주세요. 하루에 3~4회, 1~2일간 닦아줘도 증세가 계속되거나 심해질 경우는 결막염이거나 눈물길이 막혔을 수 있으니 소아청소년과를 방문하는 게 좋아요. 눈곱이 고름처럼 노랗게 끼거나 눈곱 양이 너무 많은 경우, 한쪽만 눈곱이 낄 경우 등은 눈물길이 막혔을 가능성이 크거든요.

이 경우 생후 6개월 이전의 아기들은 눈물샘 마사지만으로도 좋아질 수 있어요. 하루 2~3회, 한 번에 5~10회 정도 코 옆 부분(눈 옆에서 콧방울 쪽)을 부드럽게 꾹꾹 문질러주면 된답니다. 대부분 이 마사지만으로도 눈물관이 뚫려서 증상이 사라져요.

눈물샘 마사지로도 증세가 좋아지지 않는다면 생후 6개월에서 12개월 사이에 탐침(끝이 둥근 가늘고 긴 막대)을 이용해서 눈물길을 뚫어주는 시술을 해야 해요. 이것도 효과가 없을 때는 실리콘 관을 삽입하는 수술적 치료가 필요할 수도 있어요. 마사지를 해도 효과가 없다면 소아청소년과에 갔을 때 문의해보세요.

선배맘 꿀팁
6개월까지 눈곱이 계속 껴서 눈물샘을 뚫는 시술을 받았어요. 시술 시간은 10분 정도 걸렸어요. 아기가 많이 울어서 힘들었지만 시술받고 나니 눈곱도 안 끼고 깨끗해서 너무 좋아요.

눈물샘 마사지
코 옆을 부드럽게 꾹꾹 눌러주세요.

멘붕탈출법
❶ 하루 2~3회, 한 번에 5~10회 정도 코 옆 부분 마사지하기
❷ 6개월 이후에도 증상이 지속하면 병원 방문하기
❸ 증상이 심하면 시술 알아보기

Q5 신생아 여드름, 치료 안 해도 괜찮을까요?

선배맘 꿀팁

수딩젤은 수분 100%로 태열이나 땀띠에는 도움이 되지만 보습이 필요한 신생아 여드름이나 아토피에는 도움이 되지 않는다고 해요. 외려 건조하게 만들 수 있다네요.

Doctor's Advice

신생아기에 나타날 수 있는 피부 질환으로 태열, 신생아 여드름, 신생아 홍반 등이 있습니다. 대부분 원인이 정확하게 알려지지 않았지만 물리적, 혹은 온도 자극에 의한 정상적인 신생아 피부의 반응으로 생각되며, 대개 몇 주 이내로 특별한 치료 없이도 좋아집니다.

신생아 여드름은 어른 여드름처럼 빨갛게 올라오는 게 아니라 고름이 잡힌 것처럼 노랗게 나는 거예요. 예쁜 아기 얼굴에 노란 고름이 많아 보이니 너무 걱정되고 속상하지요. 여기저기 검색해 보면 '시간이 해결해 준다, 그냥 두라'는 말뿐인데, 엄마 마음이 어디 그런가요. '더 심해지면 어쩌나, 흉터 생기면 어쩌나' 싶어 빨리 없애주고 싶잖아요.

신생아 여드름은 확실한 원인이 밝혀진 것은 아니지만 태어나기 전 산모로부터 받은 호르몬과 연관성이 있는 것으로 보고 있어요. 주로 생후 2~4주에 얼굴, 가슴, 등, 엉덩이에 생기는데 아기의 약 50% 정도에서 나타날 정도로 흔하고 대부분 몇 주 이내에 저절로 없어져요. 그러니 그냥 두고 보셔도 괜찮답니다.

증세를 완화하는 방법은 몸을 시원하게 해주고 보습을 잘해주는 거예요. 깨끗이 씻어주고 아기에게 잘 맞는 보습제만 잘 발라주면 깨끗해져요. 굳이 수딩젤을 사실 필요 없이 로션을 발라주면 돼요. 생후 1개월까지는 얼굴에 로션을 발랐을 때 트러블이 생기기 쉬우니 로션은 몸에만 바르세요. 이것저것 발라서 좋아졌다는 엄마들의 후기도 많은데 화장품의 효과라기보다는 아기가 나을 때가 되어서 나아지는 경우가 대부분이에요.

멘붕탈출법

❶ 깨끗이 씻어주고 시원하게 해주기
❷ 아기에게 잘 맞는 보습제 발라주기
❸ 생후 두 달까지는 그냥 기다려 보기

Q6 아기 머리에 비듬이 있어요!

수유 후 잠든 아기 머리를 보다가 비듬같이 생긴 걸 보고 깜짝 놀라셨다고요? 그게 바로 엄마들이 '아기 머리 소똥'이라고 부르는 거예요. 처음 본 엄마들은 '샴푸 후 잘 안 헹궈서 그런 게 아닐까?'라고 추측하는데, 사실은 '지루성 피부염'의 증상이랍니다.

신생아들은 열이 많고 피지선의 분비가 왕성하기 때문에 지루성 피부염이 잘 생겨요. 특히 머리숱이 많은 경우에 잘 생기는데 머리에만 생기는 것이 아니라 이마, 귀 뒤 등 머리 주변의 피부에도 생길 수 있어요. 하얀색이나 노란색 딱지처럼 보이며, 생후 6개월에서 돌 무렵이면 증세가 사라진답니다. 보통은 그냥 없어지기 때문에 치료가 필요 없지만, 간혹 증세가 심하면 아기가 손으로 긁거나 만져서 붉어지고 상처가 나기도 해요.

지루성 피부염이 심할 때는 평상시에 환경을 시원하게 해주고 오일이나 로션으로 보습을 충분히 해주는 게 좋아요. 예를 들어 베이비오일을 고루 발라 10~15분 정도 두었다가 아기 샴푸로 머리를 감기고 잘 말려요. 아기가 힘들어하거나 증세가 심할 경우에는 의사 선생님과 상의 후에 연고를 처방받아서 사용하세요.

선배맘 꿀팁

증세가 심해서 병원에 갔더니 리도맥스를 처방해주셨는데 연고를 바르니 금세 좋아졌어요. 리도맥스는 스테로이드 성분이라 심한 부위에만 얇게 발라주고 일주일 이상은 쓰지 말라고 하셨어요.

멘붕탈출법

❶ 6개월에서 돌까지는 그냥 두고 기다리기
❷ 심하면 병원에서 연고 처방받아 바르기

Q7. 태열에 좋다는 건 다 했는데도 안 없어져요

태열은 엄마와 아기를 괴롭게 하는 증세의 하나예요. 신생아는 신진대사가 활발하고 체온이 높은 편이라 체온을 조절할 때 머리나 이마, 얼굴로 더운 기운을 많이 배출해요. 이때 붉은 반점이 생기거나 오돌토돌한 물집이 생기는데 이것을 태열이라고 하지요. 얼굴에 좁쌀 같은 붉은 발진이 돋기 시작해서 심하면 목덜미, 허벅지 등 온몸으로 번지기도 해요. 대개 생후 1~2개월쯤 나타나기 시작해서 좋아졌다가 다시 나타나는 반복성을 띠지만 보통 12개월쯤 되면 자연스럽게 회복되는 경우가 대부분이에요.

태열을 완화하려면 우선 서늘한 환경을 만들어주는 것이 좋아요. 집 안 온도는 겨울에는 20~22도, 봄·가을·여름에는 23~24도 정도로 유지하고 습도는 50~60%로 건조하지 않게 해줘요. 목욕은 미지근한 물에 10~15분 내외로 짧게 하고, 목욕 후에는 천연성분의 로션과 크림을 수시로 발라 촉촉하게 지켜주는 것이 중요해요. 치료 목적으로 하루 1회 이상 목욕시키는 경우도 있는데, 이는 아기 피부를 더 건조하게 만들기 때문에 목욕은 일주일에 3~4회 정도가 적당해요.

Doctor's Advice

태열이 지속되면 아토피가 되는지 궁금해하는데, 태열이 지속된다고 아토피가 되는 것은 아닙니다. 다만 태열이 있는 아기 중에 나중에 아토피 증상을 보이는 경우가 많으므로 아기의 증상을 잘 살펴보고 태열이 지속된다면 병원에서 진료를 받아보도록 합니다.

멘붕탈출법

❶ 서늘한 환경 만들어주기(겨울 20~22도, 봄·여름·가을 23~24도)
❷ 습도는 50~60%로 건조하지 않게 유지하기
❸ 목욕은 일주일에 3~4회, 미지근한 물에 10~15분 내외로

Q8 냄새 안 나게 기저귀 버리는 법은 없나요?

신생아들은 수시로 기저귀를 바꿔줘야 해요. 양은 많지 않지만 자주 싸는 데다가 자칫 오래 채워두면 엉덩이가 금세 빨갛게 짓무르거든요. 그러다보니 기저귀 처리하는 것도 일이에요. 특히 날이 무더울 때는 냄새가 심하게 나니 바로 처리를 해야 해요.

아기 똥은 우선 변기에 버린 후에 처리하는 게 좋아요. 천 기저귀를 사용한다면 변기 위에서 기저귀 끝을 들고 샤워기로 한번 헹궈주면 똥이 변기로 내려가서 비교적 깨끗이 씻겨요. 종이 기저귀라면 된똥은 변기에 버리고, 묽은 똥이라면 기저귀를 단단하게 말아 작은 비닐봉지에 꽁꽁 싸서 종량제 봉투에 버리는 것이 가장 쉬운 방법이에요.

엄마들이 강추하는 방법은 냄새방지용 쓰레기통을 사용하는 거예요. 매직 캔처럼 냄새방지 처리가 된 쓰레기통을 사용하면 확실히 효과가 있거든요. 그런데 외출 중이라거나 차에서 응가 처리를 해야 할 때는 어떻게 하면 좋을까요? 에티켓 봉투, 기저귀처리 봉투 등으로 불리는 향기도 나고 세균도 방지되는 비닐봉지를 사용하면 돼요. 검색해보면 여러 가지가 나오는데 킷앤킨, 베이비크린쌕, 쎄시, 썸머인펀트 기저귀처리 봉투 등이 있어요.

선배맘 꿀팁

신생아 때는 하루에 스무 번 이상 기저귀를 갈아줬어요. 큰 종량제 봉투보다는 10ℓ 이하를 사용해서 자주 쓰레기봉투를 버렸어요.

선배맘 꿀팁

종이 기저귀는 썩는 데 500년 이상 걸린다고 해요. 물론 비닐봉지나 랩으로 싸서 버리는 방법도 있지만, 환경과 아이의 건강을 생각해서 낮에는 천 기저귀를 사용하고 저녁엔 종이 기저귀를 썼어요. 힘들긴 해도 확실히 비용은 절약되었어요.

멘붕탈출법

❶ 냄새방지용 쓰레기통 사용하기
❷ 기저귀처리 봉투 사용하기

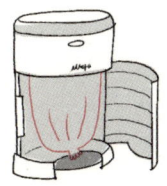

Q9 코똥 누면 장염인 건가요?

선배맘 꿀팁

아기의 똥은 색깔이 자주 바뀌어요. 노란색을 쌌다 초록색을 쌌다, 시큼한 냄새가 나기도 하고요. 변을 잘 관찰해보니 제가 어떤 음식을 먹느냐에 따라 영향을 받더라고요. 그러니 모유 수유를 할 때는 아기 건강을 생각해서 음식을 골라 먹는 게 좋은 것 같아요.

아픈 곳이 있어도 말로 표현할 수 없는 아기들에게 변 상태는 건강 상태를 점검할 수 있는 좋은 수단이에요. 변의 양은 수유 양이 충분한지를, 색과 횟수는 건강한지를 알려준답니다.

출생 후 2~3일 동안은 끈끈하고 짙은 녹색 젤리 같은 태변을 보고, 7일 정도는 태변과 일반 변이 섞인 변을 봐요. 그 후에는 여러 가지 색깔의 변을 누는데 건강한 아기라면 황색 변을 보지만 녹변(녹색 변)을 보기도 해요. 녹변 역시 건강한 변 색깔이랍니다. 보통 모유를 먹는 경우엔 변이 묽고 잦은 반면 분유를 먹는 경우엔 진한 황색 변이나 녹변을 보는 경우가 많아요. 좁쌀 같은 흰색 알갱이가 섞여 나오는 변도 정상이에요. 모유나 분유 속의 단백질과 지방을 분해하는 소화액이 부족해서 덩어리로 나오는 거랍니다. 그러나 피나 선홍색이 섞인 붉은 똥, 검은색 똥이 나온다면 세균성 장염이거나 장 출혈이 있을 수 있으니 병원에 가야 해요.

설사나 묽은 변에 콧물처럼 끈적거리는 점액질이 섞여 나오는 것을 코똥이라고 불러요. 아기가 잘 놀고, 잘 먹고, 컨디션에 이상이 없다면 걱정할 필요 없지만, 하루 4~5회 이상 코똥을 누고, 똥에 거품이나 점액질이 많이 섞여 나오고, 많이 보채고 열이 난다면 장염일 수 있으니 바로 병원에 가야 해요.

멘붕탈출법

❶ 변 전체가 붉거나 검은색을 띠면 병원으로
❷ 하루 4~5회 이상 코똥을 누면 병원으로

Q10 신생아 변비, 어떻게 해줘야 해요?

신생아는 어떤 때는 똥을 하루에 5~6번도 누고, 또 어떤 때는 4~5일 만에 한 번 변을 보기도 해요. 응가하는 게 익숙하지 않아 응가할 때 힘만 주고 똥을 잘 못 쌀 때도 많지요.

아기 변비의 기준은 횟수보다는 똥의 상태를 보고 판단해야 해요. 아기가 잘 먹고 잘 논다면 변을 보는 횟수는 크게 중요하지 않아요. 그런데 만약 토끼똥처럼 둥글고 딱딱한 똥이 나오고 5일 이상 변을 보지 못한다면 변비일 수 있어요.

이럴 땐 우선 배 마사지를 해주거나 유산균을 먹이는 것이 도움이 돼요. 가제 수건이나 물티슈에 따뜻한 물을 묻혀 항문 마사지를 해주어도 효과가 있고, 1주일 이상 변비가 지속한다면 베이비오일로 항문 쪽을 살살 문질러주면 막힌 똥이 나올 수도 있어요.

그래도 변비가 계속될 때는 변비용 분유를 먹여보는 것도 좋아요. 분유를 먹는 아기들은 분유 물이 너무 묽어도 변비가 될 수 있으니 분유 물을 확인해보고 진하게 타도록 해요.

반대로 평소보다 변이 굉장히 묽고 변을 보는 횟수가 늘어났다면 설사일 수 있어요. 그럴때는 일단 모유 양을 줄이고, 분유는 묽게 타서 먹이는 게 좋아요. 토하거나 열이 난다면 반드시 병원에 가야 하고요.

선배맘 꿀팁

1주일 이상 변을 안 보는 경우도 있다는데, 제 아기가 그랬어요. 배 마사지를 열심히 해줬는데도 효과가 없어서 열흘째에 병원을 찾아갔더니 면봉으로 관장을 하라고 권해주시더라고요. 신생아용 면봉에 오일을 듬뿍 묻혀 항문에 솜 있는 부분을 반복적으로 넣었다 뺐다 하는 건데 바로 효과가 있었어요. 다만 신생아 면봉 관장은 자주 하면 안되고, 1주일 이상 변을 보지 못할 때만 해야 해요.

멘붕탈출법

❶ 신생아가 4~5일 만에 변을 보는 것은 정상
❷ 반대로 신생아가 하루에 4~5회 이상 변을 보는 것도 정상
❸ 묽은 똥을 10회 이상 싸고, 아기가 많이 보채거나 체중이 늘지 않으면 병원으로

Q11 기저귀 발진이 심한데 어떡하죠?

선배맘 꿀팁

약 중에는 비판텐, 화장품 중에선 얼스마마가 효과가 제일 좋았어요. 비판텐 연고 하나만으로도 기저귀 발진이 해결되니, 굳이 기저귀 발진 크림을 사둘 필요는 없는 것 같아요.

선배맘 꿀팁

기저귀 발진이 심했을 때 아기 침대에 방수요를 깔고 벗겨두었더니 금세 좋아졌어요. 설사가 심해서 발진이 왔을 땐 천 기저귀를 사용했더니 확실히 좋았고요.

아기는 피부가 연약하고 변을 자주 보기 때문에 항문과 엉덩이에 붉은 발진이 생기기 쉬워요. 사실 기저귀 발진은 기저귀를 사용하는 아기들의 대부분이 겪는 거예요. 약한 피부가 젖은 기저귀에 쓸리거나 소변의 암모니아처럼 피부를 자극하는 성분 때문에 생기는데 기저귀를 자주 안 갈아주었거나 통풍이 잘되지 않았을 때, 설사를 했는데 모르고 그냥 두었을 때, 항생제를 먹거나 장염으로 설사를 자주 했을 때 발진이 생길 수 있어요.

기저귀 발진이 생겼다면 우선 엉덩이를 깨끗한 물로 씻긴 후, 기저귀를 벗겨두는 게 가장 좋은 방법이에요. 엉덩이를 보송하게 해주는 파우더는 외려 발진을 더 악화시킬 수 있으니 금물이에요. 연고는 의사의 처방을 받는 게 좋은데 주로 비판텐을 권해요.

기저귀 발진을 예방하려면 기저귀를 자주 갈아주는 게 우선이고, 대소변을 본 후에 물로 엉덩이를 깨끗이 씻고 물기가 남지 않게 잘 닦아주는 것이 중요해요. 계속 발진이 심해질 경우에는 기저귀 때문일 수도 있으니 천 기저귀로 바꾸거나 약간 넉넉한 기저귀를 사용하는 것도 방법이에요.

멘붕탈출법

❶ 깨끗한 물로 씻긴 후 기저귀 벗겨 놓기
❷ 씻기고 나서 잘 닦아주고 말려주기
❸ 안 나으면 기저귀 바꿔보기
❹ 기저귀 발진 크림이나 연고 바르기

Q12. 아기가 울면 바로 달래줘야 하나요?

'아기가 울 때마다 안아주면 손 탄다'는 얘기를 들어보신 적 있죠? '울 때 안아주니까 더 운다, 울 때마다 바로바로 해결해주면 아기의 의사표현능력이 줄어든다'는 등의 이유로 바로 달래주지 말라는 분도 있고요.

정답은 아기가 울 때마다 안아주기 이전에 문제를 해결해주는 거예요. 아기는 울음으로밖에 의사 표현을 할 수 없어요. 아플 때, 배고플 때, 졸릴 때 등 무언가 원하는 것이 있기 때문에 우는 것이거든요. 그러니까 울 때는 아기가 우는 이유를 파악하고 요구사항을 해결해줘야 해요.

아기는 문제가 생겼을 때 울고, 그것이 해결됨을 반복하면서 세상에 애착을 쌓아나가고 신뢰를 하게 돼요. 문제가 생겼을 때 아무리 울어도 해결되지 않으면 신뢰가 무너지게 되겠지요. 엄마와의 애착 형성을 위해서라도, 아기의 정서발달을 위해서라도, 울면 바로 반응해주는 것이 맞아요.

그러니 아기가 울면 우선 아기가 배가 고플 때가 되었는지, 기저귀가 젖었는지, 방이 너무 덥거나 춥진 않은지 등을 먼저 확인하세요. 그다음 젖을 물리거나 분유를 먹이고, 담요로 감싸 꼭 안아주는 거예요. 트림을 못 해도 답답해서 우는 경우가 있으니 트림도 시켜주고요. 그래도 계속 운다면 안아서 달래주고, 팔이 아프거나 힘들면 바운서 등을 이용해서 달래주세요.

주변 사람들 말에 스트레스받지 말고 부모 판단에 따라 아기를 돌보는 게 맞는 것 같아요. 결국 부모가 끝까지 책임지는 거니까요.

모든 아기는 엄마에게 안겨있는 것을 가장 좋아하는 게 사실이에요. 제 아기도 등 센서가 달렸다는 말을 들을 정도로 눕히기만 하면 울어댔거든요. 하지만 엄마도 살아야 하잖아요. 그래서 아기가 울 때마다 기저귀를 갈아주고 모유를 먹인 다음에 그냥 눕혀 토닥거려주었어요.

❶ 아기가 울면 배고플 때가 되었는지, 기저귀가 젖었는지, 옷이 불편한지 등을 확인하고 불편한 점 해소해주기
❷ 안아서 달래거나 바운서, 노리개 젖꼭지 등을 이용해서 달래주기

Q13 아기가 자지러지게 우는데 왜 그러는 걸까요?

아기가 특정 시간만 되면 얼굴이 빨개지면서 자지러지게 운다고요? 양손을 움켜쥐고, 배에 잔뜩 힘을 주며, 무릎을 굽혀서 다리를 배 쪽으로 당겨서 울기도 하고요. 이렇게 아기가 자지러지게 울고 여러 가지 방법을 시도해도 울음을 잘 그치지 않을 때는 영아 산통인 경우가 많아요.

'영아 산통'이란 소화 기능이 미숙해서 생기는 증상으로, 일주일에 3번 이상, 하루 3~4시간 이상 울기도 해요. 생후 2주쯤 나타나 생후 3~4개월이 되면 서서히 줄어드는데 보통 늦은 밤에 증상이 나타나는 경우가 많고 생후 6주경에 가장 심하게 나타난다고 해요.

영아 산통인 경우에는 겉싸개나 아기 담요 등으로 포근히 감싸주고, 아기가 무릎을 굽혀 배가 오므려지게 한 채로 그네 태우듯이 천천히 살살 흔들어주면 울음을 조금 달랠 수 있어요. 또는 따뜻한 손으로 배를 살살 쓸어주는 것도 도움이 돼요.

영아 산통을 예방하려면 수유 후에 반드시 트림을 시켜야 하고, 안고 수유를 해야 해요. 분유를 수유할 때는 수유 중에 공기가 들어가지 않도록 유의하고 배를 시계방향으로 마사지해주거나 젖병이나 젖꼭지를 바꿔보세요. 그래도 계속 울면 유산균을 먹이거나 특수 분유로 바꿔 먹이는 것도 도움이 될 수 있어요.

선배맘 꿀팁

터미 타임(tummy time)은 아기가 엎드린 자세를 취하게 하여 아기의 상체 힘을 길러주는 것인데, 배앓이에도 도움이 된다고 하더라고요. 생후 한 달이 지났다면 엄마가 지켜볼 때 시도해보세요.

선배맘 꿀팁

모유 수유 중에는 카페인이나 가스를 많이 만들어내는 양배추나 브로콜리, 양파 등을 먹지 않는 게 좋다고 해요.

멘붕탈출법

❶ 무릎을 굽혀 배가 오므려지도록 해주기
❷ 배 마사지해주기, 유산균 먹이기
❸ 토하거나 대변에 피가 나오면 장이 막혔거나 복막염 증상일 수 있으므로 바로 병원으로 가기

Q14 왜 앉아서 달래면 울고, 일어나서 달래면 그칠까요?

아기가 울어서 안아주면 왜 꼭 일어나라고 발을 쭉쭉 뻗으면서 힘을 주는 건지…. 일어나서 달래주면 그때는 흔들거나 돌아다니라고 신호를 보내서 결국 안고 돌아다녀야 울음을 그치잖아요. 앉을 수만 있어도 힘이 좀 덜 들텐데 말이에요.

얼마 전에 이와 관련한 연구결과가 나왔어요. NHK가 일본 이화학연구소와 연구한 결과, 엄마가 걷고 있을 때는 앉아있을 때에 비해 아기가 우는 양이 약 10분의 1로 줄고, 다리를 버둥대는 등의 운동량도 5분의 1에 그쳤다고 해요. 앉아있던 엄마가 걷기 시작하면 3초 정도 만에 아기의 심박 수가 급격히 낮아지고, 다시 의자나 자리에 앉으면 바로 심박 수가 올라갔답니다. 즉 엄마가 아기를 안고 서서 움직일 때 아기의 몸 상태가 가장 편안한 상태라는 뜻이에요.

되도록 엄마가 편한 자세로 달래주고 싶다면 다음 방법을 시도해보세요. 아기가 울 때 안고 서서 달래주되 조금 진정이 되었을 때 엄마가 편한 자세를 잡는 거예요. 처음에는 의자에 앉아서 서 있는 것과 비슷한 상태를 유지하고, 그다음엔 낮은 소파, 그다음엔 바닥이나 침대에 앉아서 기대는 등으로 서서히 자세를 바꾸어 나가는 거죠. 아기가 자지러지게 우는 순간이 지나고 안정이 되면 자세를 바꾸어도 그렇게 보채지 않거든요.

선배맘 꿀팁

아기를 서서 안는 게 너무 힘들어서 바운서를 사용했어요. 확실히 울며 보채는 게 덜하긴 한데, 20~30분이 지나면 다시 울더라고요. 그래서 아예 흔들의자를 장만해서 아기를 안고 앉아서 흔들어줬더니 조금 덜 울었어요.

멘붕탈출법

❶ 아기가 울 때는 안고 서서 흔들거나 돌아다니면서 달래주기
❷ 단계별로 소파에 앉기 – 침대에 앉기 – 침대에 다리 펴고 누워서 벽에 기대기 등으로 편한 자세 찾기

Q15 신생아와의 외출, 어떻게 해야 하죠?

선배맘 꿀팁

카시트에 태울 때 나비 베개나 수건으로 머리가 흔들리지 않도록 고정하는 게 좋아요.

생후 100일 이내의 신생아는 목을 제대로 가눌 수 없으므로 되도록 외출을 하지 않는 게 좋아요. 하지만 예방접종뿐만 아니라 간혹 피치 못하게 외출을 해야 할 일이 생기곤 하지요. 가까운 거리일 경우에는 유모차보다는 엄마가 직접 안고 움직이는 것이 안전해요. 안아서 움직일 땐 내복이 올라가지 않도록 위아래가 붙은 보디슈트를 입히는 것이 편하지요. 그리고 수유 후 20~30분 뒤에 출발해야 아기가 보채지 않는답니다.

차량을 이용한 장거리 외출 시에 주의해야 할 점은 직사광선과 흔들림이에요. 모자나 차량용 햇빛가리개를 사용해서 직사광선에 직접 노출되지 않도록 하세요. 또한 흔들림이 많지 않도록 천천히 운전하고, 아기가 잘 잔다고 하더라도 1시간에 10분씩은 휴게소에서 쉬어야 해요. 아기가 잘 자고 보채지 않는다고 오래 차에 태우게 되면 토를 하거나 컨디션이 안 좋아질 수 있으니 반드시 휴식을 취하도록 하세요.

그 외에 신생아와의 외출 시에 신경써야 할 것은 체온 유지예요. 아기는 체온조절 능력이 미숙해 체온이 쉽게 오르거나 떨어지기 때문에 얇은 옷을 여러 겹 입히거나 양말과 모자를 준비해 덥거나 추우면 온도에 맞춰 조절해주는 것이 좋아요.

Doctor's Advice

'흔들린 아기 증후군'이란 아기가 심하게 흔들리면 생길 수 있는 증상으로 뇌출혈이나 늑골 골절 등을 유발하는 것을 말합니다. 아기들은 머리를 지탱하는 목의 근육이 약해 스스로 머리를 가누기 어려울 뿐만 아니라 흔들림이나 그로 인한 충격으로 뇌나 척추가 손상될 수 있으므로 신생아들은 오래 차에 태우지 않아야 합니다.

외출 시 챙겨야 할 준비물

- 물티슈, 가제 수건, 여벌 옷
- 기저귀, 기저귀 담을 비닐 팩, 기저귀 패드
- 분유 수유 – 분유, 보온병, 젖병 / 모유 수유 – 수유가리개

멘붕탈출법

❶ 가까운 거리는 유모차보다는 안고 외출하기
❷ 차량 이용 시에는 천천히 운전하고 1시간에 10분씩 쉬었다 가기

Q16 신생아 황달로 입원하라는데 아기는 괜찮은 걸까요?

신생아 황달은 '빌리루빈'이라는 혈액 성분이 축적되어 피부가 노랗게 변하는 질환으로, 간 기능이 완전하지 않은 신생아에게 흔히 발병해요. 모유의 성분 때문에 황달이 오는 경우도 있고요. 조산아의 경우 황달이 더 잘 생기고 심하게 나타나는데 대부분 3~4일이 지나면 저절로 사라져요.

일반적인 황달이 아닌 병적인 황달의 경우, 광선 치료를 받아야 해요. 눈으로는 황달의 정도를 판단하기 어렵기 때문에 발바닥이나 정맥에서 혈액을 뽑아서 혈액검사를 하는데 그 결과 수치가 높으면 인큐베이터 모양으로 생긴 기구에서 며칠간 빛을 쪼이며 빌리루빈을 혈액 밖으로 내보내는 광선 치료를 받아요.

신생아실에서 퇴원한 후에 황달이 시작되는 경우도 있고 치료를 받고 퇴원했더라도 다시 심해질 수 있으므로, 생후 3일 이후에 다리, 엉덩이, 발바닥, 손바닥까지 황달이 온다면 바로 병원으로 가야 해요. 빨리 치료하지 않으면 신경계에 이상을 끼칠 수도 있거든요. 요즘 대부분의 산후조리원에서는 소아청소년과 선생님이 주기적으로 회진을 하므로 신생아 황달은 바로 발견할 수 있어요. 치료를 받으면 금방 좋아지기 때문에 크게 걱정하지 않아도 된답니다.

대학병원에서 황달 집중 치료를 받았어요. 처음 수치가 14였는데 7로 내려가서 퇴원했어요.

수치가 16이 넘었는데, 광선 치료를 안 해도 된다고 하셔서 퇴원 후 모유 대신 분유를 먹였어요. 그랬더니 한 달 정도 걸려 서서히 황달기가 없어졌어요.

신생아 황달은 크게 나누어 생리적 황달과 병적인 황달의 두 가지 종류로 나눌 수 있는데, 치료법과 경과 및 예후가 아주 다릅니다.

❶ 약한 황달은 금방 지나가므로 크게 걱정하지 말기
❷ 다리까지 노랗게 되거나 노란 기가 심해지면 병원에 가서 검진받기

Q17 이른둥이 돌보는 법이 궁금해요

이른둥이, 또는 미숙아는 엄마 배 속에 있던 기간이 37주 미만인 아기를 말해요. 엄마 배 속에서 안전하게 성장해야 하는 기간에 세상에 나왔기 때문에 인큐베이터에서 지내게 되는데 보통 폐 성숙이 미숙해서 호흡기 치료를 하는 경우가 많아요. 34주, 체중 1.8kg 미만으로 태어난 아기는 수유 시 삼키고 빠는 행동의 조화가 잘 이루어지지 않기 때문에 튜브를 통해서 영양보충을 해야 하고, 황달 치료, 감염 치료 등을 할 수도 있어요.

이른둥이의 경우 캥거루 케어를 해주는 게 좋아요. 캥거루 케어란 아기의 맨살과 엄마(아빠)의 맨살을 최대한 많이, 최대한 오래 밀착시켜 아기의 정서 안정과 발달을 돕는 케어 방법이에요. 또한 될 수 있는 대로 모유를 먹이세요. 이른둥이는 아기가 작기 때문에 못 빨 거라는 생각과 분유가 더 영양소가 많을 거라는 생각으로 모유 수유를 하지 않는 경우가 많은데 유축을 해서라도 튜브를 이용해 먹이는 것이 좋아요. 정서발달, 질병예방에 도움이 되거든요. 실제로 이른둥이에게 잘 나타나는 괴사성 장염이 모유보다 분유를 먹인 아기에게서 6~10배 더 많이 발생한다고 하니 가능하다면 모유를 꼭 먹이는 것이 좋겠지요.

선배맘 꿀팁

예전에는 인큐베이터 비용이 매우 비쌌다고 하는데 요즘은 '외래진료비 부담 경감제도'로 외래비 혜택을 받을 수 있어서 의료비 부담이 많이 줄었어요.

선배맘 꿀팁

이른둥이 교정일을 셀 때 헷갈리는 경우가 있는데, 발달이나 먹는 것은 교정일(출산예정일)로 세고, 예방접종만 출생일을 기준으로 맞추면 된답니다. 100일이나 돌잔치는 태어난 날을 기준으로 계산하면 돼요.

Doctor's Advice

이른둥이는 별도의 수첩이나 앱을 이용해 발육과 성장을 잘 점검해야 하고, 손 씻기와 아기용품 소독 및 세척으로 감염 예방에 신경 써야 합니다. 또한 정기적인 병원 진료와 예방접종 날짜를 잘 지키도록 합니다.

멘붕탈출법

❶ 캥거루 케어 하기
❷ 유축해서 초유 먹이기
❸ 예방접종은 출생일로, 발달, 먹는 것 등은 교정일로 계산하기

Q18 신생아 몽고반점, 언제 없어지나요?

'몽고반점'이란 신생아의 엉덩이나 등에 큼직하게 나타나는 푸른 반점이에요. 동아시아, 아프리카 등에서 나타나는데 주로 몽골계 아시아인에게서 나타난다고 해서 몽고반점이라는 이름이 붙여졌지요. 한국인의 경우 신생아의 90%에서 나타날 만큼 흔한 현상이에요.

몽고반점은 피부 속 멜라닌 색소의 침착으로 생긴 것으로 생후 24개월까지 가장 진하게 나타나지만 서서히 흐려져서 4~5살 이전에는 사라지게 되니까 걱정할 필요는 없어요. 주로 엉덩이와 등 부위에 나타나지만 얼굴, 팔, 목 등 잘 보이는 곳에 나타나기도 해요.

그런데 간혹 몽고반점이 어른이 되어서도 없어지지 않는 경우가 있어요. 이런 경우를 '이소성 몽고반점'이라고 해요. 경계가 불분명하면서 색이 진하지 않은 몽고반점은 12세 정도까지 기다리면 없어지지만, 경계가 분명하면서 푸른색이 또렷하고 진한 이소성 몽고반점은 어른이 되어서도 흉터처럼 그대로 남으므로 1세 이전에 치료하는 게 좋아요. 만약 눈 주변에 갈색이나 청색 반점들이 모여 있다면 '신생아 오타모반'일 가능성이 커요. 일찍 치료할수록 치료 횟수와 기간이 짧아지므로 아기일 때 치료를 받는 것이 좋아요.

선배맘 꿀팁

저희 아이는 몽고반점이라 생각했던 것이 혈관종이어서 수술을 했어요. 반점이 불룩 튀어나와 있거나 색이 좀 달라 보이면 꼭 소아청소년과나 대학병원에서 검진을 받아보세요.

Doctor's Advice

혈관종은 대개 9세 이전에 줄어들거나 사라지는 경우가 많지만 눈 주변에 생겨 눈을 가리거나 입술, 성기 주변에 생겨 궤양을 일으킬 가능성이 높은 경우, 기능 장애를 유발하는 경우에 치료합니다. 생후 1개월 이전에 진료를 받고 더 자라지 않게 조치하는 것도 중요합니다.

멘붕탈출법

❶ 대부분의 몽고반점은 4~5세, 늦어도 12세 이전에는 없어지므로 진하거나 신경 쓰이지 않는 부위라면 기다리기
❷ 진하거나 신경 쓰이는 부위라면 소아청소년과 선생님과 상담하기

Q19 배냇머리 밀면 머리숱이 많아지나요?

선배맘 꿀팁

배냇머리를 잘라서 붓을 만들거나 배냇머리 보관함에 보관하기도 하는데, 오래 두면 버리기에 십상이니 최대한 부피를 작게 하는 방법으로 보관하는 게 좋아요.

머리숱 없는 아기를 보면 어른들이 배냇머리를 한 번 밀어주라고 하시지요. 머리숱은 둘째치고 100일 즈음 되면 아기 배냇머리가 숭숭 빠지기도 하고요. 그러면 '밀어주어야 하나, 그냥 두어야 하나?' 하고 고민하게 돼요. 정말 배냇머리를 밀어주면 머리숱이 많아질까요?

우선 배냇머리를 민다고 머리숱이 많아지는 것은 아니에요. 머리숱은 모근에 의해 결정되는데 모근의 수는 태어날 때부터 정해져 있거든요. 머리카락을 민다고 모근의 수가 늘어날 리는 없으니 머리숱이 많아진다는 것은 틀린 말이지요. 오히려 아기의 머리를 전부 밀어버리면 머리카락이 두피를 보호해 줄 수 없어서 체온조절에 어려움을 겪어요. 쉽게 한기를 느낄 수도 있고, 햇볕에 피부가 닿으면 열이 나지요. 그러니 적당히 남겨두고 잘라주거나 그냥 두는 것이 좋아요.

백일사진 촬영을 전후해서 머리카락이 많이 빠지기도 하는데 불편할 정도로 많이 빠진다면 잘라주는 게 좋고, 그냥 둬도 자연스레 배냇머리가 빠지고 새 머리가 나니까 크게 신경 쓸 필요는 없어요. 집에서 이발기로 자르는 경우도 있는데 상처가 날 수도 있고, 생각보다 어려우니 충분히 연습한 후 자신이 있을 때 하는 게 좋아요.

선배맘 꿀팁

100일 전후의 아기를 데리고 미장원에 가기가 어렵기 때문에 잘 때 머리 쪽에 수건을 깔고 불편한 부분만 살짝 잘랐어요.

멘붕탈출법

❶ 배냇머리는 체온조절에 도움을 주므로 적당히 남겨두기
❷ 100일 전후 불편할 정도로 빠진다면 미용 고려하기

Q20 아기 코가 꽉 막혔는데 어떻게 해야 할까요?

신생아 때는 분비물도 많고 콧구멍도 작아서 코가 잘 막혀요. 코가 막히면 젖을 잘 못 먹어서 짜증을 내기도 하고 잠도 잘 못 자서 힘들어하지요. 또 신생아는 콧속 점막이 약하기 때문에 점막이 자주 붓는답니다. 이럴 때는 가래가 있는 것처럼 숨 쉴 때마다 쌕쌕 소리가 나기도 해요.

특별히 아기가 힘들어하지 않는다면 코가 막혀도 괜찮지만 젖을 먹을 때나 잘 때 힘들어한다면 실내 습도가 낮아서일 수 있으니 우선 실내 습도를 평소보다 많이 높여주세요. 실내 습도 50~60%를 유지할 수 있도록 깨끗한 수건을 아기 주변에 널어 놓거나, 따뜻한 물을 분부기에 넣어서 공기 중에 뿌리는 것이 좋아요. 화장실 욕조에 따뜻한 물을 받아두어 습기가 가득 차게 한 다음, 아기를 5분 정도 안고 있다가 콧방울을 살살 눌러주면 코딱지가 쉽게 나오기도 해요.

코막힘이 심하다면 콧속 분비물을 빼내는 게 좋아요. 면봉에 식염수나 정제수를 충분히 적셔 콧구멍 주변에 살짝 묻히거나 따뜻한 물에 적신 손수건을 코 밑에 대준 다음 잠시 후에 코 안쪽에 면봉을 살짝 대면 코딱지가 딸려 나오기도 해요. 심한 경우 생리식염수를 콧속에 1~2방울 떨어뜨린 뒤 코를 살짝 비벼주면 재채기를 하면서 콧속 분비물이 나오기도 하지요.

{ 선배맘 꿀팁 }
피지오머나 식염수를 살짝 뿌려주고 콧물 흡입기로 빼주니까 쉽게 쏙 코를 뺄 수 있어서 정말 좋았어요.

Doctor's Advice
자동 콧물흡입기를 사용하면 편리하지만 너무 자주 사용하면 코 점막에 무리를 줄 수 있으니 가끔씩 사용하도록 합니다.

{ 멘붕탈출법 }

❶ 50~60%로 실내 습도 높이기
❷ 따뜻한 수건 코 밑에 대주기
❸ 습도 높인 욕실에 있다가 코 눌러주기
❹ 생리식염수, 코 세척 전용 스프레이를 코에 살짝 뿌리고 살짝 비벼주기

Q21 콧물이 나고 기침을 하는데 병원에 가야 할까요?

선배맘 꿀팁

저희 아기 50일 때 컹컹거리는 기침을 해서 소아청소년과에 갔더니 모세기관지염이었어요. 약을 5일 정도 먹으니까 괜찮아졌어요. 간혹 폐렴으로 가는 아기들도 있으니 기침 소리가 안 좋거나 심하면 병원에 바로 가보세요.

신생아는 감기에 걸리지 않는다고 생각하는 엄마들이 많아요. 실제로 엄마에게서 면역성분을 전달받은 신생아들은 생후 3개월~6개월까지는 바이러스성 감염에 잘 걸리지 않는 것이 보통이에요. 그러나 아기를 돌보는 사람이나 형제자매 등 가족 중에 감기에 걸린 사람이 있으면 아기도 감기에 걸릴 수 있어요.

단순히 투명한 콧물이나 재채기를 보고 감기가 아닐까 걱정할 필요는 없어요. 콧물이나 재채기는 먼지 때문이거나 건조하기 때문일 수 있거든요. 습도 조절만 잘 해주면 괜찮아지는 경우가 많아요. 또, 아기가 침을 삼키다 기침하는 경우도 있으니 잘 놀고, 잘 먹는다면 계속 지켜봐도 괜찮아요.

그런데 만약 젖을 잘 못 먹고, 열이 동반된다거나, 기침이 길어지면 병원을 찾는 게 좋아요. 모세기관지염이나 후두염에 걸렸을 수도 있거든요. 의사의 판단에 따라 태어난 지 한 달도 안 된 경우에는 심하지 않으면 약을 처방해주지 않고, 또 어떤 경우에는 소량으로 약을 지어주기도 하므로 우선은 병원을 찾아가는 것이 좋답니다.

멘붕탈출법

❶ 콧물이 약간 나고 기침하는 정도라면 온습도 맞춰주기
(온도 23~24℃, 습도 50~60%)
❷ 잘 놀고 잘 먹는지 지켜보기
❸ 아기가 보채거나 2~3일간 콧물, 기침이 계속되면 가까운 소아청소년과로

Q22 백일 전 아기는 열나면 무조건 병원으로 가야 하나요?

아기가 갑자기 보채거나 평상시보다 몸이 따뜻하다는 느낌이 들면 체온을 재보세요. 아기는 어른들보다 체온이 높은 편이라 37.2도까지는 정상체온으로 봐요.

기초체온보다 조금 높은 미열이라면 방안 온도가 높거나 옷을 많이 입어서 그럴 수도 있으니 우선 주변을 시원하게 해주세요. 아기를 시원한 거실로 옮기거나 옷을 조금 얇게 입힌 뒤 기다려보면 정상체온으로 돌아올 수 있어요. 열이 난다고 옷을 다 벗기는 것보다는 얇은 옷을 입혀 놓는 것이 체온조절에 도움이 돼요. 그렇게 해도 열이 난다면 바이러스성 감기나 장염, 중이염, 요로감염 등 감염성 질환에 걸렸을 가능성이 커요.

100일 이전 아기의 체온이 평소 체온보다 높고 시원하게 해주어도 열이 안 떨어지면 바로 병원에 가도록 하고, 100일 이후의 아기더라도 38도 이상의 열이 계속된다면 병원에 가보는 게 좋아요. 100일 이후의 아기가 한밤중에 38도 이상으로 열이 오른다면 일단 해열제를 먹여서 열을 떨어트리세요. 해열제를 먹인 후 1시간 후에도 38도 이상 열이 난다면 따뜻한 물에 적신 수건으로 몸을 닦아주어 체온을 떨어트리는 게 좋아요. 단, 38도 미만의 미열이거나 오한이 있을 때는 하지 않는 게 좋아요.

열이 날 때 무조건 인터넷에서 본 정보로 대처하는 경우가 있는데, 인터넷으로 검색한 정보보다는 선생님께 정확하게 물어보고 아기의 상황이나 증상에 맞게 대처하는 것이 중요하답니다.

선배맘 꿀팁

열나요 앱을 깔아두면 열이 날 때 대처방법과 해열제 먹일 시간 등을 알려줘서 편해요.

Doctor's Advice

100일 후 아기가 38도 이상의 고열일 때는 돌발 발진일 수 있으므로 병원을 찾아야 합니다. 돌발 발진은 돌 즈음에 주로 나타나서 돌발진이라고 부르기도 합니다. 고열과 발진이 주요 증상으로 뇌수막염, 패혈증, 폐렴 등 다른 질병의 초기 증상일 수 있으므로 검사가 필요합니다.

Q23 예방접종, 꼭 맞혀야 하나요?

예방접종으로 인한 피해 사례가 소개되면 '예방접종을 정말 꼭 해야 하나요?'라는 질문을 하는 엄마들이 계세요. 예방접종은 내 아기를 위해서도, 또 아기가 함께 지낼 다른 사람들을 위해서도 꼭 필요한 일이에요. 국가 차원의 예방접종을 시작하면서 과거에 심각했던 질병들이 사라졌으니까요.

지금껏 논란이 되었던 백신에 포함된 알루미늄 성분의 면역증강제를 장기간 감시한 결과 뚜렷한 문제가 발견된 제품은 없었고, 국내 시판되는 백신 중에는 수은 성분이 들어있는 것도 거의 없다고 해요. 이렇게 안전한 범위 내에서 백신을 사용하고 있고 또 아예 이런 성분을 제거한 백신들이 나오고 있으니 크게 걱정하지 않아도 돼요.

간혹 예방접종을 맞히지 않고 병에 한 번 걸려서 앓고 면역력을 가지는 것이 더 낫지 않느냐는 엄마들도 계시지만 그 과정을 떠올려보면 생각이 달라질 거예요. 어떤 병은 생명에 지장을 주거나 후유증이 심각한 경우도 있는데 그걸 겪는 것이 나을지, 예방하는 것이 나을지 말이에요.

감기 기운이 있거나 아기 컨디션이 좋지 않아 예방접종 날짜를 바꾸고 싶을 경우엔 꼭 병원에 연락하여 상의하는 게 좋아요. 예방접종은 정해진 기간 내에 맞아야 효과가 있으니까요.

선배맘 꿀팁

국공립어린이집, 단설·병설유치원, 초등학교에 가려면 예방접종 기록이 필요해요. '예방접종도우미' 사이트에서 예방접종 기록을 확인하고 프린트할 수 있어요.

선배맘 꿀팁

예방접종은 가능한 아침에 맞히는 게 좋아요. 발열이나 부작용이 있을 경우 병원에 찾아가야 하는데 밤에 이상이 생기면 빠르게 조치하기 어려우니까요.

Doctor's Advice

예방접종 후에는 약간의 미열이 있을 수 있고 보챌 수도 있습니다. 어느 정도는 괜찮지만 예방접종 후 24시간 이내에 구토, 38℃ 이상의 열, 접종 부위에 심한 부종, 딱딱함이 보이면 병원에 가야 합니다.

멘붕탈출법

❶ 예방접종하러 가는 날 아기 컨디션 살피기
❷ 접종 후 목욕시키지 않기
❸ 열 재기(24시간 이내 38℃ 이하 미열은 있을 수 있음)
❹ 접종 자리 만지지 않기(일시적인 근육 뭉침이 있을 수 있음)

Q24 하루에 여러 가지 예방접종을 해도 괜찮나요?

예방접종을 맞히러 가면 한꺼번에 두 가지, 세 가지를 맞히는 경우가 있어요. 안 그래도 여리고 작은 아기한테 주사를 맞히는 것도 안쓰러운데, 여러 개를 맞으면 아기가 잘 견뎌낼지, 열이라도 나면 어떻게 할지 걱정이 돼요. 이렇게 한꺼번에 맞아도 되는 걸까요? 대답은 '네'예요.

의사들은 특별한 경우를 제외하고는 같은 날 가능한 접종을 한꺼번에 맞히도록 권하고 있어요. 여러 가지 접종을 한꺼번에 맞히면 아기에게 위험해 보일 수 있지만 그렇지 않아요. 또 한 번에 맞히면 아기의 병원 출입 횟수를 줄일 수 있고 날짜를 잊지 않고 제때 맞힐 수 있어서 좋아요.

모든 종류의 백신은 동시 접종이 가능한데, 동시 접종 시 각각 다른 주사기를 사용해야 하며, 같은 팔이나 다리에 두 가지 이상의 백신을 맞힐 때는 최소 2.5cm 이상 간격을 두어야 한다는 점은 알아두세요. 또 간혹 4주 이상 간격을 두고 맞아야 하는 것도 있는데 보통 병원에서 미리 알려주니 잘 기록해두었다가 날짜를 맞춰서 맞히도록 해요.

아무리 그래도 여러 가지를 한 번에 맞히는 것이 꺼려질 수도 있어요. 만약 부모가 한꺼번에 맞기를 원치 않으면 간격을 두고 맞혀도 괜찮으니까 의사 선생님과 상의 후 결정하도록 하세요.

선배맘 꿀팁

부모가 하루에 다 맞히는 걸 원하지 않으면 선생님께 말씀드려 보세요. 따로 맞게도 해주더라고요.

Doctor's Advice

일부 백신은 접종 시기가 지연될 경우 예방접종 실시 기준에 따라 접종일정이 변경되어 총 접종 횟수가 줄어들거나 접종이 불필요할 수도 있습니다. 접종이 지연된 경우에는 향후 접종일정에 대해 의사와 상담하시는 것이 좋습니다.

Doctor's Advice

예방접종 날짜는 과학적인 데이터를 근거로 하여 권장 시기와 횟수를 정한 것이므로 임의로 날짜를 변경하는 것은 좋지 않습니다.

멘붕탈출법

❶ 날짜 맞춰 예방접종 맞히기
❷ 의사 선생님이 권하는 대로 맞히기
❸ 걱정이 된다면 상의 후에 2~3일 혹은 일주일 간격 두고 맞히기

Q25 선택접종도 다 해야 하나요?

예방접종 관련 문의
· 질병관리본부 예방접종도우미 사이트
· 전국 보건소 및 질병관리본부 예방접종관리과 (043-719-6848~6850)
· 질병관리본부 콜센터(1399)

왠지 필수접종은 꼭 맞아야 할 것 같고, 선택접종은 안 맞아도 될 것 같은 느낌이 든다고요? 사실 필수접종과 선택접종은 정확한 용어가 아니랍니다. 소아청소년과학회에서는 '기본접종', 질병관리본부에서는 '국가예방접종'이라고 하는 것을 필수접종이라고 부르고, 그 외의 '기타예방접종'을 선택접종이라로 부르고 있는 거예요. 선택접종은 선택을 하라는 뜻이 아니라 가격 대비 효과가 기본접종보다는 적기 때문에 기본접종이 되지 못한 것뿐이에요. 선택접종도 점점 필수접종이 되어가는 추세이므로 선택접종도 다 맞히는 것이 좋아요.

 국가예방접종(필수접종)

2018년을 기준으로 무료접종 대상 백신은 총 17종이에요. 만 12세 이하 어린이(2018년의 경우 2005년 이후 출생자)를 대상으로 예방접종 비용 전액을 지원해줘요. 다만 일부 백신의 경우 지원 연령이 다를 수 있으므로 미리 문의하세요.

Doctor's Advice
수막구균 예방접종은 백신에 따라 접종 시기가 생후 2개월 이후, 혹은 9개월 이후 등 차이가 있으므로 접종 시기와 접종 횟수는 의사와 상의 후에 결정하는 게 좋습니다.

 기타 예방접종(선택접종)

수막구균 예방접종 수막구균에 의한 급성 감염병인 뇌수막염을 예방하는 주사로 뇌수막염예방접종이라고도 해요. 걸릴 확률은 낮지만 걸리면 치명적인 수막염과 패혈증을 일으키므로 예방이 필요해요. 비용은 병원에 따라서 차이가 있지만 13~15만 원 정도예요.

로타바이러스 예방접종 구토, 설사, 발열을 동반하는 로타바이러스는 전염성과 재발 위험이 높은 장염이에요. 예방접종을 해도 걸리는 경우가 있지만 예방접종이 있기 전에는 물 설사를 하고 힘들어하던 아기들이 많았던 반면, 예방접종 후에는 걸리더라도 약하게 지나가기 때문에 예방접종을 하는 편이 더 나아요.

선배맘 꿀팁
단체생활을 일찍 시작할 아이의 경우 2회 접종으로 항체가 빨리 생기는 로타릭스를 맞추는 게 좋아요.

로타텍, 로타릭스 두 가지 중에서 로타텍(5가, 6~10만 원)은 생후 2, 4, 6개월에 3회 접종, 로타릭스(1가, 10~13만 원)는 생후 2, 4개월에 2회 접종하면 돼요. 로타텍은 예방범위가 넓고 3회 접종으로 항체가 천천히 생기는 대신 4~5살까지 효과가 있고, 로타릭스는 2회 접종으로 항체가 빨리 생기는 대신 예방범위가 좁고 3~4살까지 효과가 있어요.

BCG 예방접종 중증 결핵을 예방하는 백신으로 모든 신생아를 대상으로 생후 4주 이내 접종해요. 국내에서 사용 중인 결핵 백신은 피내용과 경피용 두 종류가 있는데, 피내용 백신은 국가에서 접종비용을 지원하고 있고, 경피용 백신은 7만 원 선이에요.

국가에서 접종 비용을 지원해주는 피내용 BCG는 옛날에 불주사라고 부르던 거예요. 흉터가 붉게 남는 경우가 많아서 요즘은 대부분 흉터가 잘 남지 않는 경피용을 맞아요.

피내용 BCG(주사형)	경피용 BCG(도장형)
피부에 약 15도 각도로 바늘을 완전히 삽입한 후 백신 주입. 정확한 용량 주입 가능. 무료	피부에 주사액을 바른 후 9개의 바늘을 가진 주사 도구를 이용하여 두 번에 걸쳐 강하게 눌러 접종. 7만 원 선

경피용 BCG를 맞고 나서 곪고 부어올라서 걱정했는데 반응하는 과정이라고 하더라고요. 시간이 지나니 괜찮아졌어요. 간혹 부작용이 있을 수도 있으니 심하게 부어오르면 병원에 문의하세요.

♥ 생후 18개월까지의 예방접종 목록

	대상 감염병	백신종류 및 방법	횟수	출생~1개월 내	1개월	2개월	4개월	6개월	12개월	15개월	18개월
국가예방접종	결핵	BCG(피내용)	1	1회							
	B형 간염	HepB	3	1차	2차			3차			
	디프테리아 파상풍 백일해	DTaP	5			1차	2차	3차		4차	
		Tdap	1								
	폴리오	IPV	4			1차	2차	3차			
	b형 헤모필루스인플루엔자	Hib	4			1차	2차	3차	4차		
	폐렴구균	PCV(단백결합)	4			1차	2차	3차	4차		
	홍역 유행성이하선염 풍진	MMR	2						1차		
	수두	VAR	1						1회		
	A형 간염	HepA	2						1~2차		
	일본뇌염	IJEV(불활성화 백신)	5						1~2차		
		LJEV(약독화 생백신)	2						1차		
	인플루엔자	IIV	-					매년 접종			

Q26 에어컨이나 공기청정기 등을 사용해도 괜찮나요?

네. 물론 신생아가 있는 방에도 에어컨, 선풍기, 공기청정기 등을 사용해도 괜찮아요. 하지만 신생아는 온도 차에 예민하므로 에어컨을 사용하더라도 바깥 온도와 5도 이상 차이가 나지 않는 게 좋고, 아기가 직접 바람을 쐬지 않도록 해야 해요. 아기에게 얇고 긴 옷을 입힌 상태로 너무 더울 때만 에어컨을 30분 정도 켰다가 끄면 무리가 안 가요.

날로 미세먼지가 기승이라 요즘은 공기청정기를 사용하는 집이 많은데, 아기가 있는 집은 오염물질을 걸러줄 수 있는 필터식 공기청정기가 좋아요. 초미세먼지를 걸러낼 수 있는 헤파필터 H13 등급 이상으로 구매하고, 소음이 적고, 평수에 적당한 것, 유지관리 비용이 적게 드는 것을 선택하세요.

겨울에 많이 사용하는 가습기는 가열식, 초음파식, 복합식이 있어요. 쉽게 녹슬지 않고 내구성이 튼튼한 스테인리스나 실리콘 소재를 골라 식초, 베이킹소다, 소금물 등 천연 세정제로 매일 씻어 사용하면 걱정 없이 사용할 수 있어요.

어떤 가전제품이든 아기에게서 멀리 두고 사용하고, 필터 청소를 제때 해서 청결하게 유지해야 해요. 가습기 사용이 꺼려진다면 천연 숯 가습기나 허브향이 첨가된 오일을 넣은 물을 분무기로 분사해서 습도를 유지해주는 것도 한 방법이랍니다.

선배맘 꿀팁
가습기랑 공기청정기를 같이 틀면 습기를 먼지로 인식해서 청정기 미세먼지 수치가 높아질 수 있어 따로 사용해야 해요. 또한 가습기는 한 번에 3시간 이상 틀면 안 좋고 환기를 자주 해야 한답니다.

선배맘 꿀팁
공기청정기는 필터식, 음이온식, 복합식으로 나눌 수 있는데 음이온식은 오존이 발생하기 때문에 오존발생량을 따져봐야 해요.

Doctor's Advice
전자모기향 사용에 관해서도 궁금해하는 부모들이 많은데, 어떤 좋지 않은 영향을 끼치는지 구체적인 데이터나 결과는 없지만, 아무래도 모기향보다는 모기장을 사용하는 것이 안전합니다.

멘붕탈출법
❶ 어떤 가전제품이든 신생아에게 직접 닿지 않는 곳에 멀리 두기
❷ 청소가 쉬운 제품으로 선택해서 청결하게 관리하기
❸ 천연 가습기나 분무기 등의 사용으로 최대한 화학제품, 기계사용 줄이기

Q27 옹알이에 어떻게 반응하는 게 좋을까요?

아기들은 태어나기 전 배 속에서부터 소리를 들을 수 있는데 생후 1주일이 지나면 작은 소리까지 들을 수 있어요. 생후 2~3개월이면 소리가 나는 쪽으로 고개를 돌리며, 발달이 빠른 아기들은 엄마 아빠의 목소리를 구별하기도 하지요.
생후 2개월쯤 되면 '아, 에, 오' 같은 모음을 발성하고, 3개월이 지나면 '아, 우, 으' 등 서로 다른 모음의 소리를 연이어 내며 15초 이상 계속 소리를 내요. 이때 엄마가 소리를 반복해서 들려주면 비슷한 소리와 억양을 따라 하기도 하고요.
이러한 옹알이는 신경 근육이 발달하여 일어나는 것으로 의사소통을 위한 말이나 단어를 표현하기 이전에 아기가 내는 '혼잣소리'라고 할 수 있어요. 부모나 양육자가 아기의 옹알이에 적극적으로 대응해주면 의사소통의 욕구를 자극하게 되어 언어발달에 도움이 된답니다.
그러니까 활발한 상호작용이 이루어질 수 있도록 말을 많이 하는 것이 좋아요. "축축하지? 뽀송뽀송한 기저귀로 갈아줄게." 하는 식으로 아기에게 하는 행동들을 말로 표현하며 말을 걸어주세요. 아기가 엄마의 관심과 사랑을 느낄 수 있고, 언어 자극도 되지요. 눈을 맞추고 아기가 하는 말을 따라 하고, 반응해주면 대화하는 느낌을 받을 수 있어요. 동시에 다양한 표정을 지으면 아기에게 감정이 고스란히 전해진답니다.

선배맘 꿀팁

아빠가 기저귀 갈기, 분유 먹이기 등의 육아를 자주 해야 더 많은 대화를 나눌 수 있게 되더라고요. 아기를 돌볼 때 아기에게 그 상황을 설명하거나 엄마, 아빠의 생각이나 느낌을 말하는 게 아기의 두뇌 개발에 좋다고 해요.

멘붕탈출법

❶ 옹알이에 적극적으로 반응하기
❷ 아기에게 하는 행동을 설명하며 말 걸기

Q28 깨어있는 시간이 많아졌는데 어떻게 놀아줘야 하죠?

선배맘 꿀팁

꼭 재미있게 놀아줘야 한다는 부담감을 가지면 아기와 함께 있는 시간이 힘들어져요. 그냥 아기를 사랑스럽게 바라보면서 반응해주는 것만으로도 충분해요.

잼잼악수

색깔 장난감으로 놀아주기

모빌, 딸랑이 달아 놓기

쎄쎄쎄 하기

아기는 주로 주먹을 쥔 채 만세를 부르듯 두 팔을 위를 향해 벌리고 잠을 자요. 그리고 배가 고프거나 불편하면 엄마에게 울음으로 알리고, 그게 충족되면 다시 잠을 자지요. 온종일 자는 것 같지만 보고, 듣고, 만지는 등의 자극을 통해서 신경섬유가 자라고 뇌의 회로가 만들어지는 중요한 시기랍니다. 생후 100일까지 각 시기에 꼭 맞는 놀이법으로 놀아주면 두뇌를 발달시킬 수 있어요.

[생후 1개월 놀이방법]

☐ 엄마, 아빠 목소리 들려주기 : 책을 읽어주고, 이야기를 들려주고, 아기 행동에 반응해주면서 목소리 자주 들려주기
☐ 잼잼 악수 : 엄마, 아빠의 엄지손가락을 아기 손에 넣고 손가락을 꼭 잡고 아기랑 악수하기
☐ 아기 마사지 : 기저귀를 갈 때나 목욕 후 베이비오일을 이용해서 손끝 발끝에서 심장 쪽으로 부드럽게 마사지하기
☐ 선명한 색깔 장난감으로 놀아주기 : 아기 얼굴 가까이에 선명한 색깔의 장난감을 보여주며 차츰 원색에 관심 갖게하기

[생후 2개월 놀이방법]

☐ 메아리 놀이하기 : 아기가 '아', '우'라고 하면 함께 따라하기
☐ 다독이며 노래 불러주기 : 뇌의 작용을 활발하게 하도록 아기 옆에 누워 다독이며 노래 불러주기
☐ 모빌, 딸랑이 달아 놓기 : 아기의 손이 닿는 곳에 장난감을 놓아두기. 손을 뻗어 만졌을 때 소리 나는 것을 느끼고 반복하게 하기
☐ 아기 체조하기 : 발목과 무릎을 잡고 교대로 다리를 굽혔다 펴는 놀이하기
☐ 쎄쎄쎄 하기 : "쎄쎄쎄, 아침 바람~" 노래에 맞추어 아기의 팔을 벌렸다가 엇갈리는 등 쉽고 간단한 동작으로 감각 길러주기

[생후 3개월 놀이방법]

□ 잼잼 놀이하기 : 아기가 꼭 쥐고 손힘을 기를 수 있도록 치발기나 인형 손에 쥐어주기
□ 입방귀 놀이하기 : 배에 입을 대고 '푸푸~' 숨을 불며 아기와 놀아주기
□ 그림책 보여주기 : 시각과 청각이 발달하도록 커다란 그림책을 아기가 볼 수 있게 펼쳐 놓고 보여주기
□ 장난감 좇기 : 눈으로 좇을 수 있도록 얼굴에서 20cm 정도 떨어뜨려 좌우로 움직이기
□ 시선 맞추기 : 아기가 응시하고 있는 사물의 이름을 말해주거나 말을 걸어주기

입방귀

흔들흔들 장난감 좇기

[생후 4개월 놀이방법]

□ 엎드려 장난감 잡기 : 배를 대고 엎드리면 손이 닿을 만한 곳에 장난감을 두어 아기 스스로 움직이도록 유도하기
□ 촉감 놀이하기 : 아기가 만져도 괜찮은 안전하고 촉감이 좋은 물건을 주어 촉각발달 돕기
□ 엎드려서 눈 맞추기 : 목 가누기가 확실해지면 함께 엎드려서 눈을 맞추어주기
□ 흔들어주기 : 세워 안을 수 있게 되면 두 손을 겨드랑이에 끼고 안은 채로 흔들어주기
□ 간질이기 : 겨드랑이나 배를 살살 간질이며 놀이하기
□ 까꿍 놀이하기 : 두 손으로 얼굴을 가렸다 보여주며 까꿍 놀이하기
□ 다양한 표정 짓기 : 여러 가지 표정을 지으며 놀이하기

엎드려서 눈 맞추기

까꿍 놀이

♥ 생후 100일 장난감

생후 1, 2개월 모빌과 초점 책, 딸랑이로 자극을 주는 것이 좋아요.

생후 3, 4개월 헝겊 책이나 인형을 직접 만져보게 하거나 의성어, 의태어 등을 써서 다양한 표현을 하면서 놀아주세요. 꼭 많은 가짓수의 놀잇감이 필요한 건 아니랍니다. 한 가지만으로도 다양하게 놀아줄 수 있어요. 국민 놀잇감으로 불리는 아기 체육관, 오뚝이 등을 활용해서 자극을 주는 것도 좋아요.

Q29 아기 아빠와 육아를 함께 하려면 어떤 방법이 좋을까요?

많은 선배맘들이 아빠가 신생아부터 육아를 함께해야 나중에도 행복한 육아를 할 수 있다고 말해요. 아기가 좀 크면 낯을 가려서 아빠가 돌보기 힘들어질 수도 있고, 엄마가 더 잘하는 것처럼 여겨져서 아빠는 자꾸 육아에서 뒤로 밀려나게 되거든요. 또한 아빠와 엄마가 주는 자극이나 가르침이 다르기 때문에 부모가 함께 육아하면 아기가 고른 발달을 할 수 있답니다. 그럼 어떤 방법으로 아빠가 육아에 참여하는 게 좋을까요? 아빠와 함께했을 때 효과적인 육아 방법을 알려드릴게요.

선배맘 꿀팁

아빠가 아기를 잘 돌볼 수 있는 시스템을 갖추면 편해요. 물티슈, 기저귀 등은 항상 약속된 장소에 두고, 분유 타는 법은 벽에 붙여 놓는 등 아빠도 육아에 쉽게 참여할 수 있도록 시스템을 갖춰보세요. 아빠육아와 관련된 책을 읽게 하는 것도 큰 도움이 돼요.

♥ 아빠와 함께하는 육아

목욕시키기 아빠는 목욕물을 받아서 온도를 맞추고 목욕 수건, 가제 수건, 샴푸, 기저귀 등 필요한 물건을 챙겨요. 그동안 엄마는 아기를 안고 아기 컨디션을 살핍니다. 그리고 한 명은 아기를 팔에 안고, 한 명은 물로 닦이면서 함께 목욕시켜요.

수유하기 모유 수유라면 아빠가 아기를 안고 있다가 엄마가 모유 수유할 준비가 되면 아기를 건네주어요. 엄마가 수유하는 동안 옆에서 이야기를 나누거나 책을 읽어주면서 엄마가 혼자 수유한다는 느낌이 들지 않도록 해요. 분유 수유라면 아빠도 번갈아 분유 수유를 하도록 하고요.

놀아주기 엄마는 아기가 컨디션이 좋을 때 아빠가 함께 놀 수 있도록 시간을 주세요. 아기랑 같이 놀 수 있는 놀잇감, 책, 인형을 주면서 구체적으로 무엇을 하고 놀지 이야기해주면 좋아요.

재우기 아기를 재울 때도 함께해요. 엄마가 아기를 안고 있으면 아빠가 노래를 불러주거나 아기를 눕혀놓은 후 아빠가 책을 읽어주어도 좋아요.

선배맘 꿀팁

가장 중요한 것은 아빠를 격려하는 것 같아요. 아무래도 종일 아기와 함께 있을 수 없는 아빠는 엄마보다 아기 돌보기가 서투를 수 있어요. 하지만 격려하고 칭찬하다보면 즐겁게 육아를 할 수 있게 돼요. 엄마도 처음부터 배웠듯 아빠도 배우면 할 수 있으니까요.

Q30 언제쯤 눈맞춤하고 엄마 아빠를 알아보나요?

생후 한 달이 지났는데도 아기가 눈을 못 맞추는 것 같아서 걱정된다고요? 아기들은 언제부터 엄마 아빠를 알아보는 걸까요?

시각은 가장 늦게 발달하는 감각으로 생후 2개월이 되어야 엄마, 아빠를 알아볼 수 있게 된답니다. 태어난 지 1~2주 이내의 신생아는 눈에서 20~35cm 정도 거리 안에 있는 사물을 가만히 바라볼 수 있을 뿐, 움직이는 물체를 눈으로 좇지는 못해요. 약 4주가 지나야 약 20~30cm 거리의 사물을 알아볼 수 있지요. 이때까지는 윤곽선이나 명암이 뚜렷한 것만 구분해요. 약 2개월이 되면 초점을 맞추어 사물의 전반적인 형태를 볼 수 있게 돼요. 눈을 뜨고 있는 시간도 길어지는데 이때쯤부터 엄마의 얼굴이 이동하는 대로 눈을 움직이고, 밝은 곳을 바라보며, 눈도 깜빡이기 시작해요. 즉 생후 두 달이 지나야 아빠, 엄마와 눈도 맞추게 되고 엄마가 웃으면 따라 웃는 등 눈 맞춤을 제대로 시작하게 된답니다.

생후 3~4개월이 되면 본격적인 시력발달이 시작되는데 색을 어느 정도 분간할 수 있게 되고, 5~7개월이 되면 양쪽 눈으로 사물을 볼 수 있는 양안시 기능이 생겨서 사물을 더욱 정확하게 볼 수 있어요.

만약 생후 2개월이 되어도 눈맞춤이 없거나 미소가 없다면 눈 안쪽의 문제(선천성 녹내장, 백내장)이거나, 뇌의 문제일 가능성이 있으므로 소아청소년과 전문의와 상담해보도록 하세요.

Doctor's Advice

시력 발달 외에 주의 깊게 보아야 할 것은 목 가누기입니다. 아기가 머리를 수직으로 들기 시작하는 시기는 3개월경이며, 목을 안정적으로 가누는 시기는 4개월경입니다. 생후 3개월인 아기가 어느 정도 목을 세울 수만 있어도 괜찮습니다. 그러나 만약 고개를 세우지 못하고 뒤로 처지거나 5개월이 지나도 목 가누기가 안정적으로 이루어지지 않는다면 전문의와 상의해야 합니다.

Doctor's Advice

청각의 발달은 시각보다 일찍 이루어지기 때문에 신생아기에도 큰소리에 반응하고 엄마 목소리에서 안정감을 느낄 수 있답니다. 4~5개월이 되면 소리 나는 방향으로 고개를 돌리고, 9~10개월에는 자기 이름을 정확하게 알아들을 수 있게 됩니다.

Q31 아기 사진 잘 찍고 잘 보관하는 방법이 있을까요?

선배맘 꿀팁

동영상 편집기 앱(Video Show, Snow, Viva Video 등)을 이용하면 촬영, 편집, 포토영상 등 다양하게 만들 수 있어서 좋아요.

선배맘 꿀팁

스튜디오 촬영 외에 휴대폰으로 찍은 스냅사진을 모아 시기별로 포토북을 만들었어요. 100일, 200일, 돌 등을 제가 직접 찍은 스냅사진으로 채웠더니 스튜디오에서 찍은 사진보다 훨씬 좋은 추억이 되더라고요. 나중에 돌 잔치용 성장 영상을 만들 때도 잘 썼어요.

아기의 어릴 때 모습을 남겨두기 위해서는 사진만 한 것이 없지요. 신생아 시절은 금방 지나가 버리기 때문에 틈틈이 촬영해두어야 나중에 후회하지 않아요. 스튜디오에 촬영을 의뢰하기로 한 경우, 집에서 찍는 사진에 소홀할 수도 있는데, 스튜디오에서 찍는 사진과 집에서 자연스럽게 찍는 사진은 그 느낌이 완전히 달라요. 그러니 집에서도 최대한 다양한 표정을 담아두세요. 웃는 모습만 찍어 놓기보다는 우는 모습, 놀란 모습 등 다양한 표정을 담아 놓으면 나중에 이 시절을 생생하게 떠올리기 좋답니다.

또 무언가를 처음 할 때의 모습을 동영상으로 담아두는 것도 좋아요. 처음 뒤집었을 때, 처음 속싸개를 뺐을 때, 혹은 처음 이유식을 했을 때 등을 영상으로 찍어두는 거예요. 어떤 상황을 연출하기보다는 자연스러운 장면을 찍어 놓는 것이 좋아요. 삼각대를 이용해서 관찰카메라처럼 담는 것도 나중에 보면 좋은 추억이 된답니다.

맘스다이어리와 같은 앱을 이용해서 사진과 영상을 올려놓으면 관리하기도 편하고 나중에 앨범이나 책으로도 만들 수 있어서 좋아요.

멘붕탈출법

❶ 다양한 표정 담기
❷ 처음 하는 모습 영상으로 담기
❸ 관찰카메라 찍기
❹ 다이어리 앱 활용하기
❺ 책이나 앨범으로 만들기

Q32 스튜디오 촬영 때 알아두어야 할 점이 있을까요?

아기의 예쁜 모습을 남겨주기 위해 보통 출산 전에 만삭 사진과 함께 돌 성장 앨범을 계약하는 경우가 많아요. 돌 성장 앨범 패키지는 만삭 사진, 신생아 사진, 50일, 100일, 200일, 돌 사진 중에서 원하는 시기를 고르는데 계약 조건에 따라 원본 사진이나 보정한 사진 파일을 안 주는 경우도 있으니 미리 확인해보세요. 일반적으로 성장 앨범을 계약하면 사진 원본을 주지만 무료 만삭 사진이나 무료 신생아 사진만 찍으면 원본은 따로 돈을 지급하고 사야 해요.

스튜디오 촬영을 할 때는 예약한 날짜에 아기 컨디션이 따라주지 않아서 몇 번 다시 촬영하는 경우도 많아요. 그러니 사진을 예쁘게 남기려면 아기 컨디션을 잘 유지해야 해요. 촬영 시간 전에 잘 먹이고, 잘 재워야 기분 좋게 촬영할 수 있어요. 대부분의 스튜디오에서 촬영용 소품을 갖추고 있기 때문에 별도의 촬영용 소품을 준비하지 않아도 되지만 아기가 특히 좋아하는 게 있다면 한두 개쯤 챙겨도 좋아요. 아기 주의를 끌 만한 딸랑이나 소리 나는 장난감, 빛이 나오는 장난감이 효과가 있어요. 그 외에 특별히 입히고 싶은 옷이나 헤어밴드, 기저귀, 수유용품, 여벌 옷, 가제 수건 등을 따로 준비해 가세요.

선배맘 꿀팁

보통 50일, 100일 촬영은 진짜 날짜보다 약간 늦게 해요. 이때는 돌 촬영과 달리 아기의 움직임이 덜하므로 컨디션만 잘 맞춰주면 예쁜 촬영을 할 수 있고, 힘들지 않아서 셀프 촬영도 괜찮은 것 같아요.

선배맘 꿀팁

돌 촬영 때는 촬영 컷 수가 많아서 아기가 힘들어하기도 하고, 낯을 가려서 울거나 안 찍으려고 하는 경우가 많으니까 미리 아기의 기분을 달랠 수 있는 간식이나 장난감 등을 준비하는 게 좋아요.

멘붕탈출법

❶ 촬영일 전부터 아기 컨디션 조절하기
❷ 수유 시간, 수면시간을 고려하여 촬영 시간 예약하기
❸ 아기가 좋아하는 장난감과 간식 준비하기
❹ 입히고 싶은 옷이 있다면 따로 챙겨가기

Q33 백일잔치, 간단하면서도 정성껏 치르고 싶어요

선배맘 꿀팁

범보의자, 스너그, 부스터 등은 보통 목을 가눌 수 있는 4개월 이후에 사용할 수 있기 때문에 백일잔치 때 사용하려면 목 받침이 있는 범보의자를 사용하는 게 좋아요. 범보의자도 힘들다면 바구니 카시트에 앉히거나 바운서에 앉혀 놓고 하는 것도 좋아요.

숫자 100(百)에는 완성한다는 의미가 있어서 완성된 단계를 무사히 넘기게 되었음을 축하한다는 뜻으로 백일 상을 차려요. 전통적인 백일 상에는 백설기와 수수 경단, 인절미, 송편 등의 떡과 함께 아기의 장수와 복을 비는 뜻으로 흰 실타래와 쌀을 놓았어요. 백설기는 하얀 눈같이 순수하게 크라는 마음이, 수수 경단은 나쁜 일을 당하지 않고 건강하게 자라기를 바라는 마음이, 인절미에는 끈기 있는 사람이 되라는 마음이, 송편에는 속이 꽉 차고 넓은 꿈을 가지라는 마음이 담겨 있지요. 잔치 뒤에는 백일 떡을 이웃에 돌려 함께 먹었답니다.

요즘은 집에서 간단하게 백일잔치를 하는 경우가 많은데, 백일 상 대여업체를 검색하면 많은 곳이 나와요. 상 차리는 데 필요한 케이크 스탠드, 아기 옷, 장식소품 등을 보내주는데 대여료는 3만 원에서 30만 원까지 다양해요. 예쁘고 편하지만 택배로 받아 택배로 보내야 하고, 사용감이 있을 수 있다는 단점이 있어요.

간단하지만 내 아기만을 위한 백일 상을 직접 차려주고 싶다면 셀프 백일 상을 준비해보세요. 필요한 용품은 크게 케이크와 음식을 놓을 그릇, 장식품, 음식 이렇게 세 가지로 나눌 수 있는데, 그릇이나 소품은 파티용품사이트나 소품숍 등에서 저렴하게 구할 수 있어요. 음식은 미리 맛있는 케이크, 떡 등을 주문하면 되고요.

예쁘게 보이는 것보다는 아기 컨디션에 맞춰서 힘들지 않게 하는 게 우선이에요. 간단하더라도 가족과 아기가 즐거운 백일 상을 차려보세요.

♥ 셀프 백일 상을 빛내주는 소품들

잘 차려진 셀프 백일 상을 보면 멋 내지 않아도 예쁘고 사진도 예쁘게 나와요. 그 이유는 몇 가지 소품을 적절하게 잘 이용하고 배치했기 때문이에요. 셀프 백일 상에 놓으면 존재감을 내뿜는 몇 가지 소품을 살펴보세요.

가랜드
파티 콘셉트를 정한 다음 그에 맞는 색과 디자인으로 고르세요. 가랜드에 어울리는 펄 풍선으로 함께 장식해도 좋아요.

선배맘 꿀팁
아기 이름을 담은 가랜드를 하나 장만해두니 나중에 생일 파티 때 두고두고 활용할 수 있어서 좋았어요.

현수막
'백일 현수막'으로 검색하면 저렴한 가격으로 아이의 이름과 사진을 넣어 맞출 수 있어요. 파스텔 톤으로 주문하면 사진 배경으로 쓰기 좋아요. 현수막과 함께 테이블보도 준비하세요.

데코픽
다양한 데코픽을 이용하면 평범한 음식도 장식한 듯한 느낌을 받게 하지요. 아기의 얼굴을 넣은 사진이나 글자 데코픽도 좋아요.

선배맘 꿀팁
엄마 몸이 힘들다면 굳이 직접 차려줄 필요는 없는 것 같아요. 백일 상 대여뿐만 아니라 백일잔치용 음식 세트도 있으니 몸이 힘들다면 음식도 주문해서 편하게 해결하세요.

케이크 스탠드
'케이크 트레이'로 검색하면 다양한 소재와 크기의 제품이 많아요. 하나 장만해두면 매해 쓸 수 있어요. 또, 3단 트레이를 이용하면 간단한 음식을 담아도 예쁘고 화려해 보이는 효과를 얻을 수 있어요.

음식
파티용 케이크와 백일용 떡을 미리 알아보고 주문해요. 과일은 유리컵이나 플라스틱 투명 컵에 담아서 예쁘게 장식해도 좋아요.

수유가 이렇게 힘든 거였나요?
모유 수유 멘붕 탈출법

왜 아무도 알려주지 않았을까요? 수유가 이렇게 힘든지 말이에요. 그냥 젖만 물리면 되는줄 알았는데 그게 그렇게 만만한 게 아니였어요. 하지만 몇 가지 노하우만 알고 있으면 생각보다 쉬워지는 게 수유랍니다. 쉽게 수유하는 수유 노하우, 수유하면서 닥치게 되는 문제 해결법까지! 여기에 다 모아보았습니다.

선배맘 메시지

만약 내가 다시 모유 수유를 한다면?

 쉽게 포기하지 말 걸 그랬어요

산후조리원에서 집에 돌아오자마자 젖몸살이 왔어요. 아파하는 절 보며 친정엄마는 분유 먹여도 아기는 잘 큰다고 분유 수유를 강권하셨고, 그래서 그냥 못 이기는 체 분유를 먹였어요. 사실 분유 수유가 더 편했거든요. 그런데 몇 달이 지나자 '그때 더 열심히 해 볼걸' 하는 후회가 들더라고요. 모유가 좋다는 건 다 아는 사실이고, 아기와 모유 수유를 통해서 그때만 나눌 수 있는 교감이 있는데 너무 쉽게 포기한 것 같아서요. 처음 한두 달은 아기도 잘 못 빨고, 엄마도 힘들어서 모유 수유가 힘든 것은 맞지만 그 과정을 견디고 나면 아기도, 엄마도 편해지는 시기가 온다고 해요. 그러니 지금 모유 수유가 힘들어 고민한다면 조금만 더 노력해보라고 권하고 싶어요.

 모유 수유든 분유 수유든 자책하지 마세요

사실 모유 수유든 분유 수유든 한쪽 길을 가게 되면 다른 쪽 길에 대한 미련이 남는 것 같아요. 완모하는 엄마들 가운데에도 아기 체중이 잘 안 늘면 '괜히 모유를 고집했나? 그냥 분유 먹일걸 그랬나?' 하고 고민하는 엄마들도 많거든요. 분유를 먹이면 엄마가 자유시간을 조금 더 가질 수 있다는 장점이 있지만, 왠지 죄책감이 들거나 미련이 남기도 하지요. 하지만 어떤 경우든 그 선택을 후회할 필요는 없을 것 같아요. 아기와 산모 모두 몸과 마음이 건강해지는 방법을 찾으면 되니까요.

빈 젖이라도 열심히 물리세요

처음에 젖이 잘 안 돌아서 젖을 물리지 않고 분유를 먹였어요. 아기가 작게 태어난 데다가 황달까지 와서 계속 빈 젖을 물릴 수가 없었거든요. 그렇게 정신없이 지나고 나니 초유 나오는 시기가 지나버렸더라고요. 초유를 못 먹여도 괜찮다고 하지만 엄마 마음은 그렇지 않잖아요. 나중에 안 사실인데 빈 젖이라도 계속 물리거나 유축하면 아주 조금이라도 초유가 나오고, 그것만이라도 먹이면 좋다고 해요. 또 늦게 나오는 사람은 출산 후 2주까지도 초유가 나온대요. 그러니까 처음에 빈 젖이라도 물리고 열심히 유축해서 숟가락으로라도 먹이는 노력을 해보세요.

조리원 모유 수유 방식에 휘둘리지 마세요

엄마의 마음이 가장 중요하니 조리원의 수유 방식에 휘둘리지 마세요. 어떤 산모는 완분하려고 했는데 모유 수유를 적극적으로 권장하는 조리원이라서 끊임없이 울리는 수유콜에 힘들었다고 하고, 어떤 산모는 완모하려고 하는데 자꾸 분유로 보충하라고 해서 힘들었다고도 해요. 완모를 원한다면 꼭 수유콜을 달라고 얘기해서 자주 젖을 물리도록 하고, 분유 수유나 유축한 것을 먹이고 쉬고 싶다면 그렇게 말하세요. '내가 그렇게 요구했다가 우리 아기 잘 안 돌봐주면 어쩌나?' 하는 생각은 쓸데없는 기우예요. 적어도 조리원에서 산모가 원하는 수유 방식을 말하는 것은 당연한 일이니까요.

선배맘이 알려주는 모유 수유 잘하는 법

출산 후 가장 큰 숙제는 모유 수유죠. 미리 올바른 수유 자세와 젖 먹이는 법 등을 알고 있으면 모유 수유가 훨씬 편해져요. 가장 중요한 건 젖을 물리는 타이밍이에요. 신생아 때는 수유 타이밍을 정해두는 것이 아니라 아기가 배가 고파할 때마다 수유해야 해요. 그러니 아기를 잘 관찰하여 혀를 날름거리거나 쩝쩝거리며 배가 고프다는 신호를 보내면 수유 자세를 잡고 입을 크게 벌릴 때 바로 젖을 물리세요. 배가 고프다는 신호를 알아차리지 못하면 아기는 바로 울어버리는데, 그때 젖을 물리면 잘 먹지 못하거든요.

저는 제왕절개를 하느라 모유 수유 시작이 늦었어요. 그래서인지 아기에게 유두혼동이 와서 결국 분유 수유를 했었지요. 지금 생각해보니 그때 제가 아기의 배고픈 신호를 잘 알고 있었더라면 모자동실을 하면서 모유 수유를 좀 더 시도해볼 수 있었을 것 같아요.

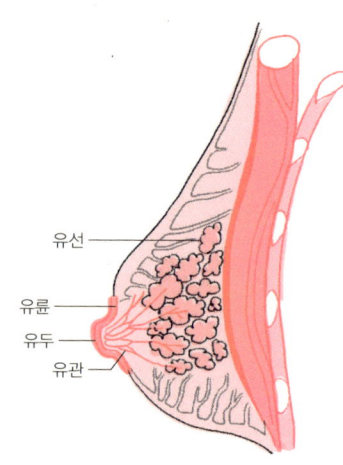

유방의 구조

유두 : 유관의 배출구가 모여 있는 조그만 돌기를 말해요.
유륜 : 유두를 둘러싸고 있는 피부색이 다른 조직이에요.
유선 : 젖이 분비되는 샘이에요.
유관 : 유선에서 분비된 젖의 이동 통로예요.

{ 수유 자리 준비하기 }

수유할 수 있는 의자나 소파에 등받이 쿠션을 두어 등을 받치고 손이 닿는 곳에 수유에 필요한 용품을 두세요. 여러 권의 책을 쌓아 발 받침을 만들어두면 편하게 수유할 수 있어요.

{바른 수유 자세}

출산 직후 회음부 통증, 혹은 수술 부위 통증으로 내 몸 하나 가누기도 힘든데 처음 하는 모유 수유를 위해 자세를 잡는다는 게 쉬운 일은 아니에요. 게다가 아기는 목을 잘 못 가누고 허릿심도 없어서 산부인과나 조리원에서 가르쳐주는 대로 자세를 잡아보려고 해도 잘 안 되지요.

수유 자세를 잘못 잡으면 모유 양이 줄 수도 있고, 유방울혈, 유두균열 등의 여러 가지 문제가 생길 수 있어요. 그러니 바른 수유 자세를 위한 연습이 필요해요. 편하게 앉아 아기가 엄마의 젖을 잘 빠는 자세에 익숙해지면 모유 수유를 보다 성공적으로 할 수 있어요.

요람식 자세

가장 많이 활용하는 자세예요. 수유하는 쪽 팔을 몸에 붙이고 팔이 접히는 곳 가까이 아기의 머리를 놓고 아기의 등부터 엉덩이까지 받쳐줍니다. 한쪽 수유가 끝나면 아기의 몸을 반대쪽으로 돌려 나머지 한쪽도 마저 먹이도록 합니다.

교차요람식 자세

아기를 지지하는 팔과 수유하는 젖이 반대인 자세로 아기의 등 위쪽을 손바닥으로 지지한 채 엄지와 검지로 아기의 양쪽 귀밑을 가볍게 잡고 엄마의 몸에 가까이 닿도록 밀착합니다.

옆으로 끼고 먹이는 자세(풋볼 자세)

엄마가 아기를 옆구리에 끼고 먹이는 자세예요. 아기 머리와 엄마 젖의 높이가 맞도록 수유 쿠션을 받치고 수유하는 쪽 팔뚝으로 아기의 등 위쪽을 받치고, 엄지와 나머지 손가락을 벌려서 어깨와 목, 머리를 한 번에 지지한 후 바싹 당깁니다. 한쪽 수유가 끝나면 그 자세를 유지한 상태로 아기를 움직여 나머지 한쪽도 마저 먹이도록 합니다.

Doctor's Advice

옆으로 누워서 먹이거나 비스듬히 누워서 먹일 수도 있는데, 누워서 먹일 때는 아기의 코가 막히지 않도록 하고 편안한 자세를 잡아 수유하도록 합니다.

요람식 자세

교차요람식 자세

옆으로 끼고 먹이는 자세

Doctor's Advice

아기가 입을 크게 벌리게 하여 젖을 물려야 합니다. 햄버거를 먹을 때 입을 크게 벌리는 모습을 떠올려보세요. 젖을 문 뒤에는 손으로 유방을 받쳐 유방의 무게가 아기 턱에 실리지 않게 하고 젖이 잘 나오도록 유방을 눌러서 입속에 넣도록 합니다.

유륜까지 깊게 물려도 아플 때가 있지만 최대한 깊게 잘 물리고 아기도 적응하다보면 점점 편해져요.

젖을 먹이기 전에 젖을 짜면서 가장 강하게 나오는 배유구를 찾아보세요. 가장 세게 나오는 배유구를 찾아 아기 입을 깊게 물리면 더 잘 빨게 할 수 있어요. 배유구가 아기 입에 막히거나 구부러지면 잘 먹지 못할 수 있답니다.

{ 깊이 물리기 }

젖을 깊이 잘 물리려면 자신에게 편한 자세로 아기를 한쪽 팔에 기대어 안은 후 젖을 아기 입에 대고 아기가 입을 크게 벌리는 순간, 젖꼭지 끝이 아기의 입안 끝의 말랑말랑한 부분(연구개)까지 들어가도록 깊게 물려야 해요. 그런 후에는 아기가 스스로 빨아 사출 반사가 되도록 기다려주어야 해요.

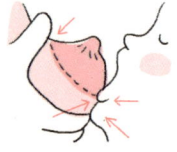 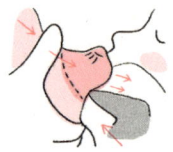 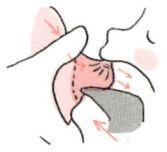

❶ 엄마의 유두 앞에 아기의 코가 오도록 하고 젖을 움직여서 아기 입술을 자극하세요.

❷ 아기가 입을 벌리기 시작할 때 아기의 아랫입술이 유륜의 아래에 닿게 하세요.

❸ 엄지손가락으로 유두를 밀면서 아기의 입안으로 유륜을 먼저 넣어요.

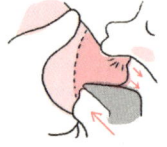 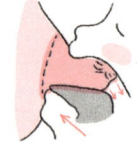 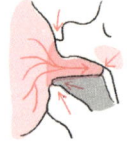

❹ 유두가 아기의 윗잇몸 안쪽으로 들어가도록 밀어 넣고 아기를 앞으로 당겨요.

❺ 유두가 아기의 목젖 앞까지 들어가도록 깊이 물린 상태에서 엄마 손을 떼요.

❻ 아랫입술이 벌어지고 코가 눌리지 않고 유륜이 안 보이면 잘 물린 거예요.

{ 수유 시간 }

젖을 물릴 때는 이전 수유 때 마지막으로 물렸던 젖의 반대쪽부터 물려요. 10~15분쯤 지나면 다른 쪽 젖을 물리되, 남은 젖을 끝까지 먹여 전유와 후유를 다 먹여야 해요. 수유 시간은 30분 이내가 좋고, 젖을 먹인 후에는 트림을 시켜야 해요. 젖을 다 빤 후엔 아기의 입술 끝에 손가락을 살짝 넣어 자연스럽게 젖이 빠지도록 해요. 잘못하면 상처가 나니까요.

선배맘이 알려주는 모유 수유와 분유 수유의 장단점

모유 수유를 포기하게 되는 대표적인 이유는 모유 양이 부족하거나, 젖몸살이 심하거나, 아기가 제대로 빨지 못해서예요. 특히 유선염이 오거나 젖몸살이 심하면 엄마가 너무 힘이 들어서 그만두고 싶어하는 경우가 많아요. 가슴마사지도 한두 번이지 비용이 만만치 않으니 계속 받을 수도 없고, 그동안 아기가 배를 곯는 것 같아 마음도 아프지요. 모유 수유에 어려움을 겪는 엄마라면 고민을 하기 마련이지만 모유 수유냐, 분유 수유냐, 혼합 수유냐는 상황에 따른 엄마의 선택일 뿐이에요. 요즘은 가슴 모양 때문에 외려 분유 수유를 선호하는 엄마도 많고요. 그러니 다음 장단점을 보고 수유 방식을 선택하세요.

	모유 수유	분유 수유
장점	• 영양적으로 완벽하다 • 면역력을 높여준다 • 소화흡수가 잘 된다 • 위생적이다 • 바로 먹일 수 있다 • 다이어트가 된다 • 애착 형성에 좋다 • 분윳값이 절약된다 • 외출할 때 짐이 적다	• 영양성분의 균형이 맞다 • 음식 섭취에 제한이 없다 • 포만감이 들어 잠을 더 오래 잘 잔다 • 다른 사람도 육아가 가능하다 • 오랜 시간 외출이 가능하다 • 다양한 기능성 분유를 골라 먹일 수 있다 • 젖 모양에 변형이 작다
단점	• 유방문제로 고생할 수 있다 • 소화가 빨라 자주 먹여야 한다 • 음식 섭취를 조심해야 한다 • 모유 수유실이 없는 곳으로는 외출이 어렵다 • 젖 모양에 변화가 크다	• 젖병 용품 소독이 번거롭다 • 외출할 때 준비물이 많다 • 분유를 미리 준비해야 한다 • 분유 타는 시간이 오래 걸려 아기가 보챈다 • 분윳값이 많이 든다 • 젖병 관련 용품 비용이 든다

Doctor's Advice
분유로 키워도 영양이나 면역 면에서 문제가 생기는 것은 아닙니다. 모유에 비해 포만감이 들어 잠을 더 오래 잘 수 있으므로 기질이 예민하여 밤잠을 설치는 경우에는 혼합 수유를 권유하기도 합니다.

Doctor's Advice
모유를 먹은 아기는 면역력이 높을뿐더러 장 관련 질병, 습진, 심장질환, 알레르기, 암, 비만에도 덜 걸린다는 연구결과가 있습니다.

Doctor's Advice
모유를 먹이면 유방암과 자궁암에 걸릴 확률도 낮아질뿐더러 아기를 낳은 후 자궁수축에 도움이 되고, 칼로리 소모가 있으므로 다이어트에도 효과적입니다.

선배맘이 알려주는 분유 수유 잘하는 법

분유 수유와 모유 수유의 가장 큰 차이점은 아기가 배고플 때 모유는 바로 젖을 줄 수 있지만 분유는 타는 시간이 필요하다는 거예요. 배가 고프면 아기는 울기 시작하는데 우는 아기를 그대로 두고 물을 끓이고, 식히고, 식힌 물에 분유를 타려면 정신이 없겠죠? 그러므로 팔팔 끓여 식힌 물을 항상 준비해두는 게 좋아요. 뜨거운 물에 타면 분유의 영양소가 파괴되므로 70~80도로 식은 물에 분유를 탄 후 아기가 먹기 좋은 온도인 38~40도로 식혀서 먹이면 돼요.

농도 맞춰 분유 타기

분유의 농도는 모유를 기본으로 하는데 제품에 따라 농도에 맞춰 분유 타는 법이 다르니 분유통에 쓰여 있는 설명에 따르세요. 물을 기준으로 하는 경우와 분유를 탄 후의 양을 기준으로 하는 경우가 있거든요. 후자의 경우, 분유 병에 물을 적정량 넣고 분유를 넣은 후 남은 물을 넣어 용량을 맞추면 돼요.

100도 이상 끓였다 식힌 물을 보온주전자에 보관해두거나, 혹은 뜨거운 물과 식혀 놓은 물을 섞어서 미지근한 물을 만들어서 타면 편해요.

분유량 맞추기

❶ 물 200㎖ + 분유 5스푼 = 200㎖ + α

❷ 물 + 분유 5스푼 = 200㎖

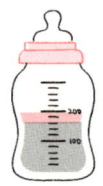

분유 온도 맞추기

적당한 수유 온도는 38~40도로 엄마 손목 안쪽에 한두 방울 떨어뜨려 봤을 때 미지근한 정도가 아기가 먹기 좋은 온도예요. 뜨겁게 느껴지면 차가운 물에 젖병을 잠시 담가 식혀서 먹이고 반대로 차갑게 느껴지면 따뜻한 물에 담가 온도를 맞추세요. 차가운 분유를 먹이게 되면 체온이 낮아지니 온도를 잘 맞춰야 해요.

손목 안쪽은 온도를 민감하게 느끼는 부위이지만 정확하지 않을 수 있어서 온도 스티커를 이용했어요. 온도에 맞춰 색깔이 변해서 편해요. 또, 이마 체온계를 젖병 앞에 대도 온도를 확인할 수 있어요.

분유 섞기

물에 분유를 넣고 섞을 때 젖병을 위아래로 흔들게 되면 거품이 생기고, 자칫 아기 배에 가스가 차서 배앓이를 할 수 있어요. 그러니 젖병을 비스듬하게 들고 아래쪽을 동그라미를 그리듯이 동글동글 돌려가면서 녹이거나 두 손으로 비벼가면서 녹여요.

분유 먹이기

분유를 먹일 때는 가슴 쪽으로 아기를 밀착시켜 안아주세요. 모유 수유를 할 때처럼 아기가 엄마와 눈을 맞추고 엄마의 심장 소리를 들으면 정서적 안정감을 느낄 수 있어요. 그리고 분유를 먹일 땐 아기의 상체를 약간 비스듬하게 세워야 해요. 완전히 누운 자세에서 먹이면 토하기 쉽고, 토하다 분유가 기도를 막으면 위험할 수 있어요. 신생아 시기에는 분유도 모유와 마찬가지로 아기가 배고파할 때마다 먹이면 돼요. 보통 3~4시간에 한 번씩 먹이면 되는데 5시간 이상 아기가 분유를 먹지 않고 잠을 잘 때는 억지로 깨워서라도 먹여야 해요.

Doctor's Advice
먹다 남긴 분유는 바로 버려야 해요. 분유는 영양분이 많기 때문에 금방 세균이 번식할 수 있습니다.

Doctor's Advice
분유를 먹일 때 공기를 먹게 되면 토하고 배앓이도 할 수 있기 때문에 주의합니다. 분유가 젖꼭지 안에 가득 차도록 각도를 기울여 먹여야 분유를 먹일 때 공기가 차지 않습니다.

분유 타는 방법

❶ 끓여서 70~80도로 식힌 물과 분유, 젖병을 준비해요.

❷ 젖병에 물을 3분의 1 정도 담아요.

❸ 분유 스푼에 가득 담은 후 윗면을 깎아서 용량을 맞춰서 넣어요.

선배맘 꿀팁

❹ 비스듬히 기울인 채 동글동글 돌리면서 분유를 녹여요.

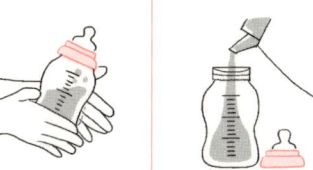
❺ 분유 용량에 맞춰 나머지 물을 넣어요.

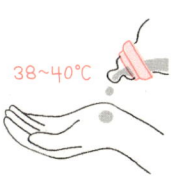

❻ 38~40도 정도로 식힌 후에 먹여요.

모유실감 젖꼭지처럼 젖꼭지에 공기구멍이 있으면 공기구멍이 위로 가게 하고 먹여야 공기가 빠져요. 일반 젖꼭지라면 젖병을 거꾸로 한 채로 젖꼭지를 살짝 눌러 분유를 물총처럼 짜낸 후 먹이면 공기를 빼낼 수 있어서 배앓이가 덜하다고 해요.

선배맘이 추천하는 모유 수유 강추 아이템 5

모유 수유에 성공하더라도 크고 작은 어려움이 생겨요. 다음 아이템들은 눈여겨보았다가 필요할 때 장만하세요. 상황에 따라 필요한 것들이니 미리 사둘 필요는 없어요.

선배맘 꿀팁
카보크림을 많이 바르면 젖 양이 갑자기 줄 수도 있으니 적절하게 조절하면서 발라야 해요.

유두보호크림
모유 수유 중에 난 유두 상처를 완화해주는 크림이에요. 수유하지 않을 때 발라두었다가 수유 직전에 닦아내고 먹이면 돼요. 기저귀 발진에 발라도 효과가 있어요.

카보크림
양배추 성분으로 만든 크림으로 젖몸살로 열감이 있고 힘들 때 바르면 좋아요. 단유 시 모유량을 줄이는 데도 도움이 돼요.

선배맘 꿀팁
유축브래지어를 착용하고 유축기를 연결하면 손을 대지 않고도 유축할 수 있어요. 유축시간이 길고 힘들다면 이용해도 괜찮은 것 같아요.

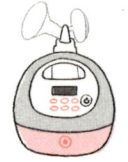
유축기
유축기는 직장에 다니는 워킹맘에게 필수 아이템이에요. 젖 양이 많은 산모도 유용하게 사용할 수 있어요. 유축한 젖은 모유저장팩에 넣어서 얼렸다 먹여요.

수유패드
외출 시나 장시간 수유하지 못할 때 브라에 붙이면 흐르는 젖을 흡수해줘요. 속옷에 접착이 잘 되고, 피부에 자극이 없는 소재로 만든 것이 좋아요.

수유가리개
수유실이 없는 곳이나 손님이 왔을 때, 기차나 비행기에서 유용하게 사용할 수 있어요. 아기를 보고 수유할 수 있어서 좋고요. 면 재질로 단추나 클립 없이 목에 걸기만 하면 되는 게 가장 쓰기 편해요.

선배맘이 추천하는 분유 수유 강추 아이템 5

분유 수유를 할 때 가장 번거로운 점은 젖병을 씻고 소독하는 것과 분유를 탈 때 물의 온도를 맞추는 거예요. 없어도 되지만 있으면 한결 편한 아이템을 소개할게요.

젖병 소독기
젖병 외에도 딸랑이, 치발기 등을 소독하여 보관하기 좋아요. 이유식을 시작하면 이유식 용기도 소독할 수 있으니 꽤 오래 사용할 수 있어요.

선배맘 꿀팁

분유 케이스는 외출할 때 분유를 정량대로 소분해서 가지고 다닐 수 있어서 편해요. 나중에는 과자 통으로 이용할 수도 있고요.

분유 포트
아기는 배고프다고 울어대는데 분유 물을 끓인 후 온도에 맞게 식히려면 시간이 걸려서 애가 타지요. 분유 포트는 물을 적당한 온도로 유지해주기 때문에 분유 타기에 정말 편해요.

보온주전자
분유 포트 대신에 보온주전자도 좋아요. 전기 연결을 해둘 필요가 없고, 24시간 정도 온도가 유지되기 때문에 간편하게 사용하기 좋아요.

선배맘 꿀팁

분유 포트를 이용했었는데 항상 켜 놓아야 하기 때문에 전기 요금의 부담이 있었고, 어떤 분유 포트는 최하 온도가 65도라 40~45도로 유지할 수 없는 것도 있었어요. 이런 부분들을 잘 알아보고 선택해야 할 것 같아요.

일회용 젖병, 젖병 비닐, 분유 팩
일회용 젖병은 장시간 외출 시 젖병을 여러 개 들고 다닐 필요가 없어서 좋아요. 또 일회용 분유 팩에 분유를 담아서 다니면 외출 시 가방이 가벼워진답니다.

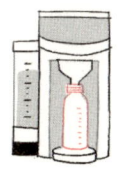

분유 제조기
자동으로 분유 온도와 양을 맞춰서 타주는 분유머신으로, 엄마들 사이에서는 신세계라고 하는 아이템이에요. 분유 탈 시간조차 없는 쌍둥이나 연년생 엄마에겐 특히 강추 아이템이에요.

선배맘 꿀팁

분유 제조기는 베이비 브레짜와 쿠첸 오토분유포트를 많이 사용해요.

Q1 오늘 첫 수유인데 젖이 잘 안 나와요, 어떻게 해야 하죠?

선배맘 꿀팁

요즘은 산부인과 전문병원에서도 대부분 출산 후에 산모가 아기에게 젖을 물릴 수 있도록 배려를 하고 있어요. 미리 한 번 확인해두세요.

Doctor's Advice

손으로 젖을 짜다가 통증이 느껴지면 자세가 잘못된 것이므로 편안한 자세로 위치를 다시 잡도록 합니다.

'출산 후 30분 안에 젖을 물려야 모유 수유에 성공할 수 있다'라는 말이 있죠? 젖이 나오는 것 같지 않아서 굳이 물릴 필요가 있을까 하는 생각이 들기도 하지만 빈 젖 같아도 물리면 적은 양이지만 초유가 나오고 젖이 돌 수 있게 도와주므로 첫날부터 자주 물리는 게 좋아요. 몇 방울 안 나오는 그 젖이 아주 진한 고열량 영양제거든요.

생후 첫 24시간 동안 한 번 수유 시 아기에게 필요한 양은 5~7㎖, 약 1.5 티스푼 정도밖에 되지 않아요. 한 번에 나오는 양이 적기 때문에 출생 후 24시간 동안에는 적어도 8~12회까지 수유를 해야 하루 먹는 양을 채울 수 있어요. 출산 후 1~2일간 초유가 나온 뒤 3일 째에는 한 번에 30㎖ 정도의 모유를 먹일 수 있게 되고, 5일째가 되면 하루에 500~700㎖(50~70㎖/1회) 정도 먹게 된답니다.

아기가 젖을 잘 못 빨 경우에는 유축해서 스푼으로 먹여도 좋아요. 이때는 손으로 젖을 짜면 되는데, 두 손으로 가슴을 받치고 오므린 다음 유두 끝부분부터 뒤쪽으로 부드럽게 마사지해 준 후 C자로 잡고 짜면 돼요. 짜다가 나오지 않으면 다른 부위, 다른 유방에서 짜내고, 계속 바꿔 짜도 나오지 않을 때까지 짜면 돼요.

♥ **손으로 짜는 방법**

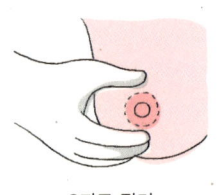
C자로 잡기

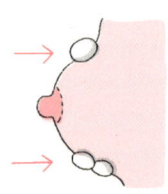
잡으면서 안으로 누르기

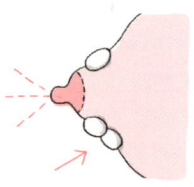
짜내기

Q2 수유콜이 올 때마다 아기가 자고 있는데 어떡하죠?

출산 후 며칠은 수유로 인한 힘겨운 실랑이가 계속돼요. 수유콜을 받고 신생아실로 가면 아기는 울고 있거나 자는 경우가 많지요. 억지로 젖을 물려보지만, 몇 모금 빨고 다시 잠이 들어버리고요. 젖 물리기에 실패하고 병실로 돌아와 잠깐 누워 쉬려고 하면 다시 수유콜이 와요. 이 상황이 계속 반복되니 얼마나 힘이 드는지요.

이것은 젖을 물리는 타이밍을 맞추지 못했기 때문이에요. 아기는 배고프다는 신호를 여러 차례, 단계별로 보내요. 혀를 날름거리거나 쩝쩝거리다가 고개를 돌리면서 입술로 젖을 찾지요. 이렇게 신호를 보냈을 때 젖을 물려야 입을 크게 벌리고 젖을 잘 물 수 있어요.

아기가 울기 시작했다면 이미 젖을 물리는 타이밍을 놓쳐버린 거예요. 신호를 보냈는데도 젖을 못 찾으면 힝힝거리고 짜증을 내고, 그래도 젖을 먹을 수 없으면 울음을 터트리거든요. 울면서 에너지를 써 버린 아기는 금세 지쳐서 잠이 들어요.

모자동실을 하면 젖 물리는 타이밍을 잘 맞출 수 있어서 모유수유 성공 확률이 높아져요. 신생아실에 맡기더라도 수유 시간이 오기 전에 미리 데리고 와서 아기의 신호를 확인하면서 타이밍에 맞춰 수유하는 것도 좋은 방법이에요.

선배맘 꿀팁
신생아 때는 조금만 젖을 빨아도 아기가 금세 힘들고 지쳐서 잠이 들어버려요. 다들 그러니 너무 걱정마세요. 시간이 지나면 점점 빠는 시간이 늘어날 거예요.

선배맘 꿀팁
저는 모자동실을 선택했지만 몸이 너무 힘들어서 신생아실에 맡겼어요. 그런데 신생아실과 모자동실 거리가 너무 멀어서 수유 시간을 제대로 맞출 수가 없었답니다. 왔다 갔다 하는 것도 힘들었는데 그냥 모자동실에서 같이 있을 걸 그랬다고 후회했어요.

❶ 아기의 배고픈 신호를 알아차리고 울기 전에 젖 먹이기
혀 날름거리기 ➡ 쩝쩝거리기 ➡ 고개 돌리며 젖 찾기 ➡ 힝힝거리기 ➡ 짜증내기 ➡ 울기
❷ 입을 크게 벌렸을 때 깊게 물리기

Q3 수유 간격을 꼭 맞춰야 할까요? 원할 때마다 주면 안 되나요?

선배맘 꿀팁

수유 간격을 체크하는 앱에는 여러 종류가 있는데 전 수유시계 앱을 사용했어요. 양쪽 가슴별로 수유 간격을 자동으로 확인할 수 있어서 도움을 많이 받았어요.

어떤 책은 수유 간격을 꼭 지키라고 하고, 어떤 책은 애착이 중요하니 먹고 싶어할 때 먹이라고 하는데, 어떻게 해야 하냐고요? 정답은 생후 30일까지는 원할 때마다 먹이고, 그 이후는 수유 간격을 맞춰나가는 거예요.

생후 30일까지는 아기가 배가 고프면 스트레스를 받을 수 있고, 에너지원이 없어서 건강에도 영향을 미칠 수 있기 때문에 수시로 먹여야 해요. 또 이 시기에 모유 생성이 잘 되게 하는 호르몬이 나오기 때문에 하루 8~12회 이상 수유하는 것이 엄마에게도 좋고요.

생후 한 달이 지나면 자연스레 수유 간격이 길어지게 돼요. 그런데 만약 생후 한 달이 지나서도 아기가 달라는 대로 수유를 하게 되면 한 번에 먹는 양이 줄어들게 되고, 소위 말하는 뱃구레가 작아져서 전체적으로 먹는 양이 줄어들 수 있어요. 또 수면 교육을 하기 어려워질 수 있고요. 그러니 생후 한 달이 지나면 수유 간격을 만들어 가야 해요. 모유의 경우 보통 100일까지는 3시간, 그 이후부터는 4시간 간격을 기준으로 서서히 늘려가는 것이 좋아요.

Doctor's Advice

수유 시간과 수유 양은 아기에 따라, 그리고 컨디션에 따라 그때그때 달라지므로 반드시 지켜야 하는 것은 아닙니다. 또한, 분유 수유의 수유 간격은 모유 수유보다 더 길 수 있습니다.

개월 수별 분유 수유 양과 수유 횟수

개월 수	1회 분유 양(cc/mℓ)	수유 간격	하루 수유 횟수
신생아	60~90	2~4시간	7~10회
생후 1~2개월	120~160	4~5시간	5~6회
생후 2~3개월	160	4~5시간	5~6회
생후 3~4개월	120~200	5시간	5회(총량 900mℓ)
생후 4~5개월	180~200	5시간	5회
생후 5~6개월	200~240	6시간	4~5회

Doctor's Advice

생후 3~4개월 이후 아기의 하루 분유의 총량은 1000mℓ가 넘지 않아야 하고 1회 최대량은 240mℓ가 좋습니다. 분유 먹는 양이 많아지면 서서히 이유식을 시작하도록 합니다.

Q4 젖만 물리면 잠드는데 깨워서라도 먹여야 하나요?

신생아에겐 젖을 빠는 게 보통 힘든 일이 아니에요. 그래서 젖을 먹다가 잠드는 경우가 많지요. 안쓰럽긴 하지만 영양가 높은 모유 수유를 하려면 억지로 깨워서라도 수유를 끝마치는 게 좋아요.

분만 1~2주 후에는 성숙유가 분비되는데, 성숙유는 전유, 후유로 나눌 수 있어요. 처음엔 수분이 많은 전유가 5분가량 나오다가 지방과 단백질이 많은 후유가 나오기 시작해요. 어른들이 물젖이라고 하는 것은 전유를 얘기하는 거예요. 만약 양쪽 젖을 짧게 번갈아 물리면 전유만 먹이는 셈이 돼요. 이렇게 전유만 먹이면 자칫 물똥을 쌀 수도 있어요.

전유와 후유를 모두 충분히 먹이려면 한번 수유 시 양쪽 젖을 10~15분 정도씩 물리는 것을 목표로 하세요. 생후 1달이 지난 아기는 너무 자주 먹이는 것보다 2~3시간 수유 간격을 유지해야만 젖을 끝까지 먹어 영양분을 충분히 고루 섭취할 수 있으므로 수유 간격을 유지하는 것이 좋아요.

아기가 젖을 빨다 잠이 들려고 하면 손바닥, 발바닥을 지그시 누르거나 귀를 살살 만져주면서 깨우세요. 이래도 깨지 않으면 가제 수건에 미지근한 물을 묻혀서 얼굴을 살살 닦아주는 것도 좋아요.

만약 신생아가 3~4시간 이상 젖을 찾지 않고 잔다면 꼭 깨워서 젖을 먹여야 해요. 아기가 평소에 잘 먹는다면 한 번 정도는 수유 시간을 넘겨도 괜찮지만 아기가 잘 먹지 못하고 체중이 적게 나갈 경우에는 적어도 세 시간마다 한 번씩은 수유를 해야 해요.

Doctor's Advice

분만 후 5~7일 정도는 면역력을 높여주는 노란색의 초유가 나오다가 탄수화물과 지방을 많이 함유한 칼로리 높은 이행유가 나와요. 분만 1~2주 뒤부터는 이행유보다 지방이 더 많은 하얀색의 성숙유가 분비됩니다.

Doctor's Advice

모유 양이 많다면 한쪽 젖을 여러 번 물려서 끝까지 먹인 후에 다른 쪽을 물리는 게 좋습니다. 그래야 후유를 먹일 수 있으며, 한쪽 젖을 채워두면 모유 양이 많다는 신호가 뇌로 전달되어 모유 양이 조절됩니다.

Q5 트림을 꼭 시켜야 하나요?

선배맘 꿀팁

트림을 시키다보면 젖을 토하기 일쑤이니 트림을 시키기 전에 아기의 입이 닿는 부분에 가제 수건을 대세요. 위생적이기도 하고 엄마 옷에 젖이 묻는 것도 방지할 수 있어요.

Doctor's Advice

모유 수유 후 자는 아기를 일부러 깨워서 트림을 시킬 필요는 없습니다. 모유는 아기의 위에 부담이 되지 않도록 처음에는 많이 나오고 나중에는 적게 간헐적으로 나오기 때문에 모유를 먹은 아기의 경우 트림이 나지 않을 수 있습니다.

신생아에게 수유 다음으로 힘든 일이 트림시키기예요. 먹고 나서 바로 트림을 해주면 좋은데, 30분씩 안고 있어도 잠만 자고 트림을 안 하면 이대로 눕혀야 할지, 깨워서 트림할 때까지 두드려주어야 할지 고민이 되지요.

아기는 모유든 분유든 젖을 먹으면서 공기를 같이 마시기 때문에 먹자마자 눕히면 먹은 것을 토해내는 경우가 많아요. 또 토하면서 기도가 막혀 질식할 위험이 있기 때문에 먹은 후에는 트림으로 공기를 빼내야 하지요.

수유 후 아기를 세워서 안고 한 손으로는 아기 엉덩이를 받치고 다른 손으로 아기 등을 위에서 아래로 살살 쓰다듬어주거나 약하게 토닥여주면 트림이 나와요. 수유하자마자 트림했다고 하더라도 20분 정도는 비스듬히 안아주는 게 좋아요. 만약 20분 정도 안고 있었는데도 트림하지 않으면 비스듬하게 눕혀 놓거나 고개를 옆으로 돌려서 눕혀 놓은 후 잘 지켜봐야 해요.

안고 등 쓸어내려주기

앉혀 놓고 등 쓸어내리기

엎드려 트림시키기

멘붕탈출법

❶ 등 쓸어내리거나 토닥여주기
❷ 수유 후 20분 이상 지났다면 옆으로 눕히기

Q6 모유 양이 충분한지 어떻게 알 수 있나요?

모유 수유를 하는 엄마들은 모유 양이 부족해서 아기가 충분한 영양 섭취를 못 하는 것은 아닌지 걱정하는 경우가 많아요. 분유는 먹은 양을 눈으로 확인할 수 있지만 모유는 아기가 얼마나 먹었는지 도무지 알 수가 없으니까요. 어떻게 해야 젖을 충분히 먹었는지 알 수 있을까요?

♥ 체중 확인하기

가장 좋은 방법은 아기의 체중 증가를 확인하는 거예요. 신생아들은 대부분 생후 2~4일 동안 체중이 감소하다가 4~5일째부터 하루에 약 15~30g씩 증가해 10~14일이 지나면 출생 체중을 넘어서게 돼요. 생후 4일째가 지나도 체중이 계속 줄거나 2주가 될 때까지 출생 시 체중을 회복하지 못하면 모유를 제대로 먹지 못하고 있는 것이니 이유를 알아보고 혼합 수유를 시작해야 할 수도 있어요.

♥ 수유 간격 확인하기

생후 3개월 이전 아기의 수유 간격이 3시간 이상이면, 즉 아기의 배고픈 신호가 3시간 지나서 나타난다면 충분한 양을 먹고 있는 거예요. 제대로 먹고 있는지 정확히 알고 싶다면 한쪽 젖을 10분 이상 먹는지 점검하고, 아기가 먹을 때 젖 도는 느낌이 들고 목 넘김 소리가 나는지 확인해보세요. 아기가 젖을 빨 때 뺨이 쏙쏙 들어가거나, 쩝쩝, 쪽쪽 하는 혀 차는 소리가 들리거나, 젖 삼키는 소리가 들리지 않으면 잘못 물린 것이니 다시 깊숙이 물려야 해요.

> **Doctor's Advice**
> 아기가 양쪽 젖을 빠는 간격이 길면 엄마 젖이 충분히 나오는 것이고, 반대로 아기가 빠는 간격이 짧다면 엄마 젖이 충분히 나오고 있지 않은 것이라는 연구 보고가 있습니다. 최대한 영양가 있는 수유가 될 수 있도록 한쪽 젖을 10분 이상, 교대 빨기를 시도하기를 권합니다.

> **Doctor's Advice**
> 소변 기저귀가 4시간 단위로 한 개 이상, 대변 기저귀가 하루에 한두 개 이상 나오면 잘 먹고 있다는 뜻입니다.

멘붕탈출법

❶ 체중이 잘 늘고 있는지, 수유 간격이 3시간 이상인지 확인하기
❷ 한쪽 젖을 10분 이상 먹는지, 목 넘김 소리가 나는지 확인하기
❸ 아기가 끝까지 먹고 스스로 젖을 빼는지 확인하기. 만약 젖에서 떨어지지 않고 계속 물려고 하면 젖 늘리는 노력하기

Q7 모유 양을 늘리려면 어떻게 해야 할까요?

모유는 분유보다 소화가 잘되기 때문에 아무래도 모유 수유를 하는 아기가 더 자주 배고파진답니다. 그러니 아기가 수유 간격이 짧고 금방 배고파한다고 해서 제대로 먹지 못한 것은 아닐까 걱정할 필요 없어요. 그래도 모유가 적다고 생각되면 다음과 같은 방법을 써보세요.

♥ 모유 양 늘리는 방법

양쪽 모두 끝까지 먹이기 수유 시 양쪽을 모두 빨리고, 한쪽 유방이 다 비워질 때까지 먹이세요. 이때 잘 나오지 않는 쪽을 먼저 먹이면 아기가 힘 있게 먹기 때문에 모유 양을 늘리는 데 도움이 돼요.

수유 자주 하기 아기가 젖을 충분히 빨지 않는 경우, 지방 성분이 많은 후유가 뭉쳐 모유 나오는 길을 막을 수도 있어요. 이때 가장 쉬운 해결 방법은 아기가 직접 막혀있는 덩어리를 빨아내는 거예요. 그러니 생후 3개월 이전이라면 수유 간격을 3시간 이내로 맞춰서 자주 물리고, 수면 교육을 하기 전이라면 밤중 수유로 수유 양을 늘리세요.

기름진 음식 피하기 기름진 음식을 많이 먹으면 유관이 막힐 수도 있어요. 동물성 지방섭취를 줄이면 모유 양이 느는 데 도움이 돼요.

마사지 받기 처음에는 모유 양이 모자라서 고생하다가 나중에 완모하게 된 초산 엄마들의 이야기를 들어보면, 처음 젖이 돌 때 빨리 마사지를 받아서 유선을 뚫어줘야 한다고 해요. '123 마사지법', '모유의 신' 강의 등을 보고 직접 가슴마사지를 하거나 전문 마사지사의 도움을 받아 보세요. 치밀유방일 때도 마사지를 받는 게 모유 수유에 도움이 돼요.

선배맘 꿀팁
출산 후 2주까지는 젖 양이 너무 적어서 분유와 함께 혼합 수유를 했었는데, 가슴마사지를 받으면서 점차 모유 양이 늘어나서 직수 시간을 늘렸어요. 그랬더니 완모가 가능했어요.

선배맘 꿀팁
인터넷을 보고 임의로 마사지하다가 유선이 막혀서 더 고생하는 경우도 보았어요. 잘 할 수 없을 것 같거나 이상이 생긴 것 같다면 유방외과를 가거나 전문마사지사의 도움을 받는 게 더 나아요.

Doctor's Advice
모유는 먹이면 먹일수록 많이 나오는 것이 맞습니다. 처음에 모유 양이 적은 이유는 몸이 적당한 모유의 양을 찾아내려고 준비하고 있기 때문입니다. 그러므로 자주 젖을 물려서 모유 양을 늘리도록 합니다.

Q8 유두혼동이 온 것 같은데 어떻게 하죠?

신생아 때 엄마 젖과 젖병을 다 빠는 것은 두 가지를 잘 구분하지 못해서이기도 하지만 빠는 방법을 배워가는 중이기 때문이기도 해요. 둘 다 잘 빤다고 해서 젖병을 물리면, 생후 4주 이후 젖병과 엄마 젖꼭지의 차이를 알아버린 아기가 빨기가 훨씬 더 쉬운 젖병만 빨려고 고집하게 되거나 엄마 젖만 빨고 젖병을 빨지 않으려고 하게 돼요. 이것을 '유두혼동'이라고 하는데 유두혼동은 엄마 젖과 젖병을 모두 빨던 아기가 엄마 젖만 찾거나, 반대로 젖병만 빨려고 하는 두 가지 경우 모두를 가리켜요. 이 시기가 오면 자연스레 엄마 역시 결정을 해야 한답니다. 완모, 완분, 혼합 중에서요.

선배맘 꿀팁

유두혼동방지를 위한 젖병과 젖꼭지에는 모유젖병, 혼합 수유젖병, 통곡젖병, 모유실감 젖꼭지 등이 있어요. 가격이 비싼 편이지만 어쩔 수 없이 혼합 수유 중일 때에는 큰 도움이 돼요.

♥ 유두혼동 대처법

엄마 젖만 먹이고 싶은 경우
생후 4주 이전에는 젖병을 물리지 말고 컵이나 숟가락으로 보충수유를 해요. 이미 유두혼동이 왔다면 얼음찜질로 유방을 조금 딱딱하게 해서 물리기, 유방에 계속 아기 얼굴을 대고 있다가 배고플 때 젖 물리기, 젖병을 엄마 젖 옆에 대고 물리다가 엄마 젖으로 바꿔 물리기, 유두보호기를 이용해서 물리다가 서서히 떼기, 누워서 물리기 등의 방법이 있어요.

젖병으로만 먹이고 싶은 경우
젖병으로만 먹이고 싶은데 엄마 젖만 찾는 아기는 엄마 젖과 느낌이 비슷한 모유실감 젖꼭지로 바꿔보세요. 젖꼭지의 구멍이 크거나 작아서 안 먹는 것일 수도 있으니 젖꼭지를 여러 가지로 바꾸면서 아기에게 맞는 젖꼭지를 찾는 것도 좋아요.

Doctor's Advice

혼합 수유에서 분유는 모유 수유를 보충하는 역할을 하는데 신생아의 경우 1회 수유 양이 40㎖가 넘으면 분유가 주식이 될 수 있습니다. 그러므로 모유만 먹이고 싶다면 젖병으로 먹는 분유의 양을 40㎖로 제한해야 합니다. 서서히 분유 양을 줄여가면서 모유 수유 양을 늘려보도록 합니다.

Q9 딸꾹질, 어떻게 해야 멈추나요?

배 속에 있을 때 아기가 딸꾹질하면 신기하기만 한데, 태어난 지 얼마 안 된 신생아가 딸꾹질을 자주 하면 무엇에 놀랐는지, 뭘 잘못 먹었는지 걱정이 되기 마련이에요.
딸꾹질은 가슴과 배 사이를 나누는 근육인 횡격막의 갑작스러운 수축으로 나타나는 일종의 반사작용이에요. 그렇기 때문에 크게 걱정할 필요는 없어요. 다만 딸꾹질을 심하게 하면 구토를 유발할 수도 있으니 적절하게 대처해주는 게 좋아요.

♥ 상황별 딸꾹질 멈추는 법

수유 양이 너무 많을 때 수유 후 위가 늘어나면 횡격막이 자극을 받아 딸꾹질하기도 해요. 수유 양이 너무 많았는지 확인해 보고 조절해주세요. 만약 수유 양이 적었거나 수유한 지 오래되었는데도 딸꾹질을 한다면 모유나 분유를 조금 먹여서 안정을 취하게 해주세요.

추위를 느낄 때 갑자기 찬 바람을 쐬거나 체온이 내려갔을 때 딸꾹질을 하기도 해요. 그러니 추운 날에 아기가 딸꾹질하면 모자를 씌워주거나 양말을 신기는 등 몸을 따뜻하게 해주세요. 기저귀가 차가워도 체온이 내려갈 수 있으니 실내에서 갑자기 딸꾹질을 한다면 기저귀를 살펴보세요.

찬 분유를 먹었거나 급하게 먹었을 때 분유 온도가 낮거나 급히 먹어도 딸꾹질을 해요. 분유 수유를 할 때는 반드시 온도를 확인하고, 천천히 먹이도록 하세요.

이 외에도 손바닥, 발바닥을 꼭꼭 눌러주는 것도 딸꾹질을 멈추는 데 도움이 돼요.

선배맘 꿀팁
귀에는 횡격막과 연결된 신경이 있어서 아기를 눕힌 후 손가락으로 양쪽 귀를 부드럽게 만져주면 자극이 되어 딸꾹질을 멈추는 데 도움이 돼요.

Doctor's Advice
아기가 딸꾹질을 자주 하는 이유는 신경계와 근육 조직이 미숙하고, 복식호흡을 하면서 횡격막을 이용해 숨을 쉬기 때문입니다. 딸꾹질을 한다고 어른에게 하는 것처럼 아기를 놀라게 하거나 발바닥을 때리는 것은 절대 금물입니다.

Q10 유두가 아파서 수유 시간이 무서워요

유두에 상처가 나면 젖 물리기가 아프다 못해 두렵기까지 하지요. 한번 겪어본 엄마라면 따갑고 찌릿찌릿한 느낌을 떠올리기만 해도 몸서리가 쳐질 거예요. 유두 상처 때문에 모유 수유를 그만두는 엄마들이 많은 이유도 그 때문이지요.
유두에 상처가 나는 건 아기가 젖을 잘못 물었기 때문이에요. 그러므로 유방을 아기 입속 전체에 물리도록 하는 연습을 하는 게 중요해요.(176쪽 참고) 그래도 이미 상처가 나서 젖 물리기가 힘들다면 아래 방법으로 유두의 상처를 치료하면서 수유해보세요.

선배맘 꿀팁

수유할 때만 잘 닦고 먹이면 되니까 저는 비판텐 연고를 발라서 빨리 치료했어요.

♥ 유두 상처 대처법

유두보호크림 사용하기 란시노 라놀린 유두보호크림이나 얼쓰마마 니플버터 유두보호크림 등을 사용해보세요. 천연성분의 유두보호크림이라 아기가 입을 대는 곳에도 안심하고 사용할 수 있어요. 수유 안 할 때 발라 놓고, 수유할 땐 닦아 내고 수유해요. 상처가 심하면 비판텐 연고를 바르세요. 약이라서 걱정이 되더라도 빨리 낫는 게 중요하니까 연고를 바르는 게 좋아요.

유두보호기 사용하기 유두보호기를 사용하면 유두혼동이 올 수도 있으니 생후 4주 이전에 사용하고 떼거나 4주 이후라면 신중히 사용해요. 상처가 다 나으면 바로 유두보호기를 빼고 엄마 젖을 물려 엄마 젖에 적응하도록 하세요.

손으로 유축하기 유축기를 사용하면 상처가 잘 안 나으니 유축할 때는 손으로 짜고, 젖을 짜고 난 후에는 연고를 바르세요.

Doctor's Advice

생후 4주까지 아기는 젖을 빠는 방법을 익혀야 하는데 이때 유두보호기나 젖병 등을 사용하면 엄마 젖보다 빨기 쉬운 젖병 느낌을 선호하기 쉽습니다. 그러므로 모유 수유를 하고 싶다면 유두보호기 사용은 자제하는 게 좋습니다.

Q11 유두보호기는 어떻게 골라야 하죠?

유두보호기는 엄마 젖이 헐어서 젖을 물릴 수 없을 때나 편평유두 또는 함몰유두인 경우, 젖꼭지가 작아서 잘 빨지 못할 경우에 이용하면 효과적이에요. 하지만 오래 사용할 경우 아기가 유두보호기 느낌에 익숙해져서 엄마 젖을 직접 빨지 않으려고 할 수도 있으니 필요에 따라 이용하고 다시 엄마 젖을 물리는 것이 좋아요. 보통 생후 4주 이전에는 떼야 유두혼동을 막을 수 있고, 오래 사용하면 젖 양이 줄 수도 있기 때문에 젖물리기에 익숙해지면 바로 떼는 게 좋아요.

유두보호기는 종류가 다양하므로 엄마 젖꼭지의 모양과 유두 지름을 살피고 잘 맞는 것을 구매해야 해요. 아기의 코가 젖에 닿아 엄마 냄새를 잘 맡을 수 있도록 한쪽이 파여 있는 접촉형 유두보호기가 좋은데 젖꼭지 부분이 너무 길면 토할 수 있고, 짧으면 아기가 잘 빨 수 없으므로 사이즈를 잘 재고 구매하세요. 착용할 때는 유두보호기의 끝에 손가락을 대고, 그 안쪽에 모유를 소량 짜낸 후 유두와 유륜에 잘 밀착시키면 돼요.

 선배맘 꿀팁

저는 편평유두라 출산 전에 미리 제게 잘 맞는 사이즈의 유두보호기를 사서 적응한 후 완모에 성공했어요. 조리원에서 정확한 사이즈에 대해 조언을 해주기도 해요.

Doctor's Advice

임신 후반이 되면 대부분의 산모는 유두가 돌출됩니다. 하지만 편평유두, 함몰유두인 경우에는 유두가 나오지 않는데 출산 전에는 자궁수축의 원인이 되므로 별다른 조처를 하지 않는 것이 좋습니다.

Doctor's Advice

편평유두는 자극을 주어도 유두가 돌출되지 않는 경우를 말하며, 함몰유두는 유두 위쪽의 2.5cm 떨어진 부위의 유륜을 쥐고 짰을 때 튀어나오지 않고 오히려 더 깊이 들어가는 경우를 말합니다.

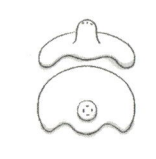  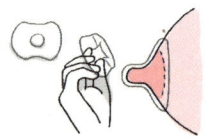

| 메델라 유두보호기 | 아벤트 유두보호기 | 착용하기 |

 **멘붕탈출법**

❶ 후기와 검색을 통해 유두 크기나 모양이 나에게 맞는 것 구매하기
❷ 사용 후 문제가 해결되면 바로 엄마 젖 물리기

Q12 유축기로 유축을 해도 젖이 느는 게 맞나요?

유축기를 쓰면 젖이 마르고 안 나온다는 말이 있지요. 모유 양이 적을 때, 유축기를 써야 할까요, 말아야 할까요? 정확한 답은 유축기를 사용하되 바르게 사용하는 거예요. 그러면 젖을 말릴 때도, 젖을 늘릴 때도 쓸 수 있어요.

유축기로 유축했을 때 젖이 마르는 이유는 젖을 다 빼주지 않아서예요. 모유 양을 늘리려면 젖을 자주, 완전히 빌 때까지 짜내야 해요. 젖을 조금만 빼면 뇌가 젖 양이 많은 것으로 인식해서 젖이 돌지 않기 때문에 젖이 마른답니다.

유축기를 사용했을 때 양이 느는 이유는 완전히 젖을 다 짜냈기 때문이에요. 직수 후에 유축기를 사용하면 젖을 다 빼낼 수 있는데 젖이 다 나온 것 같다고 생각되고 나서도 2분 정도 더 짜내야 완전히 젖을 짜낼 수 있어요. 이렇게 유축기로 끝까지 젖을 다 빼면 젖이 다시 돌아서 양이 늘어나요.

유축기를 사용할 때는 다른 사람이 방해할 수 없는 조용한 곳에서 편안한 마음으로 해야 해요. 유두를 깔때기 중심에 잘 맞게 넣어야 하는데, 너무 꼭 맞는 깔때기는 유두가 끼어서 상처가 날 수 있기 때문에 조금 넉넉한 것을 사용하는 것이 좋아요. 젖이 닿았던 부분은 삶거나 젖병 세정제로 닦고, 공동으로 쓰는 유축기는 깔때기와 튜브 등 모유가 닿는 부분은 자신의 것을 사용하는 것이 좋아요.

유축기를 자주 사용했더니 이상하게 젖꼭지 끝부터 머리까지 찌릿찌릿한 느낌이 났어요. 부작용이 있으니 적당히 사용해야 해요.

유축기를 사용했더니 젖이 금방 말랐다는 엄마도 있고, 유축만 해도 젖 뗄 때까지 충분히 먹였다는 엄마도 있었어요. 유축기의 사용 방법에 따라 다르다는 것은 나중에서야 알았어요.

❶ 유축기로 모유 양 늘리기 – 직수 후 유축하되 마지막 방울이 나오고 나서 2분 정도 더 유축해서 남은 젖을 완전히 빼내기
❷ 유축기로 모유 양 줄이기 – 직수 전에 조금만 유축하기

Q13 유축기는 어떤 제품을 골라야 하나요?

젖 양이 많거나, 모유를 유축해서 저장해두어야 할 경우에는 유축기가 필수예요. 산후도우미업체, 보건소에서 빌려서 쓸 수도 있지만 지속적으로 사용할 예정이라면 다음 정보를 참고하여 제품을 고르세요.

유축기에는 크게 더블 전동유축기, 싱글 전동유축기, 그리고 수동유축기 등 세 가지 종류가 있어요. 더블은 한 번에 양쪽 젖을, 싱글은 한쪽 젖만 자동으로 유축해주고, 수동유축기는 수유부가 직접 젖을 짜내야 해요.

전동유축기는 시간을 절약해 빠른 속도로 유축할 수 있고, 손목에 무리가 덜 간다는 장점이 있지만 휴대하기가 불편해요. 수동유축기는 간편하기 때문에 직장에 가지고 다닐 수 있다는 장점이 있어요.

유축기를 사용할 때는 압력 조절이 중요해요. 너무 높은 압력으로 해 놓고 사용하면 유방에 무리가 갈 수 있기 때문에 약한 압력으로 짜다가 제대로 나오면 압력을 높이세요.

Doctor's Advice

지나친 유축기 사용은 부작용으로 가슴의 통증을 유발할 수 있으니 통증이 느껴지거나 문제가 생기면 사용을 중단해야 합니다. 또한 가슴 수술을 한 경우에는 유축기 사용을 자제하는 것이 좋습니다.

선배맘 꿀팁

요즘에는 싱글겸용 더블형도 있어요. 휴대용 전동유축기의 경우 충전 시 사용 가능 시간도 점검해 보세요.

선배맘 꿀팁

수동유축기는 생각보다 압력이 세고 소음이 없어서 좋지만 손목이 아프기 때문에 자주 사용하는 사람에게는 맞지 않을 것 같아요.

더블 전동유축기

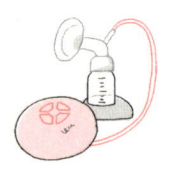

싱글 전동유축기

수동유축기

멘붕탈출법

❶ 짜내야 할 양이 많고 집에서 짧은 시간에 짜야 한다면 전동유축기
❷ 휴대해야 한다면 수동유축기

Q14 열이 나고 몸이 쑤시는데 이게 바로 유선염인가요?

모유 수유를 그만두는 이유 중의 가장 흔한 이유가 유선염이에요. 유선염은 주로 유관에 세균이 번식하거나 유관 내용물이 유방조직으로 역류하여 생겨요. 수유에 의해 생긴 유두의 상처로 병균이 들어가서 생기기도 하고요.

유선염을 예방하는 최선의 방법은 젖이 고이지 않도록 유축을 충실히 하고, 유두 부위에 상처가 생기지 않도록 하는 거예요. 만약 유선염에 걸리면 유방의 피부 부위가 빨갛게 부어오르고, 가만히 있어도 통증이 심해요. 가슴을 만지거나 누르면 정말 악 소리가 날 정도로 아프죠. 열도 나고, 온몸이 몸살 난 것처럼 쑤시고요.

유선염을 해결하는 가장 좋은 방법은 아기가 젖을 잘 빨아주는 거예요. 모유에 포함될 수 있는 소량의 균이나 항생제는 아기에게 거의 해가 되지 않고, 수유가 유즙과 농액의 배출을 촉진해 치료에 도움이 되기도 하므로 유선염이 왔더라도 수유를 중단하지 않고 계속하는 게 좋아요. 수유가 꺼려진다면 유축기로라도 계속 젖을 빼내야 하고요.

병원에서는 유선염 증상에 따라 소염제, 진통제, 항생제를 처방해주는데, 증세가 심할 경우에는 처방된 약을 먹으면서 마사지를 받는 게 좋아요.

선배맘 꿀팁

유선염은 정말 애 낳는 고통보다 심하다고 할 정도로 아팠어요. 통증이 너무 심해서 애가 젖을 먹고 싶어서 우는 게 두려울 정도였답니다. 그래도 수유를 계속하면서 마사지도 받고 약도 먹으며 간신히 이겨냈어요.

Doctor's Advice

유선염이 왔을 경우 무리하게 자가 치료를 하는 대신 병원의 처방을 받는 것이 현명합니다.

멘붕탈출법

❶ 유방 부위가 빨갛게 부어오르고, 만지면 아프다면 병원에 가서 처방받기
❷ 가슴마사지 받으면서 수유 열심히 하고 유축해서 젖 짜내기

Q15 물은 언제부터 먹일 수 있나요?

Doctor's Advice

보통 돌 이전에는 체중의 15%, 5세 이상은 10%, 8세 이상은 7.5%를 먹이도록 합니다. 하지만 땀을 많이 흘리는 여름철에는 조금 더 먹이는 게 좋고 추운 겨울에는 조금 덜 섭취해도 괜찮습니다. 이때 물 섭취 양은 수유 양을 포함한 양입니다.

생후 4~6개월까지는 분유나 모유에 들어있는 수분만으로도 충분하기 때문에 물을 따로 먹일 필요가 없어요. 오히려 물을 먹을 경우 체내 나트륨농도가 떨어져 얼굴이 붓거나 경기를 일으킬 수 있기 때문에 조심하는 것이 좋아요.

물을 먹이는 시기는 이유식을 시작하는 시기와 같아요. 모유를 먹이는 아기는 만 6개월부터 이유식을 시작하고 분유를 먹는 아기는 만 4~6개월에 이유식을 시작하면 되는데 이때부터 물을 먹여야 해요. 그 이유는 본격적으로 이유식을 시작하게 되면 수분이 부족해질 수 있기 때문이랍니다.

이유식을 먹기 전에 물을 먹이면 배가 불러 이유식을 안 먹을 수 있으니 이유식 후에 스푼으로 조금씩 떠서 먹이는 연습을 하고, 젖병에 끓였다 식힌 후 조금씩 담아 먹이세요. 돌 이후에는 식습관에 방해되지 않을 정도로, 25개월 이후에는 성인처럼 갈증이 날 때 먹여도 괜찮아요.

아기에게 주는 물은 생수보다는 끓여서 식힌 물을 미지근하게 해서 주는 것이 좋아요. 세균감염 가능성이 적고, 장에 자극을 덜 주기 때문이에요.

♥ 보리차는 언제부터 먹일 수 있나요?

보리차 역시 이유식을 시작할 때 먹이되 원산지와 위생상태 등을 확인한 후, 최대한 연하게 끓여 먹어야 알레르기 등을 예방할 수 있어요. 보리차에는 약간의 찬 성분이 있어서 열을 내리는 데 도움이 되고, 장염에 걸렸을 때 수분을 보충하기 좋아요. 하지만 찬 성분 때문에 장 기능이 미숙한 아기에겐 설사를 유발할 수 있고, 곡물이기 때문에 알레르기 반응을 유발할 수도 있으니 조금씩 먹이면서 살펴보세요.

Q16 모유에 환경호르몬이 들어 있다는 게 사실인가요?

2015년에 방영된 EBS의 '모유잔혹사'라는 프로그램을 통해 모유에서 환경호르몬이 검출된 사실이 알려지면서 엄마들 사이에서 모유 대란이 온 적이 있어요. 정말 환경호르몬 때문에 차라리 분유를 먹이는 게 나은 걸까요?

모유에 유해물질이 있다는 것은 이미 오래전부터 알려져왔던 사실이에요. 여성의 가슴은 지방이 밀집된 신체 부위이고, 지방은 환경 유해물질과 친하기 때문에 유독 가슴에 환경 유해물질이 축적될 수밖에 없어요. 그래도 전문가들은 모유에 환경호르몬이 들어있는 건 사실이지만 영양학적으로나 면역학적으로 완벽한 식품이고, 엄마와 아기의 애착 형성에 큰 도움을 주기 때문에 생후 6개월에서 24개월까지는 모유 수유를 적극적으로 권장하고 있어요. 생활 곳곳에 숨겨진 환경호르몬을 모두 피할 수는 없지만 조금이라도 노력하면 환경호르몬 노출을 줄이고, 건강한 모유를 줄 수 있답니다.

Doctor's Advice

출산 후 심한 다이어트는 갑작스러운 지방량의 감소로 안전하게 자리 잡고 있던 환경호르몬의 인체에 대한 나쁜 영향력을 높일 수 있습니다. 따라서 특히 모유 수유를 할 경우, 출산 후 심한 다이어트를 하는 것은 좋지 않습니다.

♥ 건강한 모유 주는 법

- 유기농업으로 재배된 식물과 동물 먹기
- 해독성분이 있는 마늘, 고수 잎, 클로렐라, 무농약 채소, 신선한 견과류, 김, 다시마와 같은 해조류 먹기
- 플라스틱 그릇 사용 주의하기
- 화장품이나 샴푸 등은 될 수 있는 대로 천연제품 사용하기

❶ 환경호르몬 물질 최대한 멀리하기
❷ 데치거나 찌고 삶는 조리 방법으로 콜레스테롤과 포화지방 줄여서 먹기

Q17 가슴 성형 후에도 모유 수유를 할 수 있나요?

Doctor's Advice

외과적 수술을 했더라도 수술 부위가 유륜 내에 있거나 수술 중에 유관이나 신경을 건드린 경우만 제외하면 성공적인 수유를 할 수 있습니다. 산전 진찰을 받을 때 어떤 수술을 했는지 의사에게 말하고, 수유 시에도 아기가 잘 먹고 있는지 확인하도록 합니다.

몇 년 전, 가슴 확대 수술을 했던 한 엄마가 모유 수유를 하다가 보형물의 실리콘 성분이 모유를 통해 나왔던 충격적인 기사를 본 적이 있으신가요? 이런 문제가 있었으니 가임기 여성 중에 가슴 성형을 한 분들은 모유 수유가 안전한지 궁금할 수밖에 없어요.

의사들은 가슴 확대 수술 후에 모유 수유를 해도 위험하지 않다고 해요. 유선 조직은 가슴보형물 위쪽에서 수유를 위한 팽창과 수축을 하므로 수술로 유두의 위치를 옮겼거나 유관이나 신경이 잘리지만 않았다면 가슴 성형 후에도 모유 수유에 큰 지장이 없다고 합니다. 그런데 오히려 유방 축소 수술을 하면 수유를 못 하게 되는 경우가 많아요. 수술 중에 유두의 위치를 새로 잡으면서 종종 유관과 신경을 건드리거든요.

이 사건 이후로 식품의약품안전처는 모유 수유 전에는 반드시 보형물이 파열됐는지 초음파로 진단받고, 수술받은 지 3년 뒤와 그 이후 2년마다 보형물이 찢어졌는지 MRI로 진단받도록 권고하는 지침을 발표했어요.

만약 가슴 수술을 했다면 초음파 진단을 통해 미리 안전성을 확인하는 것을 잊지 마세요.

가슴수술을 했다면 모유 수유 전에 초음파와 MRI 등으로 보형물 파열 여부를 정확히 확인하기

Q18 아기가 자꾸 토하는데 괜찮은지 알고 싶어요

신생아는 위와 식도 사이의 괄약근 발달이 덜 되었기 때문에 수유 후 토하는 경우가 많아요. 이렇게 괄약근이 단단히 조여주지 못해서 먹었던 젖이나 분유가 식도로 다시 올라와 버리는 것을 의학용어로 '신생아 역류증'이라고 해요. 보통 생후 1~4개월 사이에 가장 많이 발생하고, 이후 호전되기 때문에 대부분 치료가 필요 없지만 만약 18개월까지 지속된다면 다른 원인이 있는지 찾아보아야 해요.

또한 생후 2~4주 사이의 신생아가 매번 수유할 때마다 뿜듯이 분수토를 하면 유문협착증과의 감별이 필요해요. 체중이 잘 늘지 않거나 생후 6개월부터 게워냄이 시작될 경우, 구토 후 수유를 거부하거나 매우 보챈다면 병원에서 진료를 받아보세요.

♥ 토하는 것을 줄이는 방법

나누어서 수유하기 수유를 조금씩 하고, 수유 중 잠시 쉬거나 중간에 트림을 시켜보세요. 수유 양이 너무 많지 않은지 확인해요.

수유 후 세워 안기 수유 후 약 20~30분간 아기를 세워 안고 있으세요. 수유할 때도 상체를 세워서 하고, 분유 수유라면 공기가 들어가는지 확인해보세요.

분유나 젖꼭지 바꿔보기 분유가 맞지 않아서일 수 있으니 다른 분유로 바꿔보거나 젖꼭지 구멍이 크면 공기를 많이 삼킬 수 있으므로 젖꼭지 사이즈를 바꿔보세요.

Doctor's Advice
토하는 것은 큰 문제가 아니지만 토를 하고 나서 자지러지게 울거나 열이 나는 경우, 토하기 전 머리를 크게 부딪친 경우, 높은 곳에서 떨어졌거나 크게 놀라고 난 후 토를 할 경우에는 바로 병원에 데리고 가야 합니다.

Doctor's Advice
토를 자주 하는 아기는 바로 눕히기보다는 항상 옆으로 눕혀서 기도가 막히는 것을 예방해야 합니다.

Doctor's Advice
신생아 역류는 생후 한 달 무렵부터 심해져서 백일까지 지속하기도 합니다. 역류가 있을 때는 수유 간격을 짧게 하고 조금씩 먹이는 게 좋습니다. 구토가 심하면 호흡기에도 영향을 미칠 수 있으므로 의사와 상담 후 특수 분유나 약을 먹는 것이 좋습니다.

Q19 분유 수유를 하려는데 어떤 젖병을 사야 할까요?

본격적으로 분유 수유를 하려면 젖병을 준비해야 해요. 그런데 용량도, 모양도, 재질도, 기능도 종류가 너무나 다양해서 선택이 어렵지요. 젖병을 살 때 참고할 정보를 알려드릴게요.

♥ 젖병 살 때 고려할 점

소재 조리원이나 산부인과에서 받게 되는 젖병은 대부분 PP 소재예요. PP 소재는 값이 싸고 가벼워서 쓰기 편하다는 장점이 있지만, 흠집이 잘 나는 편이에요. 국민젖병이라고 불리는 모유실감 젖병은 PPSU 소재예요. 갈색빛이 돌고 더 단단하며, 200도까지 견뎌 내열성이 강해 가장 많이 사용해요. 하지만 이와 같은 플라스틱 소재의 젖병은 젖병 흠집 사이로 세균이 번식할 수 있어서 6개월에 한 번은 바꿔주어야 해요.

모양 일반형과 와이드형이 있는데 와이드형이 입구가 넓어 씻기 편해요. 같은 형의 젖꼭지와 젖병은 다른 브랜드라도 호환되는 경우가 많아서 여러 종류를 바꿔가며 사용할 수 있어요.

젖꼭지 가장 중요한 것은 젖꼭지예요. 어떤 젖병이든 아기가 잘 빠는 젖꼭지가 중요하거든요. 모유실감 젖꼭지, 배앓이 방지기능(주름, 공기구멍)이 있는 젖꼭지, 일반 젖꼭지 등 다양한 젖꼭지가 있는데 아기가 잘 빨지 않을 수 있으니 한두 개만 미리 사서 물려보고 잘 빨 때 더 사는 게 좋아요. 젖꼭지의 구멍 크기에 따라 수유 속도가 달라지는데, 만약 아이가 토를 자주 한다면 젖꼭지 사이즈를 조정해보세요.

배앓이 방지 기능 배앓이 젖병은 배앓이가 있을 때 사도 되요. 닥터브라운 젖병이 제일 유명하고 효과가 좋지만 씻기 불편하다는 평이 있어요. 그 외 유미젖병 등 다양한 브랜드가 있으니 비교해서 선택하세요.

선배맘 꿀팁
조리원에 간다면 젖병을 미리 살 필요는 없고 퇴소할 때 아기가 먹는 양에 맞춰 젖병을 준비하는 게 좋아요. 생후 3개월까지는 160mL로 그 이후엔 240mL로 사는 게 좋아요.

선배맘 꿀팁
실리콘이나 유리 젖병은 교체주기가 12개월로 좀 더 오래 쓸 수 있어요. 유리 젖병의 경우 흠집이 잘 안 생기고, 환경호르몬으로부터 자유롭지만 무겁고 깨질 수 있는 위험성이 있답니다.

선배맘 꿀팁
이미 쓰고 있는 젖병이 있는데 아기가 배앓이 증상이 있는 것 같다면 젖병을 바꾸기보다는 분유를 먼저 바꿔보세요.

Q20 분유는 어떤 제품을 고르는 게 좋을까요?

신생아 때부터 모유 수유가 어려워서 분유를 먹인 경우에는 병원이나 조리원에서 먹이던 분유를 그대로 먹이는 경우가 많아요. 아기에게 익숙한 분유를 바꾸기가 쉽지 않거든요. 가장 좋은 분유는 아기에게 잘 맞는 분유예요. 더 좋은 분유가 없나 하고 자꾸 바꾸게 되면 아기에게 맞지 않아 고생할 수도 있으니 특별한 이유가 없다면 바꾸지 않는 게 좋아요.

선배맘 꿀팁
노발락 AD는 변이 정상으로 돌아오는 데 도움을 줘요. 유단백 소화가 어려운 아기에게는 메디소이라는 분유도 있어요.

♥ 분유를 바꿔야 하는 경우

설사 갑자기 변이 묽어지거나 이상한 냄새가 나면 분유를 바꿔보는 게 좋아요. 분유를 바꿔도 설사가 멎지 않으면 설사를 멎게 하면서 영양을 공급할 수 있는 설사 분유를 먹이세요. 설사가 멈추고 2~3일 지나면 일반 분유를 섞어 먹이다가 차츰 일반 분유로 바꾸면 돼요.

배앓이(영아 산통) 배앓이가 심하면 분유를 바꿔보세요. 유당이 잘 흡수되지 않거나 분유가 맞지 않아 배에 가스가 찼을 수 있어요. 이럴 때는 유당이 적게 함유되면서 영양성분을 갖춘 노발락 AC 같은 특수 분유를 먹이세요.

구토 너무 자주 토하거나 소화를 잘 시키지 못할 때는 분유를 바꿔야 해요. 증상이 나아지지 않으면 우유 알레르기나 유당불내증 등 특수 질환에 맞는 분유를 먹여보세요. 이때는 소아청소년과 전문의의 진료를 받은 뒤에 먹여야 해요.

체중이 늘지 않을 때 저체중이거나 체중이 늘지 않으면 열량 밀도가 높은 성장 강화 분유를 먹이세요.

알레르기 질환이 있을 때 소화기관이 미성숙한 12개월 미만의 영유아의 경우 체내에서 분유의 단백질을 제대로 소화하지 못해 알레르기 증상이 나타날 수 있는데, 알레르기 유발성분이 함유되지 않은 분유를 먹이면 증상이 나아질 수도 있어요.

선배맘 꿀팁
유산균을 먹이면 배앓이, 영아 산통에 도움이 돼요. 신생아부터 먹일 수 있는 유산균도 있는데 바이오가이아 베이비드롭, 닥터프로바 드롭스 등이 유명해요.

Doctor's Advice
특수분유 중 가장 많이 찾는 설사 분유는 짧게는 5일에서 최대 2주 정도 먹인 후 다시 일반 분유로 전환하는 게 좋습니다. 임의로 장기간 먹이면 문제가 나타날 수 있으니 의사와 상의 후 먹이도록 하세요.

Q21 국내 분유와 수입 분유의 차이점이 있나요?

선배맘 꿀팁

수입 분유 중에서 모유와 성분이 가장 비슷하다는 독일분유 압타밀을 먹이고 있어요. 프레와 1단계는 모두 신생아부터 6개월까지 먹일 수 있는데 프레는 무전분이고, 1단계에는 전분이 함유되어 있어요. 요즘에는 힙(hipp) 분유도 많이 먹이더라고요.

선배맘 꿀팁

수입 분유는 약 40~45도의 물에 잘 녹아요. 물이 너무 적으면 잘 안 녹으니 잘 녹는 양을 알아두세요.

엄마들이 수입 분유를 선택하는 이유는 아무래도 원유 때문이에요. 분유의 재료가 되는 우유를 만들어 내는 소가 어떤 곳에서 자라는지, 그 소가 먹는 풀은 어떤 풀인지 등을 고려했을 때 동물복지가 일반화된 유럽처럼 사육 환경이 좋은 곳에서 자라는 소의 원유를 더 선호하게 되는 것이지요.

유럽의 경우 기준이 까다로워 여러 인증기관을 거치기 때문에 신뢰도가 더 높아요. 하지만 수입 분유는 상대적으로 가격이 비싸고, 수급이 어려울 수 있으니 미리 사두어야 해요.

또한, 우리나라는 이유식 초기와 중기에도 주식의 개념으로 분유를 먹이지만 유럽은 이유식을 시작하는 6개월부터는 하루 1~2회만 먹이는 일종의 영양보충식 개념으로 분유를 먹이게 되어 있어서 영양 설계가 국내 기준에 맞지 않는 경우가 있으니 미리 확인해봐야 해요.

중요한 것은 수입 분유든 국내 분유든 아기와 잘 맞는 분유가 우선이라는 거예요. 한때 직구나 구매대행 등으로 수입된 분유 중 일부에서 국내 조제분유 제품에 비허용된 첨가물인 '루테인(마리골드색소)'을 사용했다거나, 염소산염이 기준 허용량을 초과했다는 검사결과가 나오는 등의 문제점이 지적된 경우도 있으니, 무조건 수입 분유를 선호하기보다는 국내 분유와의 장단점을 잘 비교하도록 하세요.

멘붕탈출법

❶ 내 아기와 잘 맞는 분유가 우선
❷ 수입 분유를 먹인다면 성분을 잘 알아보기
❸ 필요할 때 쉽게 구할 수 있는지 구매 방법 알아보기

Q22 엄마도 아기도 스트레스 없이 단유하는 법이 있을까요?

복직으로 단유를 해야 하는 경우도 있지만 그 외의 여러 이유로 인해 단유를 해야 할 경우도 있어요. 지금껏 엄마 젖을 먹어왔던 아기가 갑자기 젖을 먹지 못하게 되면 스트레스를 받게 돼요. 그러니 단유하는 가장 좋은 방법은 시간을 두고 서서히 직수횟수를 줄이는 거예요.

예를 들어 생후 3개월 아기는 하루에 8번 정도 젖을 물리는데 단유를 시작하면 1회 줄인 상태로 3~4일 유지하고, 적응된 것 같으면 1회 더 줄여서 며칠 유지하는 식으로 하면 돼요. 그리고 동시에 카보크림과 냉팩, 양배추잎 붙이기, 식혜 먹기, 엿기름 먹기, 단유차 먹기 등의 방법을 함께 사용해 보세요. 카보크림은 모유 양을 줄이고 싶을 때 가슴에 바르는 크림이에요. 바르는 횟수를 하루 8회에서 12회까지 늘리면 단유하는 데 도움이 돼요.

단유할 때 젖이 남아있으면 유방암에 걸린다는 말은 낭설이에요. 다만 남은 젖을 다 짜내지 않고 남겨두면 혈관에 흡수되지 못한 유즙이 유관에 쌓여 젖몸살, 두통 등이 생길 수 있으므로 확실한 유축이 필요해요.

선배맘 꿀팁

엿기름 300㎖와 물 1ℓ를 섞어 3시간 이상 불린 후 체에 거른 엿기름 물을 수시로 마시면 진짜 젖이 줄어요. 단, 젖몸살이 많이 없고 건강한 유방일 때 효과가 있다고 해요.

Doctor's Advice

부인과, 유방외과 등에서 양약을 처방받아 단유를 시도할 수 있습니다. 대표적인 단유약으로는 팔로델, 돈페리돈 등이 있는데 빠르면 3일, 늦으면 10일 이내에 젖이 마르는 효과가 있습니다. 다만 부작용이 있을 수 있으므로 전문가와 상의 후 최후의 단계에서 시도해 보도록 합니다.

♥ 12개월 이후의 단유법

곰돌이 단유 12개월 이후에 할 수 있는 단유법으로 "이제 우리 OO이는 언니(형아)니까 이도 나고 까까도 먹을 수 있잖아. 쭈쭈는 곰돌이에게 주고 빠빠이 하자."라고 말한 후 단유를 시도해요.

반창고 단유 일회용 밴드나 니플 밴드를 유두에 붙인 후 엄마 찌찌가 아파서 더 이상 젖을 줄 수 없다고 설명해요.

식초 단유 가슴에 식초를 바르고 엄마 가슴이 고장 나서 맛있는 모유가 나오지 않으니 그만 먹자고 말해요.

Q23 모유 수유 중에 복직을 해야 하면 어떤 준비가 필요할까요?

선배맘 꿀팁

유축을 해야 하는 상황이라면 직장 내에 유축할 수 있는 장소, 시간 등을 미리 확보해두는 것이 좋아요. 젖병 소독할 시간도 없는 직장맘이라면 1회용 젖병을 사용하는 것도 고려해 보세요.

Doctor's Advice

아기와 보내는 시간이 적어지면 아기의 정서에 나쁜 영향을 미치지는 않을까 걱정되기 마련입니다. 그러나 함께하는 시간이 적다고 걱정할 필요는 없습니다. 일하는 엄마가 아기와 함께 있는 동안 더 즐겁게 지낸다는 연구결과도 있으니, 하루에 한 시간이라도 아기와 친밀감 있는 시간을 보내도록 노력하는 게 중요합니다.

출산 후 육아휴직을 1년까지 쓸 수 있는 직장도 있지만, 아직은 3개월 이후에 복직을 해야 하는 경우가 많아요. 복직을 할 때는 우선 아기를 맡길 사람이나 기관을 알아보는 게 우선이고, 이후 모유 수유 중이라면 단유를 할 것인지, 유축한 모유를 젖병으로 먹일 것인지를 결정하고 이에 따라 수유 패턴을 적응시켜나가야 해요.

♥ 아기 돌봐줄 사람 구하기

복직을 할 때 가장 중요한 것은 아기를 누가 봐줄 것인지 정하는 거예요. 아무래도 친정 혹은 시댁의 도움을 받는 것이 가장 좋겠지만 베이비시터의 도움을 받아야 한다면 출퇴근 시간이 정해진 시터보다는 입주 베이비시터가 아기를 돌보기 좋아요. 시터를 구할 때는 CCTV 설치, 주당 근무 일수와 시간, 휴일, 추가 근무수당 등의 협의를 잘해야 해요.

아기를 봐줄 사람이 정해졌다면 복직 전에 젖병으로 수유하는 연습을 해서 익숙해지도록 해야 해요. 집 안 살림을 시터가 이용하기에도 편하게 정리해두고, 화장품이나 옷, 신발 등을 준비하고, 미용실 방문 등 출근에 필요한 준비를 하는 것도 필요하겠지요.

♥ 젖병에 익숙해지도록 준비하기

복직 한 달 전부터는 아기의 수유 패턴을 재조정하는 것이 좋아요. 예를 들면 모유 수유만 하던 아기에게 갑자기 젖병 수유를 하게 되면 혼동이 올 수 있기 때문에 3~4주 전부터 엄마 젖꼭지와 가장 가까운 젖꼭지를 선택한 후 젖병과 친해지도록 해요. 또 출근했을 때와 비슷한 시간과 환경에서 수유를 하면서 미리 익숙해지도록 해야 해요. 예를 들어 아침, 저녁에는 직수로 먹이고 낮에는 젖병으로 먹이는 등 출근 상황에 따라 조절해요. 이때 수유 간격을 최대한 길고 일정하게 유지하는 것도 중요해요.

♥ 모유 유축해서 먹이기

모유 수유를 계속하기로 마음먹었다면 유축한 모유를 먹일 수 있도록 여러 가지 준비를 해야 해요.

유축 방법 익히기 복직 2주 전부터는 수유 후 30분 이내에 유축기로 젖을 짜는 연습을 해요. 전동유축기로 양쪽을 동시에 짜면 시간을 절약할 수 있어요.

유축한 모유 저장하기 모유를 짤 때 아기가 한번 먹는 양만큼 얼려 놓아야 바로 해동해서 먹일 수 있어요. 모유저장팩에 날짜를 적어 먼저 짠 것부터 먹여요.

유축한 모유 먹이기 냉동 보관했던 모유는 냉장고에서 12시간 녹이거나 실내에서 녹여요. 녹는 시간을 알아두고 타이머를 해두는 것도 방법이에요. 모유가 녹은 후 36~40도의 미지근한 물에 담가 온도를 맞춰서 먹여요.

해동한 모유는 냉장실에서 24시간 보관은 가능하지만 재냉동은 절대 안돼고, 먹이다 남긴 모유를 다시 먹여도 안돼요. 해동 시 지방층이 젖병에 붙어버리는 경우가 있으니 부드럽게 잘 흔들어서 먹여요.

신선한 모유는 실온에서 4~6시간, 냉장실에서는 2~3일, 냉동실에서는 3개월 정도 보관 가능해요. 모유저장팩에 넣어 얼릴 때는 날짜를 쓰는 것 잊지마세요.

막 짜낸 모유와 냉동된 모유를 같이 섞으면 신선한 모유가 얼어있는 모유 위층을 녹여 세균감염이 일어날 수 있으므로 유축한 모유는 한 번에 비닐 팩 하나씩을 먹이도록 합니다.

멘붕탈출법

❶ 아기 돌봐줄 사람 정하기
❷ 한 달 전부터 수유 패턴 맞추기
❸ 집 안 살림 재정비

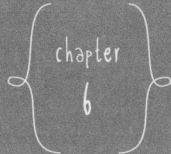

제발 잠 좀 자자!
수면 교육 멘붕 탈출법

아기를 키우는 엄마들의 가장 큰 소원은 바로 '실컷 잠 자는 것!'이지요. 졸리면 자면 될 텐데, 아기들은 왜 잠을 안 자고 투정을 부리는 걸까요? 아기의 수면 특성과 수면 과정, 수면 방법을 정확하게 이해한다면 수면 교육에 성공하기가 훨씬 쉬워져요. 아기 수면 교육에 바로 적용할 수 있는 아기 수면의 비밀을 밝혀드립니다.

선배맘 메시지

만약 내가 다시 수면 교육을 한다면?

 나와 내 아이만의 육아 방식을 찾아 나가세요

'육아서에 나온 대로 열심히 따라 하는데 왜 내 아기한테는 효과가 없는 걸까요?', '다른 애들은 이렇게 하면 잘만 잔다는데, 왜 우리 아기만 두 시간마다 깨서 우는 걸까요?' 아기를 키우고 나니 그 답을 알 것 같아요. 그건 내 아이와 똑같은 아이는 없기 때문이죠. 책대로 되는 아이가 있는 반면 안되는 아이도 있는 거예요. 그러니 내 아기의 수유 간격과 수면 간격을 찾아 나가는 과정이 책대로 되지 않는다고 해서 절망할 필요는 없어요. 다양한 방법을 시도하는 과정에서 책과 선배맘들의 경험담을 참고하며 시행착오를 줄여나간다고 생각하면 마음이 한결 편해질 거예요.

 안고 재운다고 죄책감 느낄 필요는 없어요

수면 교육을 하려면 안고 재우면 안 된다고 하잖아요. 그래서 많은 엄마가 안고 재우면서 죄책감을 느끼고요. 그런데 저는 안고 재우는 것이 나쁘지 않다고 생각해요. 어떤 아이는 꼭 수면 교육을 하지 않아도 안고 자는 게 불편하면 자연스럽게 누워서 자거든요. 때가 되면 알아서 뒹굴뒹굴하다가 자기도 하고요. 손목과 허리가 너무 아프다거나 심한 잠투정으로 오래 안아주어야 해서 힘든 경우는 수면 교육이 꼭 필요하겠지만, 아기가 잠투정이 심하지 않고 엄마가 안고 재우는 게 힘들지 않다면 저는 아기가 누워서 스르르 잠들 때까지 안아서 재워도 괜찮은 것 같아요.

chapter 6

 수면 교육을 하고 나니 신세계가 찾아왔어요

첫째를 돌까지 안아서 재웠어요. 돌이 지나 말을 알아들으면 수면 교육이 가능할 줄 알았는데, 더 떼를 쓰고 투정을 부리더라고요. 그래서 둘째는 다른 사람들의 말대로 생후 4개월부터 마음먹고 수면 교육을 했어요. 불을 끈 뒤에 자장가나 백색소음을 틀어주고 토닥토닥해주었는데, 처음에는 좀 힘들었지만 며칠간 꾸준히 하니까 정말 거짓말처럼 혼자 자는 거예요. 아기를 안고 깊은 잠이 들 때까지 움직이지도 못하고, 눕힐 때 긴장했던 날들은 이제 안녕! 애를 재운 뒤에 내 시간을 가지게 되자 한 마디로 육아의 질이 달라졌어요. 수면 교육은 아기와 부모를 위해서 꼭 필요한 것 같아요.

수면 교육이 안 된다면 다른 방법을 찾아보세요

잘 알려진 수면 교육 방법들로 성공한 엄마들의 얘기를 들어보면 3~4일 혹은 일주일 안에는 성공하는 것 같더라고요. 그런데 그동안 울린 게 아까워서, 하루 이틀만 더 하면 될 것 같아서, 일주일 이상 아기를 울리면서 수면 교육을 하는 경우도 보았어요. 하지만 아기가 이렇게까지 울고 힘들어하면 수면 교육을 포기하고 다른 방법을 찾는 것이 맞는 것 같아요. 아기마다 기질이 다르고 성격이 다르기 때문에 내 아기에겐 이런 수면 교육이 안 맞을 수도 있어요. 그럴 땐 적당히 포기하고 다른 방법을 찾는 것이 낫다고 생각해요.

선배맘이 알려주는 수면 교육 성공 팁

Doctor's Advice

아기들이 밤에 쭉 자는 시간은 생후 2개월 5시간, 3개월 6~7시간, 4개월 7시간, 5개월 8시간, 6개월 9~10시간, 7개월 10~12시간, 8개월 12시간(낮잠 2번), 10개월 9~12시간입니다. 하지만 아기마다 수면시간이 다르므로 참고만 하도록 합니다.

선배맘 꿀팁

'EASY 육아'를 기억하세요. 'EASY 육아'란 Eating(먹고), Activity(놀고), Sleeping(자고), Your Time(자유시간 갖기)을 반복하는 육아법으로 먹놀잠 패턴을 이용하는 동시에 부모의 자유시간을 가지는 거예요. 아기가 이 패턴을 유지해준다면 수면 교육도 쉬워지고 육아의 질도 높아진답니다.

선배맘 꿀팁

수면 교육에 성공하려면 낮과 밤이 생기는 4~5개월에 시작하는 게 가장 좋아요. 단, 수면 교육을 시작하기 전에 뱃구레가 늘고 수면시간이 길어지는 50일 경부터 수유 간격을 늘려가며 미리 수면 교육을 할 수 있는 준비를 해두어야 성공하기가 쉽답니다.

수면 교육이라고 하면 울리는 것부터 떠올리는 분들이 많아요. 그래서 '수면 교육을 꼭 해야 하나?', '그냥 안아서 재우면 안 되나?' 하는 생각을 하는 엄마들도 많지요. 하지만 수면 교육은 '잘 자는 법', '잠을 자연스럽게 드는 법'을 알려주는 거예요. 자연스럽게 그냥 누워서 바닥에 등을 대고 잠이 들 수 있도록 도와주는 거지요.

그럼 어떻게 해야 되도록 아기도 엄마도 고생을 덜 하면서 잘 재울 수 있을까요? 수면 교육은 '잠잘 때', '재울 때'만 적용되는 방법이 아니에요. 아기의 일상생활 전체와 연결되어 있어야 자연스럽게 효과를 볼 수 있으므로 다음 방법들을 꼭 참고하세요.

♥ **효과적인 수면 교육 방법 세 가지**

첫째, 먹놀잠 패턴을 기억하세요 보통 먹으면서 잠들고, 먹고 잠들잖아요. 이게 아니라 먹고 놀다가 졸릴 때 잠드는 방법으로 바꿔야 해요. 배불리 먹고 놀다보면 어느새 하품을 한다거나 졸린 타이밍이 오거든요. 눈을 비비거나 하품을 하거나 짜증을 내기도 하고요. 그때 재우면 성공확률이 높아져요.

둘째, 수면의식이 필요해요 수면의식은 잠들기 전의 일련의 과정이에요. 눕힌 후에 이야기를 들려주고 자장가를 부르며 토닥여주는 등 일정한 행동을 15분 이상 매일 반복하세요. 수면의식은 신체를 많이 움직이거나 흥분되는 활동은 맞지 않아요. 또한 모든 수면의식 과정을 다 포함해도 30분을 넘기지 않도록 하세요.

셋째, 함께 돌보는 사람의 동의를 구하세요 수면 교육에 성공한 엄마들은 하나같이 함께 돌보는 사람의 동의가 꼭 필요하다고 얘기해요. 남편이나 친정엄마 등 함께 아기를 돌보는 가족들이 수면 교육의 필요성에 동의하고 도움을 주어야 성공할 수 있어요.

선배맘이 알려주는 수면 교육 준비법

수면 교육을 하는 가장 좋은 방법은 낮부터 시작하는 거예요. 우선 낮에는 주변을 밝게 해두고, 자연스러운 소음에도 노출해주세요. 모빌을 보여주거나 책을 읽어주면서 노는 시간을 늘리는 게 좋아요. 또한 아침과 낮의 수유 양을 늘리면서 낮에 최대한 많이 먹여야 해요.

저녁이 되면 최대한 어둡게 하고, 조용하게 해주어요. 자기 전에 목욕을 시키면 더 쉽게 잠들 수 있어요. 수면의식으로 자야 한다는 것을 알려주고, 먹는 양은 줄이고 수유 간격을 늘려요. 밤에 깨면 먹이지 않고 달래주면서 재우도록 합니다.

선배맘 꿀팁

사실 수면 교육이란 밤에 먹지 않고 푹 자게 하고, 혼자 잠드는 법을 알게 하는 거잖아요. 낮에 깨어있는 시간이 길어지고, 졸린다는 신호를 보내기 시작할 때! 그 때가 적기인 것 같아요.

💗 100일 아기 수면 일과

생활습관이 바르게 잡힌 100일 아기의 수면 일과를 참고해 보세요. 수면습관이 잘 들여진 아기는 약 4시간 간격으로 배고파하며 밤에도 푹 잘 잡니다. 100일 아기들은 밤에 한 번 정도 수유하는 게 좋고, 낮잠을 하루 3회 정도 자도 괜찮습니다.

시간	수면 일과
06:30~7:00	기상 + 수유
10:00~10:30	낮잠
10:30~11:00	수유
13:30~15:00	낮잠
15:00~15:30	수유
18:30	수면의식
19:00	수유 + 취침
01:00~1:30	수유

💗 낮과 밤이 바뀐 아이는 어떻게 해야 할까요?

우선 낮잠시간을 조정해야 해요. 아침 수유 직후, 저녁 식사 전에 낮잠을 짧게 1~2시간 정도 재우고 되도록 아침 9시에는 깨우도록 합니다. 아침에 늦게까지 자면 낮잠시간이 늦어지고, 밤잠도 늦어지게 되거든요. 저녁 8시 이전에 목욕을 시키는 것이 좋고, 수유 후 적어도 밤 9시에는 잠 잘 분위기를 만들고 수면의식을 한 후 재우도록 합니다.

Doctor's Advice

성장호르몬이 나오는 시간은 밤 10시부터 새벽 2시이므로 적어도 9시에는 재우는 것이 좋습니다.

멘붕탈출법

❶ 낮에는 밝고 시끄럽게, 밤에는 어둡고 조용하게
❷ 낮 시간에 배부르게 먹이고, 실컷 놀아주기
❸ 낮잠시간, 기상시간, 취침시간 조절하기

선배맘이 알려주는 효과적인 수면 교육법

천천히 규칙적으로 수유 간격을 잡아나가고 있고, 생후 4~5개월이 되어 아기 밤잠 시간이 길어지고 아기가 졸린 신호를 보낸다면 이제 깊은 밤잠을 재우기 위한 집중 수면 교육을 할 때가 된 거예요. 수면 교육은 여러 가지 방법을 시도해볼 수 있는데 대표적인 방법은 퍼버법, 안눕법, 쉬닥법 등이 있어요. 전문가들은 퍼버법이나 안눕법처럼 아기를 울릴 수도 있는 방법은 생후 4개월 이후부터 사용하라고 권해요. 그 전에는 많이 안아주고 울 때 반응해주어야 정서적으로 안정이 되니까요. 하지만 생후 4개월이 지났는데도 아기가 잠드는 것을 힘들어한다거나, 너무 자주 깨서 부모가 잠이 너무 모자란다거나, 엄마의 몸이 힘들다면 수면 교육을 하는 게 좋아요. 어떤 방법을 시도하든 수면 교육을 잘하지 못했다고, 여전히 밤중 수유를 한다고 해서 엄마가 스트레스 받고 죄책감을 느낄 필요는 없어요. 안아서 재우는 게 편하다면 그 방법으로 계속해도 괜찮아요.

♥ 쉬닥법(아닥법)

쉬닥법이란 아기를 안아서 달랠 때 '쉬~' 소리나 '아~' 소리를 반복해서 아기를 달래기 때문에 만들어진 이름이에요. 소리를 내어 달래면서 재우는 방법으로 백색소음을 들려주는 것과 같은 효과가 있어요. 100일 전부터 수면 교육을 시도하고 싶을 때 사용하는 5S 수면 교육법의 하나로 5S란 Swaddling(포대기로 감싸기), Side(옆으로 누이기), Sound(쉬~ 백색소음 내기), Swinging(아기를 안고 가볍게 흔들어 주기), Sucking(엄마 젖이나 노리개 젖꼭지 물리기)을 말해요.

♥ 퍼버법

퍼버법은 잠자리에 혼자 눕혀 놓고 스스로 잠들기를 기다리면서 아기가 울면 달래주는 방법이에요. 울면 바로 들어가서 달래주는 것이 아니

Doctor's Advice

이가 났는데도 밤에 꼭 먹어야만 잔다면 우식증이 생길 수 있으니 반드시 밤중 수유를 끊고 수면 교육을 하는 게 좋습니다.

선배맘 꿀팁

수면 교육이 힘들어서 엄마와 아기 모두 심한 스트레스를 받는다면 꼭 해야 할 필요는 없어요. 어떤 아기는 자장가를 듣다가 자고, 어떤 아기는 엄마가 옆에 있기만 해도 자고, 어떤 아기는 안아줘야만 잘 수도 있잖아요. 어떤 방법이든 아기와 부모가 마음 편한 방법을 찾았다면 그걸로 된 것 같아요.

선배맘 꿀팁

퍼버법이 매정하다고 하는데 제대로 하면 그렇지 않아요. 퍼버법을 시도하기 전부터 수면 패턴을 일정하게 만들어 놓았고, 낮에 많이 놀아주고 수면의식까지 다 한 후에 퍼버법을 시도했거든요. 그랬더니 4일 만에 성공할 수 있었어요. 아무 준비도 없이 시작하면 안 될 것 같아요.

라 간격을 차츰 늘리며 달래서 아기 스스로 잠드는 법을 익히게 하는 방법이지요. 3분, 5분, 10분 이렇게 조금씩 간격을 점차 늘려가면서 밖에 나왔다가 들어가서 달래기를 반복하다보면 아기가 어느새 울지 않고 혼자 잠드는 법을 배우게 돼요. 퍼버법 때문에 '수면 교육은 울리는 교육'이라는 선입견이 생겼을 수도 있지만 퍼버법으로 수면 교육에 성공한 엄마들은 '가장 효과적이고 빠른 수면 교육 방법'으로 추천해요. 하지만 퍼버법은 끝까지 해야겠다는 독한 마음을 먹지 않고 중간에 그만두게 되면 아기만 울리고, 성공도 못 하게 되니까 마음을 굳게 먹고 시작해야 한답니다.

안눕법을 아기를 울리는 방법으로 생각하는 사람도 있는데 아기가 울면 달래주고, 알아듣지 못해도 계속 설명해주고 토닥여주는 방식이라서 '울리는 것'에만 초점을 맞춰서 이해하면 안 될 것 같아요. 제대로 알고 시도하는 것이 좋으므로 베이비 위스퍼 책을 읽어보기를 권해요.

♥ 안눕법

안눕법은 가장 많이 시도하고 성공하는 방법이에요. 아기가 울면 몸을 수그려 안았다가 진정되면 내려 놓는 방법으로, 월령별로 생후 4개월 아기는 4~5분, 생후 6개월 아기는 2~3분 정도 달랜 후 눕히고, 생후 9개월 아기는 곧바로 눕혀요. 안눕법을 시도한 엄마들이 가장 힘들어하는 것은 이렇게 해도 아기가 진정되지 않고 계속 울 때예요.

만약 어느 정도 시간을 늘려서 안아주어도 계속 울면 예정된 시간보다 오래 안아주더라도 진정되면 내려 놓는 방법으로 조금씩 시간을 줄여가며 시도할 수도 있고, 노리개 젖꼭지나 수면 인형 등을 이용해서 재우는 방법을 선택할 수도 있어요.

❶ 여러 가지 수면 교육법에 대해 알아보고 나에게 맞는 수면 교육법 찾기
❷ 낮에는 배부르게 먹이고 놀아주고, 밤에는 불을 끄고 조용히 하면서 수면 교육 준비하기
❸ 밤중 수유 횟수를 서서히 줄이고 부모와 아기 잠자리를 따로 마련하기
❹ 수면 교육을 시작했다면 1주일간은 의지를 가지고 시행하기

선배맘이 알려주는 아기 수면의 특징

Doctor's Advice

통계에 따라 발표된 연령별 평균 수면시간은 있지만, 수면시간이야말로 개인별 차이가 크므로 몸무게가 정상적으로 늘고, 발달이 정상적이라면 수면시간이 조금 길거나 짧더라도 걱정할 필요 없습니다.

아기는 먹고 자는 게 일인데 왜 아기를 재우는 일이 이렇게 힘이 들까요? 또 아기는 온종일 자는 것 같은데 왜 엄마는 뭐 하나 제대로 할 수 없을까요?

아기를 잘 재우고, 엄마도 잘 자기 위해서는 아기의 수면을 이해할 필요가 있어요. 수면은 크게 얕은 수면인 렘(REM, rapid eye movement) 수면과 깊은 수면인 논 렘(Non REM) 수면으로 나눌 수 있어요. 어른들은 수면 시간의 약 3/4 가량을 논 렘 수면으로 자기 때문에 깊이 있는 잠을 자요. 반면 생후 100일 정도까지의 아기들은 렘수면이 절반을 차지해요. 아기가 자면서도 몸을 움직인다거나 잠이 깰 것 같은 행동을 하는 것은 이렇게 얕은 수면 상태이기 때문이에요.

아기가 얕은 잠을 자는 이유는 여러 가지가 있지만 가장 큰 이유는 뇌 발달 때문이에요. 자는 동안 뇌 발달이 활발히 이뤄지므로 얕은 수면을 하게 되는 거예요. 그러다 생후 100일 정도가 되면 어른의 수면처럼 깊은 잠을 자는 비중이 높아져요. 드디어 100일의 기적이 일어나는 거죠.

아기들은 자는 동안 많은 성장을 하기 때문에 아기를 잘 재우고, 깊은 잠을 오래 자게 하는 것은 매우 중요하답니다.

선배맘이 추천하는 수면 교육 강추 아이템 5

아기가 낮잠도 1~2시간씩 푹 자주고, 밤잠도 6시간 이상 통잠을 자준다면 얼마나 좋을까요? 부모들이 자유시간을 얻을 수 있는 아기 꿀잠을 돕는 아이템을 소개해요.

머미쿨쿨
무게감이 있어 아기가 잘 잘 수 있도록 도와주는 좁쌀이불이에요. 오래 재울 수 있다고 소문난 아이템이랍니다.

 선배맘 꿀팁
수유할 때나 아기를 재울 때 수면등을 많이 이용하는데, 휴대폰에 달 수 있는 무드등도 유용해요.

수면 인형
불도 들어오고 음악도 나오는 수면 인형은 아기가 누워서 가지고 놀면서 잘 수 있어요. 피셔프라이스나 클라우드비 수면 인형이 유명해요.

노리개 젖꼭지
노리개 젖꼭지 사용을 망설이는 분들도 많지만 사용 기간과 사용법을 잘 지킨다면 이만큼 꿀잠을 자게 해주는 아이템도 없답니다. 우바눕이라는 인형 달린 노리개 젖꼭지도 수면 교육할 때 유용해요.

역류방지쿠션
아기가 토하는 것을 방지할 수 있게 머리 쪽이 높고, 엉덩이는 깊숙이 들어가게 되어 있어서 눕힐 때 엄마 품처럼 포근해요. 아기 등 센서 방지에도 효과가 있지요. 로토토쿠션을 많이 사용해요.

짐볼
아기를 안고 등에 짐볼을 대고 누워 움직이면 아기가 의외로 빨리 잘 잠들어요. 수면 교육에 성공한 부모들의 잘 알려지지 않은 잇템이랍니다.

 **선배맘 꿀팁**
U자형 바디필로우에 아기 상체를 비스듬히 기대서 역류방지쿠션처럼 눕혀 놓으니 잘 자더라고요.

Q1 잠을 못 자서 미치겠어요, 언제쯤 푹 잘 수 있을까요?

아기 키우는 일 중에 가장 힘든 일을 꼽으라면 '잠을 못 자는 거'라고 대답하는 경우가 많아요. 신생아는 밤낮을 구분하지도 못할 뿐만 아니라 두세 시간 간격으로 젖을 먹여야 하므로 엄마가 잠을 오래 잘 수 없거든요. 아기가 잠깐 잘 때 눈을 붙이면 좋은데 그때는 또 밀린 집안일을 하고 기저귀며 분유며, 필요한 용품을 구매해야 하니 잠을 못 잘 수밖에요.

양질의 육아를 하려면 밤중 수유를 끊을 수 없는 생후 3~4개월 때까지는 무조건 아기가 자는 시간에 쉬어야 해요. 완벽한 엄마가 되려고 아기가 잠든 사이에 집안일을 무리해서 하다보면 엄마 몸이 힘들어서 예민해지고 짜증이 날 수밖에 없어요. 엄마가 잠이 모자라서 피곤하다면 가족의 도움을 받아 엄마가 쉴 수 있는 시간을 갖고 재충전을 해야 해요. 회사에 출근해야 한다고 남편과 따로 자는 경우도 많은데 아기 잠을 재우는 것은 남편이 함께 참여할 수 있는 육아이니 엄마만 희생하려고 하지 마세요.

100일 전후의 아기는 배가 부르면 자고, 배가 고프면 깨요. 아기 뱃구레가 커져서 한 번에 먹는 양이 늘고 수유 간격이 늘어나면 생후 3개월 이전에 5시간 이상 잘 수도 있어요. 그러니 최대한 배불리 먹이려고 노력하세요. 충분히 수유하고 기저귀 상태도 괜찮은데 밤에 자꾸 깬다면 방안의 온습도를 점검해서 쾌적하게 해주는 게 도움이 됩니다.

선배맘 꿀팁

산후조리원에서 퇴원한 후 진정한 멘붕이 찾아왔어요. 아기가 잠든 사이에 빨래하고 젖병을 씻고 소독하다보니 하루에 두세 시간도 제대로 못 잤거든요. 그래서 집안일을 도와줄 가사도우미를 고용했었어요. 집안일에 신경을 덜 쓰니 아기가 낮잠을 잘 때 같이 잘 수 있어서 피곤이 덜하더라고요.

선배맘 꿀팁

도담도담이라는 앱에 아기 잠 잘 자게 하는 소리가 담겨있어요. 그 외에도 백색소음 앱을 이용해 보세요.

멘붕탈출법

❶ 뱃구레가 커지면 통잠 시간이 늘어나니 그때까진 아기가 잘 때 무조건 같이 자기
❷ 자주 깬다면 기저귀를 살피고 속싸개를 단정하게 해주는 등 불편한 점 살펴주기

Q2 수면 교육, 정말 울려서라도 해야 할까요?

수면 교육을 반대하는 엄마들은 아기도 자기가 원할 때 자고, 먹어야 한다고 주장해요. 그러나 어느 시점에는 아기가 스스로 잠들 수 있도록 도와줄 필요가 있어요. 물론 수면 교육을 하지 않아도 때가 되면 누워서 자는 아기들도 있지만요.

시작도 하기 전에 아기가 울까 봐 미리 걱정할 필요는 없어요. 수면 교육을 하다보면 아기가 울 수도 있다는 것만 이해하면 돼요. 아기가 울 때 달래주지 않는다고 큰일이 나는 것은 아니에요. 혼자 잠드는 법을 익혀야 할 때는 기다려 줄 필요가 있어요. 프랑스 양육법 중에 '잠깐 멈추기(Pause)'는 아기가 자다가 깨서 울 때 바로 달려가지 않고, 스스로 진정하도록 기다려주는 거예요. 깼다가 다시 잠들 수도 있으니까 스스로 잠들 때까지 기다려주고, 계속 수면시간을 이어갈 수 있도록 도와주는 것이지요.

안눕법이나 퍼버법도 그냥 울게 내버려 두는 것이 아니에요. 생후 4~5개월에 수면패턴을 잘 잡아둔 후에 시작하고, 아기 상황에 맞게 시간을 조절해가는 등 철저한 계획에 따라 이루어지는 것이랍니다. 만약 이렇게 했는데도 아기가 지나치게 울고, 도저히 안 되겠다는 생각이 들면 다른 수면 방법을 찾아보는 것이 좋아요. 중요한 것은 아기와 부모 모두가 편한 수면법을 찾는 것이니까요.

선배맘 꿀팁

수면 교육을 시작했는데 아기가 1주일 이상 심하게 울고 힘들어한다면 일단 안아서 재우면서 다른 방법을 찾는 게 좋은 것 같아요. 수면 방법 외에 다른 문제가 있을 수도 있으니까요.

멘붕탈출법

❶ 수면 교육을 시작하기 전에 수면패턴 만들어 놓기
❷ 아기가 우는 것은 아기의 표현임을 이해하기
❸ 그래도 지나치게 울면 다른 방법 찾기

Q3 아기가 울 때 얼마나 그냥 두어도 될까요?

선배맘 꿀팁

안아서 달래지 않으면 30분에서 한 시간까지도 우는 아기들이 있어요. 수면 교육에 성공한 엄마들의 경우를 보면 이렇게 오래 우는 아기들도 하루 이틀 정도 후면 수면 교육에 성공하더라고요. 하지만 기질이 너무 예민하거나, 다른 문제가 있을 수도 있으므로 수면 교육을 일주일 이상 지속하고도 울음이 줄어들지 않으면 다른 방법을 찾는 게 나을 것 같아요.

아기가 울면 바로 달래주어야 한다는데 수면 교육을 할 때는 아기를 달래지 말고 그냥 두라고 하지요. 정말 그냥 두어도 되는지, 얼마나 그냥 두어도 되는 건지 궁금한 게 당연해요.

아기가 자다가 울 때는 그냥 두어도 괜찮을 때가 많아요. 왜냐하면 아기가 '자다 깨서 우는 것'이 아니라 '자면서 우는 것'일 수 있거든요. 수면 주기마다 잠깐 깨는 각성 시간이 있는데, 이 시간에 어른은 잠꼬대를 하거나 자세를 바꾸는 등의 행동이 나타나지만 아기는 찡그리거나 낑낑거리는 행동이 나타나요. 이걸 '우는 것'으로 착각하고 달래줄 필요는 없다는 거예요. 이런 시간을 《베이비 위스퍼》에서는 '전언 울음', '헛울음'이라 하고, 또 다른 책에서는 '잠 울음'이라고도 해요.

그럼 얼마나 기다려주어야 하는 걸까요?《느림보 수면 교육》에 따르면 유모 출신 전문가들은 대략 3~10분 동안 헛울음이 지속된다고 봐요. 또 아기 잠에 관한 논문을 보면 대략 3분은 기다려주어야 하는 것으로 여겨요. 15~20분 정도 우는 것은 괜찮다고 말하는 의사들도 있어요.

아기의 울음을 견디는 시간은 엄마의 의지에 따라 결정되겠지만 정말 견딜 수 없다면 3분 이상, 더 견딜 수 있다면 20분 정도는 기다려줘도 괜찮아요. 하지만 그 이상 아기의 울음이 계속된다면 이 역시 엄마가 선택해야 해요. 달랠지 혹은 그냥 더 기다려볼지 말이에요.

멘붕탈출법

❶ 아기 잠울음, 헛울음 이해하기
❷ 최소 3분, 최대 20분 기다려주기
❸ 그 이상 울면 달래기 선택하기

Q4. 수면 교육하면서 많이 울리면 성격이 나빠지지 않을까요?

수면 교육을 하다보면 아무래도 아기가 우는 상황이 자주 와요. 과연 얼마나 울게 둬도 괜찮은 건지, 이렇게 오래 울면 성격이 나빠지는 건 아닌지 걱정이 되지요.

스트레스가 아기의 성격에 영향을 미치는 것은 맞지만, 그 이전에 울음과 스트레스를 구분할 필요가 있어요. '울음'은 의사 표현이지만 '스트레스'는 정서적 상태예요. 따라서 운다고 해서 아기가 스트레스를 받고 있다고 단정 지을 수는 없어요. 예를 들어 우는 이유가 '졸린 데 어떻게 잠드는지 몰라서' 우는 것이라면 수면 교육을 해서 잠드는 방법을 가르쳐주는 것이 스트레스를 줄여주는 방법이에요. 또 아기가 울 때 안아주지 않더라도 토닥여주는 등 옆에만 있어줘도 스트레스를 덜 받을 수 있어요.

하지만 아기가 아직 수면 교육을 받을 준비가 되지 않았다거나 기질상 혼자 있는 것을 많이 불안해하는 아기라면 울면서 스트레스를 많이 받을 수 있어요. 여러 가지 상황과 아기 성향에 따라 지금 졸려서 우는 건지, 스트레스를 받고 있는지 아닌지를 파악하면 조금 더 현명하게 대처할 수 있을 거예요.

Doctor's Advice
수면 교육을 위해 울린 것이 훗날 정서적으로 문제가 되지 않는다는 연구결과도 있습니다. 잘 자는 아기가 스트레스도 덜 받고 정서도 건강합니다. 수면습관에 문제가 있다면 마음을 강하게 먹을 필요가 있습니다.

선배맘 꿀팁
엄마 중에는 50일 경부터 수면 교육을 시작해서 성공했다는 경우도 있어요. 아기마다 다르지만 평균적으로 생후 6주부터 수면 습관을 만들어줄 수 있다고 해요. 어느 정도 먹고 자는 생활습관이 잡혔다면 빨리 시작해도 괜찮은 것 같아요.

멘붕탈출법

❶ 아기가 우는 이유를 파악하고 그에 맞게 대처하기
❷ 울음(의사표현)과 스트레스 구분하기

Q5 밤잠은 잘 자는데 낮잠은 왜 이렇게 잠투정이 심할까요?

Doctor's Advice

평균 낮잠시간은 한 시간 반에서 두 시간 정도입니다. 신생아의 경우는 더 짧고, 횟수가 많을 수 있어요. 생후 1주에는 낮잠을 4회 정도, 1~3개월까지는 3회, 6~12개월까지는 2회, 3세 이전에는 1회 자는 것이 평균 낮잠 횟수입니다.

밤잠은 그런대로 잠투정을 하다가도 잠이 드는데, 낮잠은 유난히 잠투정이 심한 아기들이 있어요.

아기들은 보통 낮잠을 잘 자면 밤잠도 잘 자요. 밤잠을 잘 못 자면 낮잠도 잘 못 잔답니다. 밤잠을 잘 자는 것 같아도 낮잠을 잘 못 잔다면 생활 리듬에 문제가 있는 것이기 때문에 하루 생활 전체를 잘 살펴보아야 해요. 단, 100일 전까지는 생활 방식이 자리를 잡는 과정이기 때문에 여유를 가지고 낮잠시간을 조절해주도록 하세요.

♥ 낮잠을 잘 재우는 방법

깨어있는 동안 잘 놀아주기 자극을 많이 주고 말을 걸어주고 놀아주면 활동량이 많아져서 잠을 쉽게 잘 수 있어요.

쉬는 시간 만들기 낮잠을 자지 않더라도 일정한 시간이 되면 조용하게 해주고, 커튼을 쳐서 어둡게 해주는 등 '쉬는 시간'을 만들어 주세요. 그러면 누워있다가 잠이 들기도 해요.

수면의식하기 밤잠처럼 수면의식을 해주는 것이 좋아요. 노래를 불러주거나 토닥여 주는 등 밤잠처럼 수면의식을 해주면 잠들어야 하는 시간인 것을 알고 잠이 들게 된답니다. 단, 낮잠용 수면의식은 밤잠보다 짧은 10~15분 정도가 적당해요.

멘붕탈출법

❶ 깨어있는 동안 잘 놀아주기
❷ 어둡고 조용한 시간 만들어주기
❸ 낮잠을 재울 때도 수면의식하기

Q6 잠투정 심한 아이, 어떻게 재우나요?

잠이 오면 금방 잠드는 아기도 있지만 졸린다고 울며 보채기만 할 뿐 안 자는 아기도 있어요. 졸리면 자면 될 텐데 왜 안 자고 잠투정만 하는 걸까요?

그런데 어른인 우리도 자고 싶은데 정신이 멀쩡해서 잠이 들지 않은 적이 있지 않나요? 아까는 분명히 졸렸는데 잠잘 시간을 놓쳐서 잠이 달아나 버린 적도 있지요. 아기의 잠투정도 이렇게 생각하면 이해가 될 거예요. 어른이야 하루에 한 번 겪는 일이지만 하루의 대부분을 자다 깨는 것을 반복하는 아기들은 잠투정이 많을 수밖에 없지요. 또 졸음이 쏟아지기 시작하면 스트레스 호르몬이 급격히 높아지므로 잠투정을 하게 되는 것이랍니다.

잠투정을 줄이는 가장 좋은 방법은 막 잠이 쏟아지는 순간에 재우는 거예요. 아기의 일상생활 방식이 규칙적이면 훨씬 쉽게 그 시간을 알아내고 재울 수가 있어요. 아기도 마찬가지로 매일 반복되는 시간에 자게 되면 잠들기가 쉬워지지요.

생후 4개월이 지나면 먹고 자는 시간에 규칙성이 생기기 때문에 이즈음에 아기가 졸릴 때 어떤 행동을 보이는지 잘 알아두세요. 대부분 하품을 한다거나 눈을 비비거나 손가락이나 입술을 빤다거나 칭얼거려요. 이 순간을 잘 알아차려서 토닥거리며 재우는 것이 잠투정을 줄이는 방법이랍니다.

선배맘 꿀팁

아기마다 기질의 차이도 있는 것 같아요. 예민한 아기들은 좀 더 어둡고 조용하거나 방 안의 온습도 등을 신경 써줘야 잘 자더라고요. 수면일지를 쓰면 수면습관을 잡는 데 도움이 돼요.

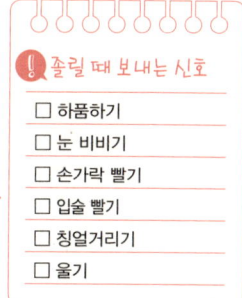

졸릴 때 보내는 신호
- ☐ 하품하기
- ☐ 눈 비비기
- ☐ 손가락 빨기
- ☐ 입술 빨기
- ☐ 칭얼거리기
- ☐ 울기

멘붕탈출법

❶ 아기의 생활습관 규칙적으로 만들기
❷ 졸린 신호 알아차리고 졸릴 때 토닥거려 재우기

Q7 바닥에 눕는 걸 거부해요! 등 센서 없애는 방법은 없나요?

전 아기의 잠자리를 핫팩으로 미리 따뜻하게 해 놓았어요. 그러니까 엄마 품에 안긴 것처럼 잘 자더라고요.

기능성 속싸개나 좁쌀이불, 노리개 젖꼭지 등을 적극 활용해보세요. 아기에게 잘 맞는 것을 찾으면 잠자는 시간을 늘릴 수 있어요.

잠투정하는 아기를 안아서 겨우겨우 어르고 달래서 재웠는데 바닥에 눕히는 순간 깨버렸을 때! 그때의 절망적인 심정은 정말 겪어본 사람만 알죠. 아기들은 어떻게 그렇게 눕히는 걸 잘 알까요?

신생아의 하루 평균 수면 시간은 18~20시간이에요. 사실 먹고 우는 때 아니면 거의 잠만 자는 셈이지요. 그런데 아기가 엄마 품에서 떨어지는 순간을 잘 아는 것은 몸은 자고 있지만 뇌는 깨어있는 '렘수면' 상태이기 때문이에요. 그런 데다가 잠자리와 엄마 품과 차이가 크기 때문에 잠에서 깨는 것이지요. 그러니 엄마 품과 잠자리의 차이를 최대한 줄여주는 것이 등 센서를 없애는 가장 좋은 방법이에요. 잠들고 5~10분 사이가 가장 깊게 잠드는 시간이므로 아기가 잠들면 최대한 안는 시간을 줄여서 엄마 품보다 잠자리가 더 편안하다고 느낄 수 있도록 해야 해요. 잠자리를 엄마 품처럼 따뜻하고 포근하게 만들어 둔 후, 엄마가 등을 최대한 수그려 둥그렇게 말린 자세가 유지되도록 눕히고, 가슴이나 엉덩이를 두드려서 안정감을 느끼게 하는 것이 가장 좋아요. 또, 아기는 모로반사 때문에 잠에서 깨어나기도 하므로, 속싸개를 단단히 해주거나 약간 무게감 있는 이불이나 베개를 가슴에 덮어주는 것도 도움이 된답니다.

❶ 잠자리는 최대한 엄마 품처럼 따뜻하고 포근하게
❷ 웅크린 자세가 유지되도록 움푹한 느낌으로
❸ 토닥이면서 잠자리에 적응할 때까지 지켜보기

Q8 노리개 젖꼭지, 물려도 될까요?

잠투정 심한 아기, 빠는 욕구가 강한 아기들의 경우 노리개 젖꼭지로 신세계를 찾은 엄마가 많아요. 반면 노리개 젖꼭지를 한번 물리면 끊을 때 고생할 것 같고, 치열에 문제가 생기진 않을까 걱정이 돼서 사용을 꺼리는 엄마도 적지 않지요. 걱정하지 마세요. 노리개 젖꼭지는 빠는 욕구를 충족시키고 정서적인 안정감을 주는 등 긍정적인 효과가 더 커요.

중요한 것은 사용 시기예요. 생후 4주 이전에 사용하면 유두혼동을 유발할 수 있고, 돌 지나서까지 사용하면 치아, 턱 모양의 변형을 줄 수 있어요. 그러므로 생후 한 달 이후부터 사용하고, 6개월 전에 떼면 별문제 없어요. 그때는 이유식, 간식을 먹을 수 있어 다른 것으로도 입으로 빠는 욕구를 충족할 수 있기 때문에 노리개 젖꼭지를 주지 않더라도 집착하지 않거든요. 또 이전보다 빠는 욕구가 줄어들기 때문에 노리개 젖꼭지를 떼기 쉽지요.

손을 빠는 아기도 마찬가지예요. 생후 2개월이 지나면서 손이 자연스레 입으로 가면서 빨기도 하는데, 이때는 빠는 욕구가 강해지는 시기이기 때문에 그냥 두고, 6~7개월에도 계속 손을 빤다면 치발기 같이 입에 물 수 있는 것을 주면서 떼면 돼요. 젖을 물고 잠드는 아기들도 이 시기부터 먹고 놀고 자는 패턴으로 바꾸면서 젖을 물고 자는 습관을 고치면 됩니다.

선배맘 꿀팁

신생아부터 생후 3개월까지는 엄마 젖과 느낌이 비슷해서 유두혼동을 줄여준다는 수유트레이닝용 노리개 젖꼭지를 사용했어요. 3개월 이후에도 단계별로 있어서 그에 맞게 사용할 수 있더라고요.

Doctor's Advice

노리개 젖꼭지를 사용하면 중이염에 걸릴 가능성이 높아질 수 있습니다. 또한 아기가 배고플 때 노리개 젖꼭지를 물리면 젖 양이 줄 수 있으므로 수유 텀과 조절해서 배고프지 않은 시간에 짧게 물리도록 합니다.

Doctor's Advice

노리개 젖꼭지를 사용하면 영아돌연사증후군을 줄일 수 있습니다. 영아돌연사증후군의 정확한 원인은 밝혀지지 않았지만 뇌 발달의 미성숙을 주요 원인으로 보는데 노리개 젖꼭지를 물고 있으면 숨이 막히는 것이나 호흡이 멈추는 것을 막을 수 있다고 보고 있습니다.

멘붕탈출법

❶ 노리개 젖꼭지는 생후 4주 이후에 사용하고 6개월 이전에 떼기
❷ 완모일 때는 유두혼동이 올 수 있으니 신중하게 사용 여부 결정하기

Q9 원래 아기들은 자고 일어나면 자지러지게 우나요?

선배맘 꿀팁

아기가 항상 일어나자마자 우는 게 아니더라고요. 불편함이 없는 날에는 깨도 울지 않고 놀고 있었던 적도 있어요. 그러니 아기가 울 때는 무조건 안아주기보다는 불편함을 해소해주는 게 우선인 것 같아요.

간혹 일어나서도 안 울고 혼자 옹알거리며 잘 노는 기특한 아기도 있지만 대부분의 아기는 잠에서 깨어나면 "응애~" 하고 울음을 터트려요. 아기가 말을 할줄 알면 왜 일어났는지 알게 되어 육아가 훨씬 쉬워지겠지만, 그때까지는 부모가 왜 우는지를 알아서 해결해주어야 하죠.

아기의 울음은 일어났다는 것과 불편함이 있다는 것을 알리는 신호와 같아요. 예를 들면 '일어났더니 아무도 없어서, 배가 고파서, 더워서 혹은 추워서, 더 누워있기 싫어서, 심심해서, 트림하고 싶어서, 기저귀 때문에 찝찝해서, 깼는데 또 졸려서, 안기고 싶어서, 너무 밝아서 혹은 어두워서' 등의 다양한 불편함을 울음으로 알리는 거죠.

부모가 아기가 느끼는 불편함이 무엇인지 알고 이를 해소해주면 아기는 더 울지 않아요. 이런 과정을 통해 아기는 자신이 깨면 누군가가 금방 올 거라는 믿음이 생기고, 불편함이 곧 해소될 것임을 알게 되어 차츰 자다가 일어나도 울지 않게 되지요. 그러니 아기가 잠에서 깨어 울음을 터트리면 무조건 안아주기 이전에 무엇을 불편해하는지 점검해보세요.

아기가 잠에서 깬 후 '울지 않고' 방에서 나올 때의 감동은 부모만이 느낄 수 있는 것 같아요. 그때까지는 아기가 자고 일어나서 울더라도 사랑하는 마음으로 잘 돌봐주는 수밖에요.

멘붕탈출법

❶ 아기가 깨서 울 때 불편해하는 이유 파악하기
❷ 무조건 안아주기보다는 다시 잠들도록 토닥이며 달래주기

Q10 잘 때만 잘 먹는 아기, 원할 때 먹이면 안 되나요?

어떤 아기는 깨어있을 때는 잘 먹지 않다가 잠이 들려고 할 때 먹이면 훨씬 많이 먹어요. 체중이 적게 나가는 아기의 경우, 어떻게든 먹여야 할 것 같으니까 잘 때 자꾸 젖을 물리거나 분유를 먹이게 되지요.

우선 생각해야 할 것은 기본적으로 성장에 지장이 있을 만큼 안 먹는 아기들은 별로 없다는 것이에요. 배고프면 먹게 되어 있는데 아기가 배가 고프다고 느끼는 시간보다 엄마가 더 자주 아기가 배가 고플 것으로 생각하기 때문에. 또 아기가 먹어야 하는 양보다 엄마가 먹어야 한다고 생각하는 양이 더 많아서 밤에라도 먹이고 싶어지는 거예요.

생후 3개월까지는 아기가 원하면 밤에도 먹이는 게 맞아요. 밤중 수유를 하면 모유 양이 늘어나는 시기이기도 하고요. 하지만 그 이후라면 밤에 먹는 것이나 먹으면서 낮잠을 자는 일은 줄이도록 해야 해요. 밤에 많이 먹으면 당연히 낮에 덜 먹는 악순환이 반복될 수밖에 없고, 자면서 먹으면 수면 교육이 안 되니까요. 또 밤에, 혹은 잘 때 먹으면 소화가 잘되지도 않을뿐더러 깊은 잠을 잘 수 없어서 아기 성장에 오히려 안 좋은 영향을 미칠 수 있어요. 배가 고플 때까지 기다리면 낮에도 잘 먹게 되어 있으니 밤중에 젖을 찾더라도 적게 먹이도록 노력해보세요.

아기의 영양 상태가 기준에 못 미치는 것 같아 걱정된다면 의사 선생님과 상의하세요. 아기가 먹을 수 있는 칼슘, 아연 등의 영양제를 먹이거나 분유나 이유식에 열량 보충제를 넣어서 먹이는 방법도 있거든요.

Doctor's Advice

모유를 먹는 아기에게 꼭 필요한 영양제는 비타민 D입니다. 비타민 D는 완전식품인 모유에 부족한 성분으로, 미국 소아청소년과학회에서는 2개월 미만의 모유 수유아에게 하루 200IU의 비타민D를 보충하라고 권하고 있습니다.

Q11 첫째와 둘째를 함께 잘 재우는 방법이 있을까요?

아기가 태어나기 전에 첫째 방을 만들어주어서 혼자 잘 수 있게 연습했어요.

갓 태어난 둘째가 한두 시간 간격으로 깨서 울고, 밤중 수유도 해야 하는데 첫째가 자지 않겠다고 떼를 쓰면? 밤중에 첫째가 깨서 토닥거리며 다시 재우는데 동시에 둘째가 같이 깨서 울면? 정말 영혼이 탈탈 털릴 지경이지요.

형제나 자매를 함께 잘 재우는 엄마들이 알려준 최고의 방법은 수면의식이에요. 자장가를 튼다거나 책을 읽어주는 식으로 둘에게 함께 수면의식을 하면서 수면 시간을 알려주는 거예요. 두 번째 방법은 첫째를 먼저 재우는 방법이에요. 첫째는 그래도 아기인 둘째보다는 말도 잘 알아듣고 잠도 잘 자니까요. 또 언제든 첫째가 우선이다, 엄마는 첫째를 더 생각한다는 마음을 가질 수 있도록 첫째를 먼저 재워요. 세 번째 방법은, 첫째에게 둘째를 재우게 하는 거예요. 첫째에게 동생을 위해 할 수 있는 역할을 주면 책임감과 뿌듯함을 느끼며 좋아하거든요. 예를 들면 자장가를 불러 달라고 한다거나 토닥여 달라고 하면서 동생을 엄마와 함께 재우자고 하세요. 그리고 동생이 잠들면 첫째하고만 시간을 보내면서 재우는 거죠. 그러면 첫째도 엄마를 독차지할 수 있는 시간이어서 좋고, 또 동생을 자신이 재웠다는 뿌듯함도 느낄 수 있거든요.

이렇게 다양한 방법으로 재우다보면 둘이 다정하게 잠든 후에 차 한 잔 마실 수 있는 여유가 생기게 될 거예요.

둘째를 재운 후에 첫째가 시끄럽게 해서 둘째가 깨면 첫째를 혼내게 되더라고요. 첫째도 아기인데 혼내고 나면 마음이 안 좋으니까 아이 둘을 재울 때는 마음을 비울 필요가 있는 것 같아요.

❶ 수면의식을 하면서 첫째, 둘째 함께 재우기
❷ 첫째 먼저 재우고 둘째 재우기
❸ 첫째와 함께 둘째 재우고 첫째 재우기

Q12 갑자기 안 자고 안 먹는데 급성장기일까요?

잘 먹고 잘 자던 아기가 갑자기 안 먹고, 안 자면 엄마는 멘붕에 빠지죠. 그러면 선배맘들은 "급성장기인가 본데 조금 지나면 괜찮아질 거야."라고 말해주어요. 도대체 급성장기가 뭘까요?

급성장기는 '원더 윅스(wonder weeks)'라고도 하는데, 생후 20개월까지 아기에게 찾아오는 10번의 신체적, 정신적 급성장 시기를 말해요. 신체적인 의미보다는 감성적 성장이 일어나는 시기로, 아기가 갑작스러운 변화를 겪으면서 심리적인 불안을 느끼는 시기라고 해요.

이 시기의 아기는 이유 없이 울거나 보채고, 잠에서 자주 깨고, 끊었던 밤중 수유를 다시 하게 될 수도 있어요. 샘플 표본 집단을 조사한 결과 대략 생후 5주, 8~9주, 17주, 25주, 36주, 45주, 53주, 61주, 73주, 80주, 89주 전후에 찾아온다고 해요. 대략적인 결과이기에 내 아기에게 딱 맞아떨어지진 않고, 일부 소아청소년과 선생님들은 급성장기라는 용어가 애매하고 의학적으로 근거가 있다고 보기는 어렵다고 하기도 해요. 매주 아기의 상황이 급박하게 변하기는 어렵다고요.

중요한 것은 아기가 이럴 때도 있다는 마음가짐으로 편안하게 지내는 것이에요. 그리고 아기가 안정감을 느낄 수 있도록 자주 안아주고, 마사지 등으로 자주 스킨십을 해주고, 사랑으로 받아주는 것이 가장 좋은 방법이랍니다.

급성장기가 없는 아기들도 많은 것 같아요. 저희 아기도 딱히 배앓이나 심하게 보채는 일 없이 무난하게 키웠답니다.

아기도 어른들처럼 항상 컨디션이 좋을 수만은 없잖아요. 많이 안아주고 달래주다보면 또 좋은 날이 오더라고요.

멘붕탈출법

❶ 급성장기가 오면 많이 안아주고 달래주기
❷ 지나갈 거라는 마음으로 편안하게 보내기

Q13 모유 수유를 하면 더 자주 깨는데, 밤에만 분유를 먹여도 될까요?

Doctor's Advice

아기들은 보통 생후 6개월 전후에 아래 앞니부터 나기 시작하는데 치아가 난 아기를 분유를 먹이고 바로 재우면 쉽게 치아우식증이 생길 수 있습니다.

모유를 먹이면 밤에 자주 깨니까 밤에만 분유를 먹여서 오래 재운다는 선배맘들이 있어요. 정말 마지막 수유나 밤중 수유를 분유로 하면 푹 자는 걸까요?

네, 맞아요. 분유는 모유보다 소화를 시키는 시간이 1.5배 정도 더 걸리기 때문에 포만감이 지속돼요. 따라서 마지막 수유를 분유로 하면 배가 고파서 일어나는 시간을 늦출 수 있어요. 단, 모유를 먹는 아기들에게 분유를 먹이면 유두혼동이 올 수 있고, 수유 초기에는 모유 양을 늘려야 하는데 밤 수유를 분유 수유로 하면 모유 양이 잘 늘지 않을 수 있어요.

만약 모유 양이 충분하고, 유두 혼동이 오지 않아서 혼합할 수 있다면 자기 전 마지막 수유를 분유 수유로 하는 것도 괜찮아요. 무조건 모유 수유만 고집하느라 엄마가 지치고 힘들면 그건 좋은 육아방식이 아니니까요.

분유 수유의 양은 《홍창의 소아청소년과학》에 실린 개월 수에 따른 1회 수유 양을 참고하세요.

개월 수	아기 몸무게	1회 수유 양
생후 2주	3.3kg	80㎖
생후 2주~1개월	4.2kg	120㎖
생후 1~3개월	5.0~6.0kg	160㎖
생후 3~5개월	6.9~7.4kg	200㎖
생후 5~6개월	7.8kg	200~220㎖

맨붕탈출법

❶ 모유 양이 많고 유두혼동이 올 염려가 없다면 밤중 분유 수유도 고려하기
❷ 개월 수와 용량에 맞춰서 먹이기

Q14 배가 고파서 우는 건지 졸려서 우는 건지 어떻게 아나요?

밤중 수유를 끊지 못하는 엄마들의 공통적인 이유는 아기가 밤에 깨서 우는 이유가 배가 고파서일까봐예요. 수면 교육을 하면서 좀 울게 두었다가도 '혹시 배가 고파서 우는 거면 어쩌지?' 하고 안쓰러운 마음에 수유를 하게 되지요. 배가 고파서 우는 것인지, 다시 자려고 우는 것인지만 확실해진다면 수면 교육을 하기가 훨씬 수월해질 텐데 말이에요.

아기가 배가 고파서 깬 것 같다면 일단 아기의 신호를 잘 관찰해보세요. 아기가 입을 오물거리며 젖을 찾는지, 손이나 입술을 빨고 있는지 등 배고픈 신호를 확인하는 거예요. 세심한 엄마는 경험에 의해 배고픈 울음인지, 졸린 울음인지 구분해내기도 해요.

아기의 졸린 신호를 잘 구별하지 못하겠다면 생후 6개월을 기준으로 다르게 대처하세요. 6개월 이전의 아기라면 배가 고파서 깰 수도 있으니 수유를 하긴 하되 점차적으로 줄이도록 하고, 6개월 이후의 아기라면 되도록 수유를 하지 않아야 해요. 6개월 이후라면 배가 고파서 깼다고 하더라도 밤에 먹이는 것보다는 잠을 잘 자는 것이 더 좋기 때문이에요.

모든 엄마는 아기가 울면 마음이 약해지기 마련이에요. 하지만 '수유를 하느냐 마느냐'와 '수면습관', 둘 중의 하나를 선택해야 한다면 수유를 하지 않고 수면습관을 잘 들이는 쪽이 아기와 엄마의 몸과 마음의 건강을 위해서 좋아요.

선배맘 꿀팁

크라잉 베베라는 아기 울음소리를 분석해주는 앱이 있어요. 신생아 때 유용하게 사용했답니다.

선배맘 꿀팁

'응애응애'는 배고픈 울음, '아앙~' 하면서 칭얼거리는 울음은 졸릴 때 우는 울음이라고 하더라고요. 졸린 신호와 배고픈 신호가 구별이 되지 않을 땐 개월 수와 수유 간격을 기준으로 하세요.

❗ 배가 고플 때 보내는 신호
- ☐ 입을 오물거리기
- ☐ 쩝쩝거리기
- ☐ 혀 날름거리기
- ☐ 입술 빨기
- ☐ 고개를 돌리며 젖 찾기

멘붕탈출법

❶ 입을 오물거리거나 손가락, 입술 등을 빨면 배고픈 신호
❷ 졸린 신호와 구별이 되지 않을 땐 생후 6개월을 기준으로 대처하기

Q15 수면 교육을 안 하고 잘 재우는 방법은 없을까요?

Doctor's Advice

안눕법, 퍼버법에도 수면의식, 수면연상 등의 원리가 포함되어 있습니다. 여러 가지 방법을 잘 이용해서 아기가 스스로 잠드는 법을 알려주는 것이 핵심입니다.

사실 '수면 교육'이란 말이 생겨난 지는 얼마 되지 않았어요. 이전에는 'sleep training'이 '수면 훈련'이라는 용어로 번역되어 사용되다가 십몇 년 전에 어느 소아청소년과 선생님 책에서 '수면 교육'이라는 용어가 사용되면서 널리 알려지게 되었어요. 이와 동시에 부모들 사이에서 '수면 교육'이 필수처럼 되어버렸지요.

반면 '수면 교육'이라는 단어, 혹은 그 방식에 거부감을 느끼는 부모들도 많아요. 되도록 울리지 않고 재우고 싶다면 '수면연상법'을 이용해 보세요. '수면연상'이란 아기가 잠들기 전에 아기가 가장 편안하게 잠잘 수 있는 어떠한 환경이나 물건을 말해요. 엄마가 안아주어야만 잠드는 아기는 '엄마 품'이 수면연상인 것이지요. 그러니까 아기가 '누워서 잠드는 것'이 가능한 수면연상을 만들어주면 돼요. 모빌, 수면인형, 포근한 담요, 엄마 냄새가 나는 엄마 옷 등으로 수면연상을 할 수 있게 도와주는 거예요. 이 물건을 항상 함께 있게 해주면 아기가 안정감을 느껴서 잘 잘 수 있어요.

Doctor's Advice

수면연상을 하게하는 환경이나 물건을 심리학적 용어로 '이행대상'이라고도 합니다. 이렇게 이행대상으로 수면이행이 잘 된다면 자연스레 수면 교육에 성공할 수 있습니다.

엄마들이 '모빌을 보여주면서 재웠어요.', '수면인형, 혹은 노리개 젖꼭지로 재웠어요.'라고 말하는 것은 모두 수면연상법을 성공적으로 한 것이라고 볼 수 있어요.

멘붕탈출법

❶ 수면연상을 잘하게 하기 위한 이행대상 정하기
❷ 수면이행하기

Q16 언제부터 다른 방에서 재워도 될까요?

아기와 부모가 한방에서 자게 되면 아기가 원할 때 바로바로 돌봐줄 수 있고, 불편해하거나 위험한 상황에서 바로 도와줄 수 있어서 한결 안심이 돼요. 하지만 수면 교육 책을 읽다 보면 아기를 따로 재워야 아기가 잘 잔다고 하지요. 이때 따로 재운다는 것은 같은 방에서 다른 침대, 다른 매트리스에서 자는 것을 포함해요.

그런데 미국이나 유럽의 경우는 신생아 때부터 아기의 방을 따로 만들어 혼자 재우는 경우가 많아요. 최근 우리나라에서도 신생아 때부터 아기를 따로 재우는 경우가 있고요. 정말 아예 다른 방에서 아기를 재우면 더 잘 자는 걸까요?

전문가들은 같이 재우는 것이 좋다는 의견이 많아요. 어린 아기일수록 엄마가 필요하고 스킨십을 통해서 안정감을 느낄 수 있기 때문이에요. 따로 자면 수면 교육하기가 쉽고, 서로 편하게 잘 수는 있겠지만 위험 상황에 대처하기 어렵고 아기가 깼을 때 왔다갔다해야 하므로 더 불편할 수도 있어요.

미국 소아청소년과 학회 저널에 실린 논문에 따르면 생후 1년 이전에는 부모의 잠자리 바로 옆에 별도로 마련한 잠자리에서 재우는 것이 가장 좋다고 권하고 있어요. 또 우리나라 전문가들은 다른 방에서 재우는 것은 아기가 엄마와 떨어져 지낼 수 있다는 사실을 알게 되는 만 3세경부터 하라고 권해요. 그러므로 따로 재우는 것은 엄마와 아기가 준비되었을 때 서서히 시도하세요.

따로 재우는 것은 엄마, 아빠의 성향인 것 같아요. 같이 자는 것이 마음 편한 경우가 있는가 하면 따로 재워야 더 잘 자는 경우가 있더라고요.

따로 재울 때는 아기가 떨어지거나 부딪히는 등의 위험 요소는 없는지 잘 살펴봐야 해요. CCTV를 설치해서 수시로 살피는 것도 방법이에요.

개정판 1쇄 발행 2020년 5월 15일
개정판 3쇄 발행 2023년 3월 15일

지은이 | 김혜경, 박현주

펴낸이 | 박현주
디자인 | 인앤아웃
그림 | 김미선
인쇄 | 미래피앤피

펴낸 곳 | ㈜아이씨티컴퍼니
출판 등록 | 제2021-000065호
주소 | 경기도 성남시 수정구 고등로3 현대지식산업센터 830호
전화 | 070-7623-7022
팩스 | 02-6280-7024
이메일 | book@soulhouse.co.kr
ISBN | 979-11-88915-06-4 13590

ⓒ 2018. 김혜경, 박현주

이 책은 저작권법에 따라 보호받는 저작물이므로 본사의 허락 없이 무단 복제와 무단 전재를 금합니다.
잘못된 책은 구입하신 서점에서 바꾸어 드립니다.